普通高等学校公共管理类专业卓越人才培养精品教材
丛书编委会

顾　问
朱立言　中国人民大学教授
邓大松　武汉大学教授
徐晓林　华中科技大学教授
赵　曼　中南财经政法大学教授

总主编
许晓东　教育部公共管理类专业教学指导委员会副主任委员
　　　　华中科技大学教授

副总主编
欧名豪　教育部公共管理类专业教学指导委员会副主任委员
　　　　南京农业大学教授
孙　萍　教育部公共管理类专业教学指导委员会副主任委员
　　　　东北大学教授
张　毅　华中科技大学教授

编　委　（按姓氏拼音为序）

楚明锟（河南大学）　　　　　　　史云贵（广西大学）
方盛举（云南大学）　　　　　　　孙　健（西北师范大学）
胡晓东（中国政法大学）　　　　　王　冰（华中科技大学）
雷　强（国家行政学院）　　　　　杨兰蓉（华中科技大学）
李春根（江西财经大学）　　　　　曾宇航（贵州财经大学）
廖清成（中共江西省委党校）　　　张　节（中国地质大学）

普通高等学校公共管理类专业卓越人才培养精品教材

丛书总主编 / 许晓东

公共政策新编

A New Introduction to Public Policy

主　编　史云贵
副主编　孟　群

华中科技大学出版社
http://press.hust.edu.cn
中国·武汉

图书在版编目(CIP)数据

公共政策新编/史云贵主编.—武汉:华中科技大学出版社,2024.3
ISBN 978-7-5772-0434-5

Ⅰ.①公… Ⅱ.①史… Ⅲ.①公共政策-研究 Ⅳ.①D0

中国国家版本馆 CIP 数据核字(2024)第 053374 号

公共政策新编　　　　　　　　　　　　　　　　　　　　　　　　史云贵　主编
Gonggong Zhengce Xinbian

策划编辑：周晓方　宋　焱　庹北麟
责任编辑：唐梦琦
封面设计：原色设计
责任校对：余晓亮
责任监印：周治超
出版发行：华中科技大学出版社(中国·武汉)　　电话：(027)81321913
　　　　　武汉市东湖新技术开发区华工科技园　　邮编：430223
录　　排：华中科技大学出版社美编室
印　　刷：武汉开心印印刷有限公司
开　　本：787mm×1092mm　1/16
印　　张：15.75
字　　数：380千字
版　　次：2024 年 3 月第 1 版第 1 次印刷
定　　价：58.00 元

本书若有印装质量问题,请向出版社营销中心调换
全国免费服务热线：400-6679-118　竭诚为您服务
版权所有　侵权必究

主编简介

史云贵 江苏徐州人。广西大学公共管理学院院长，教授，公共管理专业博士生导师。曾任四川大学公共管理学院院长（2017—2022）、教育部公共管理类教学指导委员会委员（2018—2022），入选教育部"新世纪优秀人才支持计划"（2013）、四川省学术和技术带头人（2015）。主要研究绿色治理、公共政策、边疆治理等。主持教育部哲学社会科学研究重大课题项目1项、国家社会科学基金重点项目1项。在《政治学研究》《中国行政管理》《学术月刊》《中国人民大学学报》等杂志发表学术论文80余篇。教学科研成果获省部级一等奖3次，二等奖2次。

内容提要
Summary

  公共政策是政策主体运用公共权力对社会利益和价值进行权威性分配的手段或工具,具有公共性、强制性、服务性等特征。它是一种无形的公共产品,也是治国理政的有效工具,还是现代国家政治活动的中心。公共政策学在发展与演变的过程中,逐渐形成了包括政策过程理论、政策网络理论、政策变迁理论、多源流理论和政策扩散理论等基础理论,极大地推动了公共政策学科的发展。本书结合近年来的公共政策实践,对公共政策的基础结构和要素作了全面的阐释,主要包括公共政策系统、公共政策议程、公共决策、公共政策执行、公共政策评估、公共政策周期、绿色政策等内容。

  本教材具有体例新、知识新、观点新、方法新等特点,适合公共管理类专业师生和公共管理领域工作人员使用。

总序
Foreword

党的二十大报告指出，当前中国共产党的中心任务是团结带领全国各族人民全面建成社会主义现代化强国、实现第二个百年奋斗目标，以中国式现代化全面推进中华民族伟大复兴。要实现这一历史任务，必须持续深入推进国家治理体系和治理能力现代化，并在全球治理中发挥更大作用。近年来，党和国家机构改革持续深化，基层治理体系日渐完善，城市数字治理不断创新，应急管理能力大幅提升，全球治理参与渐显身影，为中国式现代化这艘巨轮行稳致远奠定了坚实基础。同时，世界百年未有之大变局加速演进，新一轮科技革命和产业变革深入发展，国际力量对比深刻调整，也为我国国家治理体系和治理能力现代化带来了严峻挑战。

公共管理学作为以政府行政和公共事务为主题的综合性学科，需要主动适应国家治理现代化的战略需求，高度关注我国国家治理的本土经验，加快构建中国公共管理自主知识体系，为新时代中国特色社会主义建设培养卓越管理人才。近年来，为了适应公共管理的新形势，普通高等学校本科公共管理学类专业数目在不断增加，养老服务管理、海外安全管理、慈善管理等新专业进入本科校园。2023年5月，国务院学位委员会公共管理学科评议组发布《公共管理学一级学科下属二级学科指导性目录（2023年）》和《公共管理学一级学科下属二级学科简介（2023年）》，公共管理二级学科在数量上增加到11个。原有的5个二级学科中，社会医学与卫生事业管理更名为卫生政策与管理，教育经济与管理更名为教育政策与管理；新增六个二级学科分别是公共政策、应急管理、社会组织管理、数字公共治理、城乡公共治理、全球治理。专业目录的调整说明我国公共管理高等教育已进入全方位发展新阶段，亟须全面创新公共管理类本科专业应用型人才培养体系，切实提升公共管理类专业人才培养质量。

在专业建设过程中，教材建设具有基础性意义，是开展课程改革和师资培训的关键载体。21世纪初，华中科技大学出版社在全国公共管理专业学位研究生教育指导委员会专家和教育部高等学校公共管理类专业教学指导委员会专家的大力支持下组织编写了"21世纪公共管理类系列规划教材",推出了《领导科学与艺术》《公共管理导论》《定量分析方法》《电子政务》《公共经济学》《公共政策分析》等多部广受欢迎的公共管理学教材。为了适应当前公共管理学的学科建设和教育改革需求,我们对原有系列教材进行全面升级改造,在新一届教育部高等学校公共管理类专业教学指导委员会专家的指导下,组织编写一套"普通高等学校公共管理类专业卓越人才培养精品教材",期待能为广大教师带来更具前沿性、实用性和创新性的教材。

本套教材将凸显以下特色:

一是强化思政育人功能。公共管理课程必须始终坚持"人民至上"和"以人为本"的国家治理初心,持续铸牢中华民族共同体意识,突出人性尊严、公共利益、社会正义等核心价值,为党和国家机关、企事业单位、社会组织等输送立场坚定、品质优良、善谋敢为的公共管理专门人才。

二是充分反映数智时代对应用型公共管理专业人才的培养要求。在考虑本套教材整体结构时,既注重管理学、经济学原理、公共管理、公共经济学、公共政策概论、公共部门人力资源管理等核心课程,又强调当今数字公共治理等实践趋势;既注重知识结构的完整性,又强调教学内容的实践性,力求实现先进公共管理理论与当代中国数字治理的充分结合。

三是强化案例教学。应用型本科公共管理专业应高度重视培养学生独立发现问题、分析问题和解决问题的能力,而案例教学是实现学生能力提升的有效途径。因此,本套教材配备了大量同步案例和综合案例,力求通过案例教学使学生做到学以致用,知行合一。

教材编写是十分艰辛的事情,我们在此真诚感谢各位编者的辛苦付出,也期待有更多优秀的专家学者加入我们的编者团队。本套教材中难免存在一些疏漏与错误,真诚希望广大读者批评指正,以期在教材重印和再版时持续完善。

许晓东[①]

2024 年 4 月

[①] 许晓东:华中科技大学副校长,二级教授、博士生导师。国务院学位委员会公共管理学科评议组成员,教育部高等学校公共管理类专业教学指导委员会副主任,中华民族共同体研究会副会长,中国系统工程学会常务理事,湖北省社科联副主席,武汉市人民政府咨询委员会副主任;《华中科技大学学报(社科版)》主编,《高等教育研究》主编,《信息技术与管理应用》学术委员会主任,《公共管理评论》学术委员会委员。获国家级奖励 5 项,获省部级奖励 10 余项。

前言
Preface

公共政策学是一门系统研究公共政策理论与实践,持续提升公共政策质量,不断满足国家和社会需要的综合性学科。公共政策是现代国家治理的基本工具,影响着社会生活的方方面面。本教材在结构上共分为九章,分别从公共政策的概念与内涵、公共政策的理论基础、公共政策的构成要素、公共政策议程、公共决策、公共政策执行、公共政策评估、公共政策周期、绿色政策等方面描绘了新时代公共政策学的知识图谱。

公共政策是一个复杂的系统,它由公共政策主体、公共政策客体、公共政策环境等要素构成。公共政策主体、公共政策客体、公共政策环境三者间存在着相互依赖、相互作用的密切关系。只有明晰公共政策系统的要素关系及其作用机制,才能提升政策分析和预测的准确性,展现政策活动和政府治理的丰富图景。

公共政策议程是问题界定和政策制定之间的联系纽带。只有将政策问题提上政策议程,才能通过政策制定和执行等一系列程序使诸多公共问题得到处理和解决。公共政策议程实质上是社会各阶层、各利益团体、公众表达自己的愿望和要求,促使自身利益得到满足的政策过程,也是政府借助公共政策回应社会和公众需求的过程。

公共决策是公共政策过程中最为重要的环节。政府要对输入政策系统的信息进行处理,再通过一系列决策活动输出公共政策。公共决策是一项复杂的政治活动,是决策技术和决策艺术的有机结合。

公共政策执行是政策执行主体为了实现公共政策目标,通过实施一系列政策活动,推动公共政策回应社会和公众需求的行动过程。公共政策执行是政策过程的重要环节,实质上是将政策目标转化为政策现实的途径。公共政策是否得到有效执行,直接关系到政策的成败。

公共政策评估是对公共政策制定、公共政策方案、公共政策执行、公共政策结果进行价值判断的政策活动。公共政策评估系统由主体、客体、标准、过程、方法、模式等要素构成,分别回答"谁来评估""评估什么""依据什么评估""评估如何操作""采用什么方法评估"等问题。

公共政策周期一般指经过"制定—执行—评估—监控—调整—终结"等环节形成的周期性循环。公共政策周期是公共政策过程中不可忽视的重要性质,正确认知公共政策周期有利于防范政策僵化现象,并在旧政策终结和新政策生产中不断提高公共政策绩效。

作为绿色理念与公共政策的复合体,绿色政策将绿色理念渗透至公共政策,再以政策的"绿色化"转变政府治理思维,调节人与自然的关系,进而推进人与自然和谐共生的现代化。绿色政策是公共政策绿色化的产物,是公共政策的新发展形态。中国特色的绿色政策是落实绿色发展战略的具体策略。

本教材从立德树人的角度出发,着力解决重"教"轻"育"、重"知"轻"魂"、有"教"乏"法"、有"识"乏"新"、有"教"乏"类"等教学中的问题。本教材有如下四个"新"意。

(1)体例新。本教材在立足"章、节、目"编撰体例的基础上,还有配套的数字资源。在一些重要概念后插入案例分析、拓展阅读、视频解读等数字化资源帮助学生理解相关概念。

(2)知识新。本教材把政策源流、政策学习、政策扩散等理论,以及人工智能时代的全方位时空模拟仿真预测法、NLP舆情分析法等公共政策学前沿理论和方法都融合进来,为学生分析公共政策实践提供最新的理论知识和方法。

(3)观点新。本教材把绿色政策、绿色治理、人民美好生活等新概念用平实的语言表达出来,实现教材的与时俱进。

(4)方法新。本教材高度重视"课前预习—课堂学习—课后复习—知识拓展—实践领会"等学习的各个环节,帮助学生形成完整的学习链条。本教材凸显了"以学生为中心"的教学理念,注意引导学生对大量的公共政策案例进行充分研讨,着重培养学生提出问题、分析问题和解决问题的能力。

总的来说,本教材致力于为广大读者架构一个兼具系统性、科学性、实践性、时代性的公共政策学理论体系,强调公共政策学的多元化视角,积极吸收公共政策学的最新理论成果,鼓励读者以多维视角理解公共政策学的基本概念与关键问题,学会以审慎的眼光批判与吸纳不同的观点,在多样性中学会辨析与反思,从而更好地把握新时代公共政策学的发展脉络和知识全貌。

目录
Contents

第一章　绪论/1
　　第一节　公共政策的概念与内涵/1
　　第二节　公共政策学的历史与发展/10
　　第三节　公共政策学的研究方法/18
　　本章重要概念/23
　　本章思考题/23
　　本章推荐阅读书目/23

第二章　公共政策的理论基础/24
　　第一节　政策过程理论/24
　　第二节　政策网络理论/34
　　第三节　政策变迁理论/40
　　第四节　多源流理论/52
　　第五节　政策扩散理论/58
　　本章重要概念/65
　　本章思考题/65
　　本章推荐阅读书目/66

第三章　公共政策的构成要素/67
　　第一节　政策主体/67
　　第二节　政策客体/77
　　第三节　政策环境/80
　　第四节　政策系统内部关系/87
　　本章重要概念/89
　　本章思考题/89
　　本章推荐阅读书目/89

第四章　公共政策议程/90
　　第一节　公共政策议程的内涵/90
　　第二节　公共政策议程的触发/97
　　第三节　公共政策议程的建构/101
　　第四节　公共政策的合法化/106

本章重要概念/112
本章思考题/112
本章推荐阅读书目/112

第五章 公共决策/113

第一节 公共决策的概念/113
第二节 公共决策体制/119
第三节 公共决策技术/126
第四节 公共决策艺术/136
本章重要概念/146
本章思考题/146
本章推荐阅读书目/147

第六章 公共政策执行/148

第一节 公共政策执行的概念与内涵/148
第二节 公共政策执行过程/156
第三节 公共政策执行模型/166
第四节 影响公共政策执行的主要因素/169
本章重要概念/176
本章思考题/176
本章推荐阅读书目/177

第七章 公共政策评估/178

第一节 公共政策评估的概念、特征与构成要素/178
第二节 公共政策评估的过程/184
第三节 公共政策评估的方法/188
第四节 公共政策评估模式/192
本章重要概念/197
本章思考题/197
本章推荐阅读书目/198

第八章 公共政策周期/199

第一节 公共政策周期的内涵/199
第二节 公共政策周期的动力/202
第三节 公共政策终结/206
本章重要概念/213
本章思考题/213
本章推荐阅读书目/213

第九章　绿色政策：公共政策的新发展/214
　　第一节　绿色政策的概念、内涵与主要特征/214
　　第二节　绿色发展中的绿色政策/219
　　第三节　绿色治理中的绿色政策/223
　　第四节　绿色政策与人民美好生活/228
　　本章重要概念/232
　　本章思考题/232
　　本章推荐阅读书目/232

主要参考文献/234

第一章

绪　　论

——本章导言——

公共政策不仅涵盖现代社会生活的方方面面,还是现代国家开展治理活动的重要工具。随着公共政策的逐渐发展,理论界和实务界对政策研究与日俱增,推动公共政策成为一门独立的学科。公共政策学是一门运用综合性知识对政策系统、政策过程以及政策实践进行研究,旨在提升公共政策质量、提升国家治理水平的学科。它的出现被誉为当代西方社会科学发展过程中的一次"科学革命",是当代西方政治学的一次"最重大的突破",也是"当代公共行政学的最重要的发展"。要想系统研究公共政策学,就要对公共政策溯本求源,理解公共政策的概念与内涵,梳理公共政策的发展脉络,掌握公共政策的研究方法。

第一节　公共政策的概念与内涵

厘清公共政策的概念与内涵是公共政策研究的基本前提。公共政策作为一个历史范畴,不同国家的学者对它的体认不尽相同,不同时期对它的理解也各具特点。本节在梳理国内外典型概念的基础上,对公共政策的概念与内涵进行了再界定,并阐释了公共政策的特征、实质、地位、功能等内容,以期形成对公共政策的全方位认知。

一、公共政策的概念

公共政策的跨学科特征和应用领域的广泛性决定其概念的复杂性。目前,人们尚未就公共政策的概念达成共识。在公共政策的研究进程中,国内外学者形成了诸多典型的概念界定。

(一)国外学者的概念梳理

作为现代意义上的公共政策概念最早起源于西方,西方学界对公共政策的定义丰富多样。"行政学之父"伍德罗·威尔逊认为"公共政策是由政治家即具有立法权者制定的,而由行政人员执行的法律和法规"[①]。这一定义具有明显的政治-行政二分色彩,注重强调

---

① 伍启元.公共政策[M].香港:商务印书馆,1989:4.

政策制定和政策执行,然而对政策形式、制定主体和执行主体的范围界定较为局限。政策科学的主要开创者哈罗德·拉斯韦尔和亚伯拉罕·卡普兰认为,公共政策是"一种含有目标、价值和策略的大型计划"①。这一定义体现了政策的构成要素,突出了政策的设计功能,但显然政策并不局限于计划。托马斯·戴伊提出"凡是政府决定做的或不做的事情就是公共政策"②,这一理解明显过于夸大了政府在公共政策中的作用,忽视了现代社会公共政策主体的多元性。戴维·伊斯顿注重政策的分配功能,认为公共政策是"对全社会的价值做权威性分配"③。根据伊斯顿的理解,公共政策的实质是分配,分配的内容是价值,分配的范围是全社会,分配的行为及其结果具有权威性。罗伯特·艾斯顿则从更广义的角度理解公共政策,将公共政策视为"政府机构与其周围环境之间的相互作用"④。可用函数 $P=f(G,E)$ 来表示,其中 P 代表公共政策,G 代表政府系统,E 代表其周围环境。该定义试图从政治系统的角度抽象化公共政策,认为公共政策是政策主体与政策环境互动的产物,突出了环境对政策的影响。

(二) 国内学者的概念阐释

公共政策学引入我国后,也产生了诸多代表性的定义。台湾学者伍启元在国外学者理解的基础上,认为"公共政策是政府所采取对公私行动的指引"⑤。张金马认为"公共政策是党和政府用以规范、引导有关机构、团体和个人行动的准则或指南"⑥。张氏的定义立足国情,突出了党在公共政策中的重要地位。陈振明认为"公共政策是国家机关、政党及其他政治团体在特定时期为实现或服务于一定社会政治、经济、文化目标所采取的政治行为或规定的行为准则,它是一系列谋略、法令、措施、办法方法、条件的总称"⑦。这一定义更为丰富地展现出公共政策形式的多样性。陈庆云认为"公共政策是政府为实现特定时期内的目标,通过对社会中利益的选择与整合,在追求有效增进与公平分配社会利益过程中所制定的行为准则"⑧。这一定义强调利益是制度政策过程的核心要素,增进和分配社会利益是公共政策的目标追求。谢明认为"公共政策是在一定情境下,社会公共权威为达到一定目标所制定的行动方案或准则,它的作用是规范与指导有关机构、团体或个人的行动,表达形式包括法律法规、行政规定和命令、国家领导人口头或书面指示、政府大型规划、具体行动计划及相关策略"⑨。这一定义既揭示出公共政策的功能效用,也展现出公共政策的具体形式。

(三) 公共政策概念的再界定

由于时代环境、价值取向及关注重点的不同,使得国内外学者对公共政策的概念理解

---

① H. D. Lasswell, A. Kaplan. Power and Society[M]. New Haven: Yale University Press, 1970:71.
② 托马斯·R. 戴伊. 理解公共政策[M]. 12 版. 谢明,译. 北京:中国人民大学出版社,2011:2.
③ David Easton. The Political System: An Inquiry into the State of Political Science[M]. Knopf, 1953:129.
④ Robert Eyestone. The Threads of Public Policy: A Study in Policy Leadership[M]. Indianapolis,1971:18.
⑤ 伍启元. 公共政策:上册[M]. 台北:商务印书馆,1985:4.
⑥ 张金马. 政策科学导论[M]. 北京:中国人民大学出版,1992:18.
⑦ 陈振明. 政策科学——公共政策分析导论[M]. 2 版. 北京:中国人民大学出版社,2003:50.
⑧ 陈庆云. 公共政策分析[M]. 北京:北京大学出版社,2006:10.
⑨ 谢明. 公共政策导论[M]. 4 版. 北京:中国人民大学出版社,2015:6.

不尽相同、各具特点,这也反映出公共政策内在的复杂性。尽管学界对公共政策的定义很多,但公共政策概念的内核却是稳定的,而它的外延随着宏观环境的变迁、管理活动的更新和政策科学的发展而不断丰富延伸。因此,对公共政策概念的理解最重要的在于把握其实质内核,即公共政策对社会利益的分配。基于此,我们认为,公共政策是政策主体运用公共权力对社会利益和价值进行权威性分配的手段或工具。

这个定义强调了公共政策的如下内涵:第一,公共政策是由政策主体制定或执行的,这里的政策主体具有多元性,既包括国家、政府、执政党及相关政治团体,又在一定程度上包括了一些社会组织和公民大众;第二,公共政策需要以公共权力作为重要依托,公共权力是保障公共政策作为一种政治过程有效运行的动力要素,是保障公共政策合法的基本要件;第三,公共政策过程实际是对社会利益进行分配,并且这种分配是权威性的,即它调整的是社会广泛的利益关系,影响是全面而深刻的;第四,公共政策是一种手段或工具,公共政策是国家治理的重要工具,任何国家的有效治理都需要通过政策来发挥作用,任何政党的执政理念都需要通过政策来具体落实。

二、公共政策的特征与实质

在对公共政策概念进行梳理和再定义的基础上,有必要进一步把握公共政策的特征与实质,进而全面理解公共政策。

(一) 公共政策的特征

公共政策的特征是对公共政策所具有的属性的抽象结果,它反映了公共政策共同具有的特性。概括而言,公共政策具有历史性、公共性、过程性、强制性、多样性、服务性等特征。

1. 历史性

公共政策是一个历史范畴。公共政策的历史性是指公共政策在不同的社会或者同一社会的不同历史阶段具有不同的特点。公共政策并非是一成不变的,而是一个不断发展变化的过程。作为国家治理的手段和工具,公共政策需要与当时的社会形态、治理目标、利益格局等相契合,因此,在不同的阶段往往呈现出不同的特征。比如新中国成立以来的计划生育政策,新中国成立伊始面对百废待兴的局面,我国曾效法苏联实施鼓励人口生育的政策。而随着人口与资源结构性矛盾逐渐凸显,20世纪70—90年代我国实行了比较严格的计划生育政策,控制人口的过快增长。进入21世纪,尤其进入了新时代新阶段,人口结构失衡、老龄化加剧等问题严重影响了我国人口可持续发展。因此,自2011年以来,我国计划生育政策发生了阶段性调整,呈现出从"双独二孩""单独二孩""全面二孩"再到如今"三孩"政策的快速演变过程。

二维码 1-1
200 秒看我国生育政策演变

2. 公共性

公共政策的公共性可从政策问题的公共性、政策目标的公共性、政策过程的公共性三个维度加以理解。其一,政策问题的公共性指公共政策要解决的问题往往是公共问题,并非私人问题。这种公共问题是与每个公民的利益密切相关的,是受到社会公众普遍关注的。其二，政策目标的公共性指公共政策必须以实现公共利益为目的。公共利益是公共政策最根本的价值追求，是社会或国家占绝对地位的集体利益。在我国，公共政策以公共利益为目标导向，代表着最广大人民群众的根本利益，要满足人民群众对美好生活的需要。其三，政策过程的公共性是指政策制定过程与执行过程要体现公共性。政策过程中政策主体必须以公共权力为依托，作为一种特殊的权力形式，公共权力来自人民的让渡和授权。公共权力是手段而非目的，需要承担起实现公共利益和增进公共福祉的责任。

3. 过程性

公共政策作为一种复杂现象，并非一次性消费品，而是具有过程性和连续性。从政策本身的过程来看，公共政策不仅是一个静态结果，也是一个包含政策制定、政策执行、政策评估、政策监控、政策终结等一系列环节的动态过程。这些功能环节之间既相互独立，又彼此联系，共同构成完整的政策运行系统。同时，从达成政策的角度来看，公共政策也是一个各种利益集团博弈的过程。公共选择学派认为，公共政策是政治过程的产物，各个利益团体在多次反复持续地互动、博弈和妥协后最终才能实现利益平衡，这是一个动态过程。

4. 强制性

公共政策的强制性是指公共政策能够对社会组织与社会成员的行为进行限制、约束和强迫，它主要通过政府实施的强制性行为或制裁性措施来实现。公共政策的强制性是由政策的性质和功能所决定的。其一，公共政策的强制性是由政策主体的强制性决定的。国家和政府是对社会成员具有强制性的政治机器，而公共政策是其履行职能和维护秩序的必要工具。需要运用强制手段来确保公共政策贯彻国家和人民的意志，由此导致政策的强制性。其二，公共政策的强制性是协调公众利益平衡的需要。公众的利益要求多种多样，在满足一部分人利益的同时，不可避免地会损伤另一部分人的利益。为实现政策的公共利益帕累托最优，就有可能需要少数人暂时做出牺牲。因此，对于那些不愿意做出利益牺牲的人就不得不采取某些强制性措施。其三，公共政策的强制性是保证公共政策有效运行的需要。公众对公共政策的遵从是它有效运行的基础，是公共政策成功的关键要素。公共政策的强制性有利于形成一种基于支配力量的政策权威，增强公众对公共政策的信服和遵从，降低公共政策推行的成本。

5. 多样性

公共政策的多样性包括内容多样性、形式多样性和功能多样性。随着生产力的发展和社会的转型，公众对公共事务的诉求与日俱增。一些过去不太需要政府进行管理的问题，如今已成为政府亟须解决的问题，如环境保护问题、养老问题等，自然而然导致了公共政策问题的复杂与多样，从而进一步导致公共政策的多样性。公共政策的多样性集中体现在政策内容和功能的多样性之上。就政策的内容而言，公共政策包罗万象，涵盖国家的各个领域，如政治、经济、文化、社会、生态等政策，而每个领域下还有数不胜数的子政策。就政策的功能而言，现代政府的职能呈现普遍扩大化的趋势，由此推动政策功能的日益丰富。政策的功能不再是传统政治下的统治与管制功能，而是新增加了诸多与现代治理相适应的功能，如导向功能、服务功能和信息功能等。

6. 服务性

公共政策的服务性是指在公民本位、社会本位的理念指引下，公共政策在提供公共服务、满足公共需要方面发挥着重要作用。公共政策的服务性与政府体系的转变密切相关。传统管制型政府是官本位的政府,公共政策是为统治阶级服务的。尽管公共政策有时也会做一些服务民众的工作,但本质是为了更好地统治公众。而现代服务型政府是公民本位的政府,这要求公共政策必须充分彰显服务性。理解公共政策服务性特征的内涵,可以从以下三个方面把握。其一,公共政策的服务性是指公共政策的出发点要满足公众的需要与诉求。现代公共政策不再仅仅是政府单方面的意志和行为,而应是以公众的期望和诉求为出发点来建构的。其二,公共政策的服务性是指公共政策能够满足公众的需要和诉求。这充分体现在公共政策的实践导向上,即公共政策必须落脚在解决公共问题上。随着时代进步和技术赋能,公共政策的服务能力也在与时俱进地提升。其三,公共政策的服务性是指公共政策追求的是公众满意。公众的认可和满意是公共政策合法性的基础。其四,公共政策的服务性意味着政策主体与政策客体之间平等的互动过程。公共政策不再是政策主体对政策客体的"恩赐",政策客体也不再是消极的政策接受者,而是双方能够平等地交流信息,相互协商。

(二) 公共政策的实质

戴维·伊斯顿从政治系统分析的视角出发,认为公共政策是政治系统权威性决定的输出,其本质是对全社会的价值进行权威性分配。这里指的价值不仅包括实物、资金,还包括权力、荣誉、服务等有价值的东西。伊斯顿的理解是从传统政治学出发的,隐含了利益及利益关系是人类社会活动基础这一政治学最基本的假设。而在中文的语言习惯中,人们更多地用"利益"一词来表达类似的含义。因此,为便于理解,同时突出公共政策的本质,可用"利益"来代替伊斯顿所讲的"价值"。公共政策实际上是一种政治过程。利益作为政治活动的基础,实际上也是公共政策的核心要素。政策的形成过程,实质上就是各个利益群体将自身利益诉求输入政策制定系统中,由政策主体在选择和整合复杂利益关系的基础上,以公共政策的形式对利益进行权威性分配的过程。概而言之,公共政策的实质就是对社会利益进行权威性分配的工具。

公共政策对利益的分配是一个动态过程,包括利益选择、利益整合、利益分配、利益落实四个环节。

首先是利益选择。面对利益格局的复杂性,利益分配的前提是从繁芜的利益丛林里进行利益选择。而政府在进行利益选择时并非完全中立,而是带有一定的偏好性。一方面,政府对利益的选择要契合政治统治的目的,符合执政集团的利益诉求。比如在剥削阶级占统治地位的国家,政策的利益选择要符合剥削阶级的利益取向。而在人民掌握政权的国家,公共政策必然要成为维护人民根本利益的工具。另一方面,实践表明,作为社会利益主体之一,政府也具有一定的自利性,也会寻求自身的最大利益,由此导致公共政策的偏好性。政府是由公务员组成的,公务人员也有其主观的利益诉求。他们有时候也难免会借助自身的公职人员优势来实现其利益。少数政府官员出于个人私利,会偏袒某些利益群体或强势集团,自己也会因为照顾相关利益集团而获得一定的不正当收益。

其次是利益整合。社会是一个共同体,社会各成员在通过协作增进利益时具有一致的利害关系。不同的社会群体具有不同的利益诉求,在追求利益时不可避免地会产生矛盾和冲突。因此,政府在进行利益分配时,必须要考虑多元群体的利益诉求,整合各群体的利益表达,在利益差距之间寻求最大公约数,将利益矛盾和冲突最小化,从而达到一种相对平衡的政策态势。

再次是利益分配。政府运用公共权力出台公共政策,能够调整既有的利益分配格局。一项公共政策能够使部分人的利益得到增进,也能使部分人的利益受到减损。但是无论如何,公共政策要捍卫绝大多数人的利益,否则将会导致严重的社会矛盾与冲突,甚至会危及政治系统。此外,公共政策对利益分配的影响也有直接和间接之分。不同的利益主体基于一定的利益需求形成了复杂多样的利益链。利益链条上的一个群体获益,其他群体也会享受连带利益。比如获得减免税政策的企业,是直接的获益者,而与这些企业产、供、销相关的其他群体也会成为间接的获益者。

最后是利益落实。政府对社会利益进行分配,不仅仅是制定政策,还需要通过政策执行将利益调整落到实处。利益分配的有效落实依赖于公共政策的有效执行。然而,在实践中,存在诸多的政策执行不到位,如敷衍性应对、选择性执行等,有时候会导致政策对利益调整的作用有限。如精准扶贫政策在执行的过程中,部分乡村存在"精英俘获"现象,这是对部分农民应获得利益的变相剥夺。

三、公共政策的地位与功能

要全面认知公共政策,就应将公共政策置于国家治理场域来探究,明确公共政策在整个国家治理体系中的地位,明晰公共政策的功能所在。

(一)公共政策的地位

1. 公共政策是最大的公共产品

公共政策是无形的公共产品,政府对社会公共产品的供给往往通过公共政策的形式进行。社会成员即使不了解公共政策的内涵,但在现实生活中也无一不享受着公共政策提供的好处、服务或受其影响。公共政策是最大的公共产品,公共产品是对其属性的强调,最大是对其地位的强调,可以从三方面把握此意涵。第一,公共政策具有非竞争性。公共政策是具有普遍约束力的,对于同一项公共政策,一个人从中受益并不影响其他人也从中受益。第二,公共政策具有非排他性。公共政策所分配的利益不能为某个人或某些人所专有。在现代社会,要把一些合乎法律规定的公众排除在公共政策的分配利益之外,不让他们享受这一政策的利益是不可能的。第三,国家公共政策之所以是最大的公共产品,就在于它调节的是全社会的利益,涵盖全部的社会领域,影响着全体社会成员。

2. 公共政策是治国理政的工具

如从治理的角度理解公共政策,公共政策就是政府组织、社会组织以及个体公民之间互动与合作的方式,是促进国家善治的重要手段。公共政策是现代国家最常见和最有效的治理工具,是国家治理体系的重要构成要素。公共政策将国家和政府高度抽象化的治理目标通过政策过程转化为具体化的行动。如我国2035年基本实现社会主义现代化远景目标,需要通过经济、政治、社会、生态等子系统的发展纲要、实施方案等具体政策予以实施推进,否则治理目标只能成为美好的"空中楼阁"。

3. 公共政策是现代国家政治活动的中心

公共政策本身是一种政治活动，公共政策过程实际上也是政治过程。现代国家政治功能的发挥需要依托公共政策，公共政策的制定、执行、评估、监控、终结的系列过程都与政治活动密不可分。公共政策是国家意志的体现，政策制定是基于决策权力的政治博弈，政策执行也必须依靠政府公职人员有效推进。

(二) 公共政策的功能

1. 导向功能

公共政策作为一种行为准则，发挥着对社会成员行为的引导功能。公共政策可以将社会成员复杂的、无序的、散乱的行为统一到增进社会公共利益的目标中，推动形成有序的、团结的社会秩序，实现社会的良性运行。公共政策的导向功能不仅包含行为引导，还包含观念引导，它告诉公众以何种标准行事，该做哪些事和不该做哪些事。行为引导和观念引导相辅相成、相互影响，公共政策应该追求二者的统一，使社会成员做到知行合一。从作用形式来看，有直接引导和间接引导之分。例如近年来实施的新型基础设施建设政策，既直接引导了地方政府的投资建设行为，又间接引导了市场主体进行产业结构调整，促进新型业态的发展。从作用结果来看，公共政策既可能遵循事物发展规律，产生正向引导作用，也可能由于违背事物发展规律，使得社会矛盾和冲突加剧，产生负向引导作用。需要说明的是，并非只有错误的政策会产生负向引导，一些正确的政策可能也会产生负向引导。比如一些西方国家优渥的福利政策，使得部分社会群体寄生于社会福利，滋养出越来越多的懒汉。

2. 规范功能

为避免社会成员偏离社会秩序轨道，产生社会越轨行为，公共政策就要发挥对社会成员的规范功能，使社会成员能够遵守社会规范，维持社会的良性运行。这种功能往往通过政策的条文规定表现出来，通常采取两种途径来达到规范的目的。一是积极性规范。公共政策突出了正向的激励特征，即设立一些物质或精神方面的激励，以刺激目标群体遵守社会规范，从而减少社会成员违反规范的行为。比如新加坡实施的公务员高薪养廉政策，就是以优越的薪资待遇来降低公务员贪腐的动机，推动他们廉洁奉公。二是消极性规范。也就是公共政策突出负向的约束特征，对偏离社会规范的行为实施强制性惩罚。比如国家环境保护的政策法规会对超标排放污染物的企业和个人予以行政处罚。

3. 调控功能

现实社会中存在着不同利益取向的群体，群体与群体之间，群体内部均不可避免地会因利益产生摩擦、冲突乃至对抗。利益冲突的状态一般难以通过自发调节再次回归正常秩序，因此公共政策就成为重要的调控工具。公共政策的调控功能是指政府通过公共政策对社会关系和社会结构中的各种利益矛盾与冲突进行调节和控制。在实践中，调节和控制往往是融为一体的，即在调节中有控制，在控制中实现调节。调节利益关系是公共政策的重要功能。公共政策调控的内容具有选择性和倾向性。这是因为在一定时期内，政府可用于完成治理目标的治理资源是稀缺和有限的。政府治理的目标在不同时期有不同的侧重点,与公共政策的引导功能一样,调控功能的作用形式有直接和间接之分,作用结果也有正向和负向之分。

4. 分配功能

社会资源的有限性使得社会成员之间必然会产生利益摩擦,一种基于公共政策的权威性分配机制是降低交易成本、解决利益冲突的应有之义。公共政策的实质是对社会利益的权威性分配,公共政策必须要解决利益或价值分配给谁以及如何分配的问题。一般来说,能够从公共政策分配中获得利益的主体应包括与政府主导价值偏好一致或基本一致的社会公众,应是社会中绝大多数的合法公众。从实践来看,公共政策对利益的分配面临的最普遍矛盾是效率与公平相权衡的矛盾。分配不公是当前突出的社会矛盾。作为公共产品的公共政策,应始终坚持公平正义原则,化解影响人民幸福感和获得感的利益分配矛盾。所以,党的二十大报告就突出强调了分配公平与机会公平。

二维码 1-2
完善分配制度
扎实推进全体
人民共同富裕

5. 平衡功能

利益不平衡是社会矛盾冲突产生的根源,公共政策需要调整复杂化的社会利益格局,最终实现社会利益关系的平衡。公共政策的平衡功能主要体现在几个方面。一是平衡政策主体和政策客体之间的利益关系。作为理性经济人,政策主体同样受到利益驱使,公共政策可能成为某些政策主体自利的手段,而政策客体也有其自身的利益诉求。因此,公共政策首先要平衡政策主体的价值偏好和政策客体的利益诉求。二是平衡社会发展过程中涌现的各种利益矛盾冲突,包括群体之间、事务之间和区域之间的不平衡。比如税收政策可以平衡人们收入差距的矛盾,绿色产业政策可以平衡经济发展和环境保护的矛盾,乡村振兴战略可以平衡我国城乡发展不平衡的矛盾,等等。

6. 服务功能

发挥公共政策的服务功能是现代国家的基本要求。公共政策的服务功能是指公共政策以公众需要为出发点,解决公共问题,提供公共服务。一方面,现代国家和政府是人民利益的代理人,同时公众能够越来越多地参与到更加开放的政策过程中,公共政策已经成为国家与社会之间双向互动的制度表达。另一方面,公共政策是现代国家合法性的重要来源。国家和政府必须用公共政策来回应公众诉求,通过提供公共服务来获取公众的政治认同。现代国家的公共政策不再主要用于控制和驾驭,而是基于公共诉求实现社会共同利益,这也是现代公共政策的发展趋势。在现实中,公共政策的服务功能随处可见,比如人们少年求学时享受的义务教育政策,就业时享受的就业支持政策,年老时享受的养老保障政策,等等。随着中国特色社会主义进入新时代,我国公共政策需要更好地发挥服务功能,不断满足人民日益增长的美好生活需要。

二维码 1-3
《"十四五"公共服务规划》解读

四、公共政策的类型

公众需求的复杂性、层次性决定了公共政策的多元性与多样性。公共政策可依据不同的标准划分为不同的类型。

(一) 按照内容分类

1. 政治政策、经济政策、社会政策和文化政策

按照公共政策内容的作用领域,可将公共政策划分为政治、经济、社会、文化政策。政治政策是指政治主体为调整政治利益关系而制定的准则与规范,如外交政策、国防政策、国家安全政策及民族政策等。政治政策的核心价值是获取、巩固和增益国家权力,维护执政集团的既得利益。经济政策是政策主体为调整经济利益关系而制定的准则与规范,如工业政策、农业政策、金融政策、财政政策、货币政策等。社会政策是以解决社会问题、促进社会安全、改善社会环境、增进社会福利为目的,经由国家立法与行政的手段,促进社会各阶层均衡发展的一种途径,如劳动政策、医疗卫生政策、社会保障政策、人口政策、环保政策等。文化政策是政策主体为了促进和调节科学技术以及文教事业的发展而制定的基本准则和规范,包含科技政策、教育政策、卫生政策等。

2. 实质性政策和程序性政策

根据公共政策内容的侧重性,可将公共政策划分为实质性政策与程序性政策。实质性政策涉及政府旨在解决的实质问题,与政府准备采取的行动有关,如基础设施建设、市政修缮、棚户区改造、精准扶贫、乡村振兴等。程序性政策则关注由谁采取行动以及如何采取行动,它提供的是具有一定普适性的行为准则。如我国的《全国人民代表大会组织法》《国务院组织法》《地方各级人民代表大会和地方各级人民政府组织法》规定了相关机构的组织和运作程序。程序性政策也可能会有重要的实质性效果,因为程序上的"谁来做"和"怎么做"会对实质上采取的行动产生重要影响。在现实中,人们会试图用程序性规则为实质性政策的通过设置障碍,某种行政行为受到抵制,表面是因为程序问题,而实际却是因为实质内容。

3. 物质性政策和象征性政策

按照公共政策利益分配的类型,公共政策可分为物质性政策和象征性政策。物质性政策对于政策目标群体会提供相应的实物资源或实质性权益,也可能会让一部分人的物质利益遭受损失,如人才补贴政策、购房补贴政策、罚款等。象征性政策是向政策目标群体提供价值观、仪式、典礼等,如法定节假日、国旗、国徽、国歌等规定。

(二) 按照层次分类

按照政策的层次结构分类,公共政策可以分为总政策、基本政策和具体政策。总政策是在政策体系中具有全局性、统摄性、根本性的政策,往往是其他各项政策的基本遵循和基本依据,在特定时期内对整个社会具有高度指导性。比如我国"一个中心,两个基本点"的社会主义初级阶段的基本路线,对我国经济社会发展具有全局性指导作用。基本政策是在政策体系中次于总政策,但针对某个社会领域、部门或方面起主导作用

的政策,也被称为基本国策、方针性政策、纲领性政策等。基本政策是总政策在某个领域的具体化,同时又是该领域最顶层的统摄性政策。如我国人口领域的人口与计划生育基本国策、生态领域的保护环境基本国策。具体政策是为贯彻实施基本政策而制定的具体行动方案和行动准则,往往是针对具体的政策问题,政策更加细化和更具可操作性。总体而言,高层次的政策对低层次的政策发挥着统摄和指导作用,低层次的政策需要服从高层次的政策。

(三) 按照功能分类

按照公共政策发挥的功能,公共政策可分为分配性政策、再分配性政策、调节性政策、自我调节性政策等。分配性政策将服务、利益、权利等分配给特定的群体,其通常只会产生政策的受益者而鲜有利益受损者,因此这种政策往往会得到积极的支持,反对的声音较少,如义务教育政策。再分配性政策主要是对社会不同阶层和群体的财富、收入、财产或权利进行有意识的转移性分配,如累进所得税政策。调节性政策是指对特定的个人或群体的行动施加限制和约束,会减少受调节者的自由和权利,比如扫黄打非政策、排污控制政策。自我调节性政策涉及对某一事物或群体施加限制和约束,但这是受调节的团体主动要求的,目的在于保护和促进其自我利益,如某一职业团体主动从政府部门寻求关于营业执照发放的立法。

第二节 公共政策学的历史与发展

任何一门学科都有其产生、发展的历史和规律。公共政策是解决公共问题的手段,它随着公共问题的出现和公共权力机关的产生而形成。因此,公共政策活动及其研究实际上自古以来就有。在20世纪50年代,随着现代化发展的强烈需要以及公共政策实践的持续深入,公共政策学逐渐成为一门独立的学科。本节将追根溯源,以历史的长镜头来系统梳理公共政策学的发展脉络。

一、作为一门学科的公共政策学

随着公共政策的产生与发展,理论界和实务界对政策的观察和思考与日俱增,公共政策学逐渐成为一门独立的学科。公共政策学致力于改善公共政策质量以促进人类社会发展,围绕政策系统、政策过程以及政策分析方法开展研究,集跨学科、综合性、应用性等特点于一体。

(一) 公共政策学的学科定义

公共政策学作为一门学科最早形成于西方国家,其称谓多种多样,但主要分为三类:政策研究(policy research)、政策分析(policy analysis)与政策科学(policy science)。在学科发展的早期,倾向于认为这些不同的学科称谓是在用不同的话语表达同一概念,其实质是相同的。然而,随着学科的深入发展,主流认识倾向于认为这三种概念在内涵和外延上均具有显著差异。因此,对公共政策学学科进行概念界定,非常有必要厘清这三种概念及其关系,以避免对公共政策学理解的狭义化。

一是关于政策研究。政策研究注重理论性而忽视应用性,主要由学术社群发动,目的在于了解公共政策过程和公共政策本身,最终目标是建构政策理论,呈现出政策的描述性与诠释性倾向。二是关于政策分析。政策分析作为学术术语由美国学者林德布洛姆在1956年《政策分析》一书中首次提出。区别于政策研究重视理论性,政策分析则具有突出的应用性、多学科交叉、研究领域广泛等特征。政策分析主要指政策分析者在政策过程中运用多种方法优化政策系统,提高政策质量,最终目的是为决策者解决政策问题。三是政策科学。1951年拉斯韦尔和勒纳两位美国政治学家合编的《政策科学:视野与方法的近期发展》一书标志着政策科学作为一门独立的学科正式形成。在学科发展的初级阶段,对政策科学内涵的理解大致等同于政策研究。随着政策分析的出现与发展,政策科学的内涵得到进一步丰富。概括而言,政策科学是理论性和实务性融合的学科,其研究领域包含政策研究和政策分析。

本书便是立足于政策科学这一层面来界定公共政策学:公共政策学是一门综合运用各种知识和方法对政策系统、政策过程及政策实践进行研究,在形成系统性知识的基础上进行政策分析,旨在提升公共政策质量、促进国家治理和发展的学科。

(二) 公共政策学的研究范围

作为一门独立的学科,公共政策学有其相对独立的研究领域,即社会政治生活中的政策领域。兼具理论性和应用性于一身的公共政策学研究范围非常广泛,尚难以划出准确的边界。具体来看,公共政策学的研究范围涉及政策系统、政策过程、政策分析、决策体制、政策规划、政策执行、政策评估、政策工具、政策思维,以及对现实中公共权力机关出台的实质性政策研究,等等。

实际上,公共政策学研究主要围绕政策系统、政策过程及政策分析进行。一是政策系统研究。主要分析政策系统的构成、关系与运行,以及公共决策体制的类型与特点。二是政策过程研究。公共政策具有显著的过程性特征,政策过程研究就是从动态的角度研究政策制定、执行、评估、终结和变迁等一系列政策环节。三是政策分析研究。政策分析研究整合了多学科的知识与方法,着重探讨政策分析的一般性路径、框架、方法与知识,可为政策科学提供方法和技术支持。

(三) 公共政策学的学科特质

学科特质集中反映了公共政策学的特点,是公共政策学区别于其他学科的关键,是对学科本身的逻辑内核和固有规律的凝练。

一是运用跨学科的综合知识。公共政策学不是凭空产生的,而是以其他学科的知识和方法为基础,如政治学、经济学、社会学、管理学、统计学等多元学科都可以为公共政策学提供一定的理论基础与方法借鉴。但公共政策学不是对这些学科的简单叠加与糅合,而是在公共政策学的学科研究框架下有机利用其他学科的知识体系,形成来自不同学科视角的研究途径,因而具有鲜明的跨学科特点。

二是以问题为导向。公共政策学是一门以问题为导向的学科。从研究内容来看,它强调围绕实际的政策问题来开展研究,注重证据和事实的分析。从研究目的来看,最终目的是解决政策问题,提高政策质量,促进政策实践。从知识产生的方式来看,公共政策在问题导向下,主张融合不同学科的知识和方法对某个政策问题进行系统研究。公共政策学打破学科之间知识的界限和壁垒,突破了以某个单一学科为中心的传统知识生产方式。

三是理论性和应用性的统一。公共政策学是理论性与应用性的统一,不仅注重对基本政策理论的研究,还注重运用政策知识解决政策问题和改善政策质量。理论性是应用性的基本前提,为应用性的发挥提供基本的政策知识。而应用性是理论性的价值终点,最终要回到政策问题与政策实践中来。公共政策学始终是一门致力于实践的学科,是服务于国家经济社会高质量发展和高效能治理的。

四是价值分析与事实分析的融合。区别于一般的经验学科注重对事实或问题的实证分析,强调价值中立,公共政策学不仅注重事实的分析与判断,还高度注重价值的分配与价值的实现。公共政策作为社会利益权威性分配的工具,这种分配方案的产生与价值取向密不可分。现代意义上的公共政策学应该以政策的民主化和科学化为价值取向。

二、西方公共政策学的发展阶段

公共政策学作为一门正式学科起源于19世纪50年代,但西方关于公共政策的研究可谓源远流长。公元前18世纪的《汉穆拉比法典》可能是已知最早的与公共政策有关的文献,而西方先贤的哲学和政治学著作中也有丰富的关于政策和政府管理的论述。公共政策学经历了从16世纪到20世纪初的前学科期,为正式诞生孕育了基础。20世纪50年代,通过拉斯韦尔等人的努力,公共政策学学科正式创建,经历发展、反思和深化拓展,这门新兴的学科正不断臻于至善。

(一)前公共政策学阶段(16世纪—20世纪初)

公共政策活动及政策思想由来已久,但尚未形成系统化的知识体系。16世纪至20世纪初处于前公共政策学阶段,该阶段的思想和理论为公共政策学的形成奠定了政策学的历史基础。

在16世纪至18世纪,西方国家由于市场尚未发育完善,自发调节功能有限,所以政府对市场的干预是十分必要的。这使得政府的政策引导成为不少思想家尤其是政治学家的重要关注点,一些学者探讨了国家、主权、权力与政策的关系,如洛克、孟德斯鸠、卢梭等人就专门研究过国家的基本政策问题。产业革命和科学技术的快速进步,推动了政治学、经济学、统计学等诸多学科脱离哲学体系而快速发展,进而对政策研究产生了深刻影响。从产业革命到20世纪初,诸多学者为公共政策研究做出了重要贡献,其中做出直接重大贡献的学者当属亚当·斯密、克劳塞维茨、卡尔·马克思、恩格斯和马克斯·韦伯。

20世纪前半叶是孕育公共政策学的重要时期,政治学、经济学等学科理论的发展和现实层面公共政策领域的扩大为公共政策学的诞生奠定了基础。一是"三论"的形成。系统论、信息论和控制论三门相互联系的交叉学科生成了一种强调系统性、动态性、最优化的新型思维方式,并提供了系统方法、信息方法、反馈方法和功能模拟方法,为公共政策学奠定了理论和方法论基础。二是决策科学的形成。决策科学是以现代科学手段和分析工具来研究人类决策活动,正确认识和把握决策规律的综合性新兴学科。而公共政策研究中的一个重要内容便是公共决策,因此决策科学的部分研究成果对公共政策学的发展有所助益。三是行为科学的形成和行为主义政治学的进展。行为科学发轫于20世纪30年代的美国,它主要是运用自然科学的实验和观察方法解释、预测、控制人的行为。20世纪20年代,美国芝加哥大学教授梅里安发起"新政治科学运动",主张运用社会学、人类学、生物学和统计学的方法与成果来打造政治学。行为主义的研究取向在一定程度上推动了公共政策学走向科学化。拉斯韦尔、伊斯顿等西方学者的行为主义政治学研究为公共政策学的产生奠定了重要基础。四是凯恩斯主义的出台与政府政策领域的扩大。1929—1933年的经济危机使得凯恩斯主义大行其道。凯恩斯主义者主张政府应采取强有力的措施干预经济。由于政策对经济社会发展的积极影响,公共政策领域逐渐从政治领域扩展到政府管理的方方面面。同时,由于公共政策的专业性,政府需要寻求专业知识帮助,政策咨询、政策评估等开始作为一种社会职业应运而生,在实践层面催生了公共政策学的诞生。

(二) 创建阶段(20世纪50年代—20世纪60年代中期)

1951年,由美国著名政治学家拉斯韦尔和勒纳共同主编的《政策科学:视野与方法的近期发展》一书首次提出并界定了"政策科学"的概念,标志着公共政策学的正式诞生。

拉斯韦尔是现代政策科学的创立者。作为政治行为主义学派的先驱,他将政策科学作为重建政治科学的重要手段。拉斯韦尔主张超越社会科学零碎化的、割裂化的知识运用局面,围绕着重大问题将不同学科的研究路径和知识体系整合起来,形成一种以问题为导向的全新的知识运用格局。拉斯韦尔在《政策方向》中,对政策科学的对象、性质、发展方向等学科要素做了精彩的论述。拉斯韦尔认为,公共政策学的哲学基础是逻辑经验主义,旨在追求政策的"合乎理性",它是以科学的方法论作为研究和分析的工具,具有明显的跨学科属性,是一门应用色彩浓厚的学科。因此,政策研究者必须与政府展开合作。

西方公共政策学的初建阶段主要是对公共政策相关概念的界定、学科边界的确定、研究对象、研究内容以及研究方法的探索。该阶段取得的进展主要集中在研究方法和政策研究者的集聚上。一方面,将定量方法和技术用于政策研究,尤其是在系统分析、运筹学、线性规划以及成本-收益方法的运用上取得显著成就。另一方面,政治科学的公共政策取向愈发明显,吸引了大量政治学研究者投身于公共政策研究。这一时期的公共政策学主要关注政策制定问题,拉斯韦尔及西蒙等倡导的行为主义研究范式占据主导地位。然而,由于其机械思维过于浓厚,对枯燥数字过分推崇,被认为难以推动社会前进。后来的研究者们陆续从各种角度提出批判,并给出各自的发展建议。

(三) 发展阶段(20世纪60年代后期至20世纪70年代)

针对行为主义研究方法日盛对公共政策学发展可能带来的负面影响,以德洛尔为代表的学者率先发出了反对的声音,对拉斯韦尔等倡导的行为主义方法论做出了全面的批评,这意味着公共政策学进入新的发展阶段。

德洛尔将政策科学看作社会科学的一种范式革命和根本转向,他在1968—1971年出版了政策科学"三部曲"——《重新审查公共政策的制定过程》《政策科学探索》《政策科学构想》。在"三部曲"中,德洛尔论证了政策科学的学科性质、研究对象、研究方法及研究前景等学科基本问题,重点分析了当时公共政策学研究对行为科学和管理科学过分迷恋存在的风险。德洛尔强调公共政策学的跨学科特征,主张建立一种集管理科学、行为科学、系统科学、政治科学、经济科学和决策科学等为一体的公共政策学。究其原因在于单一视角下的分析进路存在严重的偏误风险。公共政策学原本就是从多个相关学科的基础上交叉发展形成的。最根本的是,政策问题的复杂性决定了必须依靠跨学科方法才能解决。德洛尔继承和发展了拉斯韦尔的思想,形成了"拉斯韦尔-德洛尔"的政策科学传统,为许多的政策科学研究者所遵守。这种传统强调政策科学不是现有的某个社会科学学科的更新,而是一个全新的跨学科、综合性研究领域,主张以问题为中心,将科学知识尤其是社会科学知识与公共政策联系起来。

公共政策学在此发展阶段取得了重大的进步,主要体现在三方面。一是研究方法的多样化。打破了行为主义主导的单一研究范式,形成多学科融合的研究路径,其中公共选择方法论、博弈论、个案研究受到重视。二是研究焦点的拓展化。这一阶段的公共政策学不再拘泥于政策制定之上,而是全面拓展了研究关注点。在20世纪60年代后期和70年代前期,政策研究出现关注政策咨询的"趋前倾向";在70年代中期,呈现出关注政策过程的后期阶段即政策执行、评估和终结的"趋后倾向"。三是重视政策过程中的价值因素和伦理因素,将价值判断和事实判断相融合。

(四)反思阶段(20世纪80年代)

随着公共政策学的稳步发展,它的不足和缺憾也渐渐暴露出来。在20世纪80年代,诸多政策研究者对政策科学进行了谨慎的审视和批判,迎来了公共政策学的反思阶段。

一是加强对政策及政策过程复杂性的认知。公共政策绝不仅仅是信息获取、筛选与理论设计的结果,它涉及政党、行政机构、利益集团之间的复杂利益关系。一项公共政策往往是各种利益主体多轮冲突与妥协的结果。而政策研究也只能促进政策的设计,无法取代政策的制定,于是曾经喧嚣一时的发展一种政策设计的"科学"方法的幻想就破灭了。二是对政策研究者角色定位的反思。长期以来,美国强调科学家与政治家应当拥有分离的价值标准与规范,但公共政策作为政治过程的产物,它与政治密不可分。因此,这一阶段的政策研究者不再是价值中立的知识供给者,而是应当在政治领域中发展政策科学规范,与追逐权力的政治家合作,融入政策制定过程之中,与政策制定者成为知识生产上的合作伙伴。三是对"拉斯韦尔-德洛尔"政策科学传统的反思。"拉斯韦尔-德洛尔"政策科学传统提倡跨学科、综合性的全新的政策科学,它宏伟博大,呈现欲对所有社会科学无所不包之势。但在知识分化和综合化快速发展的时代要建立一个凌驾于其他学科之上的统一的综合性体系无异于打造一座"空中楼阁",因而遭到了诸多学者的质疑,甚至有学者称这种取向让政策科学陷入了危机。德洛尔本人在20世纪80年代中期也主张政策科学研究需要从理论的框架转向实际运用的方向,特别要考虑新的政策制定的途径。与此同时,以林德布洛姆为代表的一批学者试图从建立大一统理论体系的泥沼中挣脱,致力于建立一种新的以应用科学为取向的政策分析。

总体而言,该阶段对公共政策学的研究认知、研究者角色、研究范式等方面进行了反思,这种自我批判为该学科后续的深化发展奠定了基础。

(五)深化拓展阶段(20世纪90年代至今)

20世纪90年代西方公共政策学的发展取得突破性进展,进入了深化拓展阶段。这一阶段,既实现了对原有研究议题的深化探究,又根据时代需求进一步扩展研究内容和方法。

对原有研究议题的深化主要包括公共政策的价值与伦理、公共政策与公共管理的关系两大方面。关于公共政策的价值与伦理问题,该阶段进一步丰富了公共政策价值和伦理的研究途径,形成了三种代表性途径,分别是罗尔斯在《正义论》中提出的社会哲学与政治伦理,布坎南在《伦理与公共政策》中提出的社会道德伦理、高斯·罗伯在《公共管理部门、系统与伦理》中提出的专业行政伦理。关于公共政策与公共管理的关系问题,该阶段强调两者的统一关系,即公共政策是公共管理的重要环节,而有组织的公共管理是公共政策落实执行的必要条件。研究方向拓展主要集中在研究领域和研究方法两个方面。就研究领域而言,集中在关注社会问题、增强研究的应用性上。学者将研究内容转至一系列对人类发展形成挑战的社会问题,如试管婴儿、温室效应等,并基于政策视角剖析其中的问题与原因,开出解决问题的药方。就研究方法而言,随着政策研究的发展,发现许多政策现象难以用科学方法和严密统计的客观分析方法进行解释。后实证主义研究者提出,以主观研究方法取代客观研究方法。经过这两种研究方法的较量和争论后,学界大多采用定性与定量相结合的混合研究方法。

公共政策经过该阶段的深化拓展,呈现出蓬勃发展的活力态势。一方面,公共政策学的理论建构不断丰富。这一时期,金登、奥斯特罗姆、萨巴蒂尔等诸多代表性学者,持续聚焦于公共政策过程研究,提出并不断完善政策倡导联盟理论、政策社群理论、政策网络理论、政策窗口理论、政策学习理论等。另一方面,公共政策学科建制化程度日益提升。各类公共政策研究学会相继成立,各类专业研究刊物相继问世,专门的研究机构陆续建立,民间智库的影响力也不断扩大,大学教育中公共政策学专业与课程设置不断规范。至此,以美国政策科学为代表的西方公共政策学已成长为一个独立而颇具影响力的学术研究领域。

三、中国公共政策学的发展

中国的公共政策活动及研究有着深厚的历史渊源,是先人前辈治国理政的宝贵经验。自20世纪80年代以来,我国开始发展现代意义上的公共政策学,经过一批批学者的勤勉探索,中国公共政策学已逐渐成熟。如何构建中国特色的公共政策学是新时代赋予我们的重任。

(一)中国公共政策研究的历史渊源

作为一个有着悠久历史的泱泱大国,中国历代王朝治国理政的实践中蕴含着丰富的政策思想。中华传统文化中饱含具有独特中国价值的政策观念。新民主主义革命时期,党关于政策和策略的光辉理论与实践具有独特的指导意义。因此,中国公共政策学发展有着丰富而深厚的历史渊源。

一是中国古代制度中包含的政策谋略思想。其中典型的是史官制度、策士制度、谏议制度和科举制度。就史官制度而言,史官的设置使得王朝的政策行为能够被记录,形成的史学著作实质上也就是政策研究的著作。当朝统治者可以从历代王朝施政的记录中分析历代的政治得失。就策士制度而言,作为春秋时期一种特殊的知识分子阶层,策士向各诸侯国提供自己的政治谋略和政策建议,以期得到赏识。策士可以说是中国较早的政策研究者,并留下了《韩非子》《战国策》等诸多政策研究的杰作。就谏议制度而言,在古代的君主体制下,臣子有辅佐君主决策的职责,帮助君主分析问题和提出建议。就科举制度而言,统治者为维护自身统治不得不重视政策制定和执行,进而在人才选拔时也注重考察其政策和施政能力。

二是中国传统文化中包含的政策谋略思想。如:以老子为代表的道家思想提倡的"无为而治";以孔子为代表的儒家思想从"中庸"出发,提出"仁政"的治理思想;以韩非子为代表的法家思想提倡法术势有机结合。这些传统文化中所蕴含的朴素政策观为中国古代政治治理提供了思想支撑,是独特的中国式价值思想。

三是新民主主义革命时期以毛泽东为代表的中国共产党人关于政策和策略的光辉理论与实践。在领导全国进行革命与建设的实践中,毛泽东提出"政策和策略是党的生命"的光辉论断。政策是党行动的指南,影响行动的过程和结果,因此政策的正确至关重要。毛泽东始终强调,要把广大人民群众的根本利益作为一切政策和策略的出发点和落脚点。在政策制定时,必须从客观实际和具体国情出发,通过深入调查以了解问题情况。在决定政策和策略时,要对事实材料进行"去粗取精、去伪存真、由此及彼、由表及里"的加工整理以及分析、综合等科学思考。在政策实施时,要将原则的坚定性与策略的灵活性有机结合起来。

(二) 中国公共政策学的发展历程

改革开放后,在促进党和国家领导部门决策科学化和民主化的时代召唤下,我国开始引进和探索现代意义上的公共政策学,并随着国家治理的进步和经济社会的发展不断发展完善。

1. 引进和探索阶段(20世纪80年代)

最先是引进西方公共政策学的是我国台湾地区。当时的台北中兴大学(今台北大学)、台湾大学和台湾政治大学是最早引入这门学科的高等院校。公共政策学作为一门新的学科在台湾各高校迅速推开。大量台湾学者投入公共政策学教材的编写上,并翻译介绍了诸多西方公共政策学的研究成果,为改革开放后我国大陆地区探索公共政策学提供了经验借鉴。但台湾地区主要停留在对公共政策学的引进上,缺乏学术上的独立思考和本土化创新。

20世纪80年代,伴随改革开放步伐的加快,党和国家领导人开始反思之前出现的一些决策失误问题,要求推动公共决策的科学化和民主化研究。1979年,邓小平指出,在学科发展上要抓紧补课,重新恢复政治学、社会学、法学和行政学,这为探索公共政策学提供了便利。1983年,《理论探讨》杂志刊登了孟繁森的《需要建立一门研究党和国家生命的科学——政策学》。1986年,国务院时任副总理万里在全国软科学研究工作座谈会上提出了"加强软科学研究,实现决策的科学化和民主化",明确提出要加强政策研究。随后,各级党委和政府部门都成立了专门从事政策研究的机构。同时,引进和翻译了一批国外著作,如林德布洛姆的《政策制定过程》(朱国斌译,华夏出版社,1988年)、克朗的《系统分析和政策科学》(陈东威译,商务印书馆,1985年)等。此阶段的公共政策学发展程度较低。

2. 专业化发展阶段(20世纪90年代)

20世纪90年代,中国公共政策开始逐渐成为一个独立的研究领域,朝着专业化的方向不断发展。1991年,中国行政管理学会下设政策科学研究会,这一全国性公共政策科学研究会的建立标志着公共政策学成长为一门独立的分支学科。公共政策学的专业化发展主要体现在两个方面。一是公共政策学高等教育的专业化。众多高校开始设立"政策科学""公共政策"等相关的专门课程;虽然未被列入国家专业目录,一些高校如南京大学则在其他专业的名目下,招收了公共政策、政策科学或政策分析研究方向的硕士或博士研究生。二是出版了一批公共政策学教材。代表性的有桑玉成和刘百鸣的《公共政策学导论》、陈振明的《政策科学原理》、胡象明的《行政决策分析》、陈庆云的《公共政策分析》等,这些著作为系统学习公共政策知识提供了蓝本。

与此同时,越来越多的研究者意识到中国国情与西方相比的特殊性,因此对西方公共政策学理论知识体系采取简单的拿来主义显然不科学。在这种情况下,中西方环境差异对公共政策实践产生的影响自然而然吸引了部分研究者的关注,构建具有中国特色的公共政策学学科体系成为专业化发展阶段的重要课题。有一批学者开始分析中国公共政策与西方公共政策的共性与差异,尤其在中国特色党政结构对公共政策的影响等方面做出了分析,重点关注中国特色的公共政策现象,例如民主集中制对公共决策的影响、中国政府的政策试点逻辑、党领导下的群众路线与利益表达机制、人民调解制度等。

3. 深化和成熟阶段(21世纪以来)

进入21世纪以来,随着国家治理现代化步伐的加快,中国公共政策学在不断深化中走向成熟。一方面是公共政策教育的提档升级。公共管理在获得一级学科身份后为公共政策提供了相应的发展空间,公共政策师资力量得到加强。我国在较短时期内就形成了一支专门从事公共政策研究的学科队伍,并成为公共管理研究的重要分支力量。同时,MPA教育的兴起,公共政策分析成为专业学位教育的核心课程。另一方面是公共政策本土化研究的深化发展。在引进、消化和吸收国外公共政策经典和前沿成果的同时,中国公共政策研究者植根于本土情境,持续深挖本土化的公共政策案例,总结提炼了公共政策研究的中国经验。这一时期,我国学者从党政复合型治理结构、政治与行政的互嵌机制、央地关系、网络政策议程设置等方面对公共政策进行了深入研究,初步提出了一些富有解释力的理论框架,加深了对公共政策过程的认知。

(三)中国公共政策学的发展方向

从20世纪80年代引进公共政策学至今,我国公共政策学不断向好发展,成为社会科学研究的重要领域。随着社会转型的加速和国家改革的深化,产生了大量亟待解决的公共政策问题。而根植于西方治理实践的公共政策学难以解决中国场景下的现实问题,发展中国特色的公共政策学成为探索中国式现代化道路的应有之义和必然选择。

发展中国特色公共政策学要坚持正确的指导思想。马克思列宁主义、毛泽东思想、邓小平理论、"三个代表"重要思想、科学发展观、习近平新时代中国特色社会主义思想为中国特色公共政策学的发展和完善提供了思想指南和价值基础,保证了公共政策学发展的正确方向。

发展中国特色公共政策学就要构建和完善中国特色公共政策学学科体系。一是要提升公共政策学的学科地位，将公共政策学从公共管理的一级学科里分离出来，成为从属于交叉学科领域的一级学科。二是要整合公共政策的主题研究。应对政策科学理论、政策分析方法与技术、比较公共政策研究、政策过程研究等分支进行整合，并在此基础上健全公共政策学的专业课程体系。三是加强公共政策专业人才的培养教育。考虑设置公共政策专业硕士（MPP），扩大公共政策教育的师资规模，加强师资培养和学术交流，推动重点大学举办国家级公共政策案例大赛。

发展中国特色公共政策学要构建本土化的学术体系。一是立足本土化情境，加强对当代中国公共政策的实践研究。挖掘中国本土的公共政策案例，关注我国特殊政治结构、央地关系、府际关系等对公共政策的研究，建构出本土化的政策概念和理论。二是更新研究方法，走好定性和定量研究方法有机结合的研究道路。学习国际前沿性的公共政策研究方法，并使之有机嵌入公共政策本土化研究中。强化定性研究的深度和广度，补齐定量研究的短板，积极利用大数据等现代信息技术推进公共政策的实证研究。三是加强学术型研究的应用成果转化。发挥公共政策知识生产对政策实践的指导作用，以智库为载体，强化政策知识在政策实践、治理活动中的应用。

发展中国特色公共政策学要构建中国特色政策话语体系。要构建中国特色的公共政策学，就要有中国特色的政策话语表达，才能防止困于西方政策科学大厦的话语丛林之中。一要总结党治国理政的政策话语体系。以马克思主义经典著作、党中央的路线方针政策、领导人的重要讲话、先进的政策实践案例为蓝本，系统梳理新中国的政策和策略，总结提取党治国理政的经验和成就。二是挖掘提取中国历史传统中的政策话语。中国古代执政集团治国理政的政治实践中蕴含着丰富的政策思想，这是构建中国政策话语体系的"活化石"。

总体而言，构建中国特色公共政策学，就是要从指导思想、学科体系、学术体系、话语体系等方面全面建设和与时俱进地创新，全方位、全领域、全要素彰显公共政策学的中国特色、中国风格与中国气派。

■ 第三节 公共政策学的研究方法

古语言："工欲善其事，必先利其器。"要想进行公共政策学学科的学习与研究，就必须掌握研究方法。一门学科的科学性往往就体现在运用了科学的研究方法。研究方法是开展研究的规范指南和路径遵循。

■ 一、公共政策学的研究视角

从诞生伊始，公共政策学就具有明显的跨学科特征，强调"以问题为中心"综合运用多学科的知识，因此公共政策学具有多元的研究视角。

■（一）政治学视角

政治学是研究社会政治现象及其规律的学科，而公共政策作为对社会利益权威性的分配工具，自然是一种普遍而又重要的政治现象。因此，公共政策一直都是政治学关注的重要内容。事实上，政治学对决策如何做出，以及社会为何认同并遵守某项政策表现出了极大的关注。可以说，所有政治学领域都与公共政策问题相关联。政治学采取制度主义途径对国家、政府的权力与结构及府际关系的研究无疑对公共政策的规范性研究有着重要的影响。

行为主义政治学坚信政治学作为一门经验科学最终可以对政治现象加以科学地解释和预测，反对抽象的规范性理论。行为主义政治学强调定量和描述性，试图把公共政策过程和行为描述性研究与公共政策内容有机结合起来，并将微观经济学和管理科学中的数学推论模型等规范性研究引进公共政策分析。

后行为主义政治学突出政治系统的重要性，并重视对伦理因素和价值因素的考量。在政策研究方面，后行为主义政治学侧重于以发现问题并提供解决方法为目的的研究，强调公共政策制定与过程的分析。后行为主义政治学研究的主题包括：描述公共政策的内容、评估环境对公共政策的影响、分析各种制度安排与政治过程对公共政策的影响、调查公共政策对政治系统产生的作用、依据预期和非预期的后果评估公共政策对社会产生的影响。

■（二）管理学视角

管理学是对管理现象及其规律进行研究的一门科学，运筹学、社会心理学、系统科学等学科的相关理论构成了它主要的理论来源。研究管理学的主要目的是构建相关理论，在做好对管理实践描述与解释的基础上，提供优化管理方案的对策建议，核心是改进管理决策和促进政策的有效执行。对管理决策而言，重点关注决策环境、决策目标、决策程序、价值排序以及可行方案的选择等。对于决策执行而言，重点是实现人与人之间、人与物之间、物与物之间的有效联结，以尽可低的成本获取尽可能高的管理效益。其中，对公共政策研究贡献最大的是决策科学，由于公共政策从总体上来说是一种抽象的行为原则与规范，只有通过管理，才能将公共政策的目标变为现实。管理学研究中的量化统计分析、案例研究等也为公共政策研究提供了研究思路与方法启示，使得基于质性和定量研究的实证主义分析范式在公共政策研究中占据重要位置。

■（三）经济学视角

经济学是研究人类经济行为尤其是经济选择行为规律的一门学科。经济学研究的前提假设或研究出发点是理性人假设，是从资源稀缺性的背景条件去分析人类的理性决策行为。其中，对经济政策的分析既是经济学研究的重要内容，也构成了公共政策研究的重要分析对象。公共政策学的经济学视角就是采用经济学的理论假定、概念框架、分析方法及技术来研究公共政策问题。

■（四）社会学视角

社会学是研究社会现象及其规律的一门学科，对构成社会基本单元的单位、社会结构、人类行为及其变化等议题进行重点研究。社会结构是指一种有选择的、周期的、有规律地通过各种社会控制来调节社会成员关系的社会模式。社会学对公共政策研究的主要贡献在于它对种族关系、家庭问题、犯罪问题、社会变迁等社会问题提供的政策分析路径。社会学对公共政策研究的另一大贡献在于微观的实证研究方法。对社会政策的分析既是专门从事公共政策研究的学者关注的重要议题，也是社会学分析的重要内容之一。

(五)伦理学视角

伦理学是一门研究各类社会道德现象,揭示道德本质、发展规律及其社会作用的学科。伦理学以道德问题和道德判断作为研究对象,包括道德活动现象、道德意识现象和道德规范现象,可分为规范伦理学和非规范伦理学两大类;规范伦理学包括一般的规范伦理学原理和应用伦理学;非规范伦理学包括描述伦理学和元伦理学。伦理学对公共政策研究的影响至少表现在两个方面:一是强调公共政策研究中的价值分析;二是政策相关者自身的伦理规范,或者说是政策分析的职业伦理,主要包括政策主体的职业道德与伦理规范等。

二、公共政策学的研究方法

公共政策学的研究方法是研究政策过程、政策系统、政策实践的基本方法、方式、技术、路径等的总称。在多元学科交叉融合背景下,公共政策学自然形成了丰富的研究方法。

(一)历史分析法

历史分析法就是运用发展、变化的观点分析客观事物和社会现象的方法。历史分析法的要义在于:在认识事物时,坚持变与不变的辩证统一;在评价事物时,坚持肯定与否定的辩证统一;在改造事物时,坚持继承与变革的统一。公共政策的历史性特征要求必须用历史的观点来研究公共政策。政策问题不是孤立的,而是嵌入社会系统和问题情境之中的,是不断发展变化的。而就每一项公共政策而言,其也有一个产生、发展和消亡的过程。因此,运用历史分析法研究公共政策,一是注重将公共政策置于历史情境中去考虑,充分分析政策产生、政策发展变迁、政策终结的历史条件,如时代背景、社会发展状况等。二是要研究前后政策的关联。公共政策在发展的过程中,往往不是割裂的,而是具有继承和变革的关系。因此,要对前后的政策进行分析以探究其规律。三是对政策的历时性脉络进行分析。对政策的历时性分析有助于把握政策发展演进的规律,理解其变化的逻辑和动因,为当下的政策供给提供历史镜鉴。

(二)比较分析法

比较分析法是根据一定的标准将具有某种联系的多个事物进行对照,从而把握它们相同和相异的表象特征和本质特征的方法。比较分析法大致上可分为一致性比较法和差异性比较法。一致性比较法将注意力集中于不同个案的共同特性上,再寻找各个案蕴含的原因。如果某个原因或多个原因适用于选定的所有个案,则予以保留,否则剔除。差异性比较法则往往适用于干扰因素较多而难以识别出真正原因的情况,往往采用实验组和对照组进行对比的方式。比较研究的种类有宏观比较与微观比较、横向共时比较与纵向历时比较、同类比较与异类比较、定性分析比较与定量分析比较。比较分析法在政治学研究中十分常见,形成了比较政治学。而"二战"后比较政治学的兴起使得政策研究者开始进行比较政策研究,比较公共政策成为备受关注的研究领域。实际上,公共政策研究中的比较无处不在,如政策方案的比较、政策效果的比较等。但公共政策的跨国比较才是严格意义上的比较公共政策研究,能通过比较透视不同国家之间的政治系统、政策系统、政策过程的差异。

(三)经济分析法

从经济方面分析政治和政策现象是马克思主义的基本观点和重要方法之一。马克思的经济分析法主张从生产力、经济基础和上层建筑三大结构的辩证关系中把握政治和政策现象。具体而言,公共政策作为一种政治活动,是建立在一定的经济基础之上,并受其影响决定的。评判一项公共政策是否合理和有效,要看它与经济基础的匹配程度。经济分析法广泛运用于当代西方政治学和公共政策研究之中。经济学分析法是运用现代经济学的概念和理论来分析政治和政策现象。政治活动,尤其是政策活动与经济活动密切相关:一是两者都是人类为实现特定目标而进行的一种社会行为,都存在着实现目标的最佳路径选择;二是政治作为一种社会交换活动与市场经济的交换活动在原理上是一致的,本质上都是利益活动。因此,可以用现代经济学中的市场分析以及消费者行为理论等来分析政治现场。公共选择理论便是运用现代经济学分析公共政策的典范,它通过对非市场决策的经济学研究阐释了公共部门的规模扩张问题。

(四)价值分析法

任何公共政策都与价值规范、价值偏好密切相关。公共政策的价值观是公共决策的基础,渗透到整个政策过程之中。一方面,由社会的政治、经济、历史、地理等多因素决定的共性价值观和政策主体自身的个性价值观会影响公共政策;另一方面,公共政策作为一种选择的结果本身也具有明显的价值导向。因此,价值分析在公共政策研究中具有重要的意义与作用。公共政策的价值分析就是制定和应用评判标准来考察政策价值观与政策选择。公共政策分析要回答的具体问题包括:喜欢什么?因为什么?为了谁?有多大风险?应优先考虑什么?比如分配政策应遵循效率优先还是公平优先,就涉及价值分析的问题。公共政策的价值分析包含常见的两种路径。一是规范性和经验性探索。首先是提出并详细阐述价值假设,采取一定的通用评定标准来评价竞争性的价值假说争论,最后选择更为恰当的价值假说。二是超伦理研究。超伦理研究主要是探究用什么准绳来判断我们用来评价政策行为正确性的标准是否合理,即研究标准之标准。

(五)利益分析法

利益是人类生存发展所需要的各种资源和条件,是人类社会活动的根本动因,利益和利益关系的存在及其矛盾运动是人类社会发展的根源和动力。而利益也是公共政策的核心要素。公共政策的目标是实现公共利益;公共政策的过程就是整合利益、协调利益矛盾的过程;公共政策的本质是对利益进行权威分配的工具或手段。公共政策的利益分析目的在于回答分配什么利益,向谁分配,怎么分配。它包含对利益主体及利益结构的分析、利益需求的分析、利益实现方式的分析与利益分配结果的分析。运用利益分析的方法可揭示公共政策过程的实质即利益冲突和利益协调的过程,为政策行为提供了有力的解释。在现实运用中,利益分析往往与价值分析相结合,因为利益分析中必须渗透一定的价值理念,为利益分析提供价值导向。

(六)阶级阶层分析法

阶级是随着社会分工发展和产品交换产生的,阶级代表着特定社会结构中占据特定经济地位的人群共同体。而随着时代的发展,改革开放以来,剥削阶级作为一个整体已不复存在,阶级斗争也不再是社会的主要矛盾,因此,随着阶级结构的变化,引入了阶层这一新的概念,它代表同一阶级里因地位不同而分成的若干层次。阶层所反映的是社会资源的分配和占有关系,决定着人们的社会互动及其社会关系的形成。概括而言,阶级和阶层都是反映社会结构和社会关系问题,而公共政策本身就涉及对社会关系的调整,因此,阶级阶层与公共政策是密切相关的。阶级阶层分析法就是用阶级阶层的观点去观察和研究社会现象的方法。阶级阶层的分析方法,就是要研究社会各阶级、各阶层的经济地位,在此基础上分析它们的政治态度和思想状况,从历史环境出发,分析各阶级各阶层的历史地位与相互关系。

(七)制度分析法

制度约束人们的互动关系,界定和限制人的选择集合。换言之,制度是形塑行为的重要变量。制度分析就是从制度的角度来探究某一行为或社会现象产生和发展的原因。制度分析包含传统制度主义分析和新制度主义分析两种模式。传统制度主义认为制度结构的内在特征会影响政府组织行为。公共政策作为一种行为活动实质上是政府机构或制度的产出。然而,传统制度主义对制度的界定仅限于正式规则,同时忽视了行动者的能动性和宏观的社会结构对制度的影响,仅仅从静态的角度研究政策过程。在批判借鉴传统制度主义和行为主义的基础上,形成了新制度主义这种新的范式。新制度主义进一步拓展了对制度的理解,并且将个体偏好和行为纳入其中,有效弥合了微观研究和宏观研究之间的隔阂。而新制度主义又包含历史制度主义、理性选择制度主义和社会学制度主义三大流派,它们为公共政策研究提供了丰富多元的思路。

本章小结

公共政策是政策主体运用公共权力对社会利益和价值进行权威性分配的工具或手段。公共政策的实质是对社会利益进行权威性分配的工具。公共政策具有历史性、公共性、过程性、强制性、多样性和服务性的特征。公共政策在现代国家的政治生活中占有举足轻重的地位,它既是最大的公共产品,又是治国理政的工具。不同的公共政策在不同时空、不同领域中发挥着不同向度的功能。大体而言,公共政策具有导向、规范、调控、分配、平衡、服务等多重功能。

公共政策及其研究虽然早已有之,但真正形成一门学科却是发轫于20世纪50年代的美国。拉斯韦尔等西方著名学者拉开了公共政策学作为独立学科的序幕。经历发展、反思和深化拓展,这门新兴的学科不断趋于成熟。伴随着公共政策学在诸多西方国家的发展,我国台湾地区开始引进公共政策学。在促进公共决策科学化和民主化的现实需求导向下,我国内地在20世纪80年代开始探索公共政策学。经过学者筚路蓝缕的辛勤努力,国内公共政策学逐渐深化和成熟。在中国式现代化的进程中,发展中国特色公共政策学已然成为新时代的重要命题。

公共政策学既然作为一门独立学科，就要有相应的研究方法与之匹配。作为一门综合性极强的学科，公共政策学研究视角多元，包含政治学视角、管理学视角、经济学视角、社会学视角、伦理学视角。公共政策常见的研究方法包括历史分析法、比较分析法、经济分析法、价值分析法、利益分析法、阶级阶层分析法、制度分析法。需要研究者根据不同的研究问题进行灵活选用。

本章重要概念

公共政策(public policy)　　政策特征(policy characteristic)
政策功能(policy function)　　政策科学(policy science)

本章思考题

1. 简述公共政策的概念和内涵。
2. 简述公共政策的地位和功能。
3. 简述西方公共政策学的发展进程。
4. 简述我国公共政策学的发展脉络。
5. 谈谈如何构建中国特色的公共政策学。
6. 简述公共政策学主要的研究视角和方法。

本章推荐阅读书目

1. 陈振明.政策科学——公共政策分析导论[M].2版.北京：中国人民大学出版社，2003.
2. 陈庆云.公共政策分析[M].2版.北京：北京大学出版社，2011.
3. 宁骚.公共政策学[M].3版.北京：高等教育出版社，2018.
4. 托马斯·R.戴伊.理解公共政策[M].12版.谢明，译.北京：中国人民大学出版社，2011.
5. 威廉·N.邓恩.公共政策分析导论[M].4版.谢明，伏燕，朱雪宁，译.北京：中国人民大学出版社，2011.
6. 杰伊·沙夫里茨，卡伦·莱恩，克思斯托弗·博里克.公共政策经典[M].彭云望，译.北京：中国人民大学出版社，2008.
7. 斯图亚特·S.那格尔.政策研究百科全书[M].林明，龚裕，鲍克，等译.北京：科学技术出版社，1990.

二维码1-4　本章重要概念及思考题答案

第二章
公共政策的理论基础

── 本章导言 ──

公共政策的理论基础包括公共政策的基本概念、范畴、判断及推理,由此构成公共政策学持续拓展与创新的理论支撑。在公共政策学发展与演变的过程中,逐渐形成了包括政策过程理论、政策网络理论、政策变迁理论、多源流理论和政策扩散理论等在内的理论分析框架。这些理论极大地推动了公共政策学的发展与完善。因此,掌握公共政策的理论基础,廓清公共政策理论的演进逻辑,对于建构公共政策学的理论体系具有十分重要的理论意义。本章主要阐述政策过程理论、政策网络理论、政策变迁理论、多源流理论和政策扩散理论的历史演进、思想流派、核心要旨等。

第一节 政策过程理论

政策过程理论是公共政策学的重要理论。系统科学地梳理政策过程理论是深入剖析公共政策运行机理、廓清公共政策运行逻辑的前提与基础。

一、政策过程理论的形成与发展

勒纳和拉斯韦尔主编的《政策科学:视野和方法的近期发展》的出版是政策科学诞生的重要标志。在该书中,首次对政策的对象、性质和发展方向以及特征做出具体规定。拉斯韦尔的《政治科学的未来》一书则将政策科学看作重建政治科学的主要方面,集中关注政策制定中选择理论的研究,更多地关注政策和社会问题。拉斯韦尔在《政策科学展望》中,将政策科学定义为对政策制定过程中的知识的研究。这些著作和观点为政策科学学科的形成奠定了坚实的基础,并为此后政策过程理论的提出奠定了理论基础。拉斯韦尔在《决策过程》中对政策过程进行了系统研究,并把注意力集中在政策过程的各种功能活动上,提出了包含七个因素,即情报、建议、规定、行使、运用、评价和终止在内的"政策过程阶段论"。政策过程阶段论开启了政策过程研究的新领域,极大地推动了政策过程体系的构建与完善。

德洛尔继承和发展了拉斯韦尔的政策科学理论,他的政策科学"三部曲"《重新审查公共政策的制定过程》《政策科学构想》《政策科学探索》更进一步推动了政策科学的拓展与深化,自此形成了"拉斯韦尔-德洛尔"政策过程阶段论。拉斯韦尔认为政策科学是"以制定政策规划和政策备选方案为焦点,运用新的方法对未来的趋势进行分析的学问"。德洛尔认为政策科学或政策研究的核心是把政策制定作为研究和改革的对象,包括政策制定的一般过程,以及具体的政策问题和领域;政策研究的性质、范围、内容和任务是理解政策如何演变,在总体上特别是在具体政策上改进政策制定的过程。1947年,西蒙出版了《管理行为》一书。该书运用逻辑实证主义的方法,严格区分价值和手段,认为理性就是在一定的价值之下对工具的选择,由于人们的注意力资源是稀缺的,所以理性是有限的,人们的决策行为最后只能遵循"满意标准"。后来西蒙在《管理决策新科学》一书中详尽地研究了决策的情报、设计、抉择与反馈模型。1959年,林德布洛姆一反政策分析的主流,在《公共行政评论》上发表了《"竭力对付"的科学》一文,彻底地揭示了理性主义政策分析的弊端,提出了渐进主义的决策模型。林德布洛姆否定了决策信息和抉择过程当中的理性,将政策过程视作一个与实际政治过程紧密相关的过程,认为决策是一个连续比较和渐进的过程。

1994年,布赖恩·琼斯教授分别出版了《再思民主政治中的决策制定:注意力、选择与公共政策》,它继承了西蒙的有限理性理论,并以稀缺的注意力为基础概念,详细地探讨了决策者个人和各种决策组织有限的注意力与政策决策、政策变化、机构设计、机构变迁的关系。琼斯认为,有限的注意力和注意力的转移,是导致政策稳定和政策突变的基本原因。事实上,这一观点也是他和鲍姆加特纳的间断-平衡理论的基石之一。2006年,刘新胜博士出版了《建模双边国际关系:中国-美国互动关系的研究》,书中运用琼斯教授的政策决策和注意力转移理论并结合博弈和政治空间选择理论,定量分析了外交政策决策中的多维博弈的动态过程,以及注意力分布与转移所引起的中美双边关系的稳定性与变化性。

1973年普雷斯曼和韦达夫斯基在对美国联邦政府创造就业机会的政策项目"奥克兰计划"的跟踪研究基础上,写成了研究报告——《执行》一书。20世纪60年代,在政策实践上,由约翰逊政府发起的"伟大社会"改革的许多政策项目并没有取得预期的结果。这在客观上向人们提出这样一个问题:为什么好的或比较理想的政策方案及项目也不必然能取得预期的结果?这促使人们去评估政策,并寻找政策执行失误的原因。同时,20世纪60年代末70年代初,政策科学取得突飞猛进的发展。政策科学研究视野拓宽了,西方学者对政策系统和政策过程的各种因素和环节做了全面深入的研究。过去人们偏重政策制定或规划的研究,而忽视了对政策执行、评估和终结的研究,这严重制约着政策科学的发展。正是在理论与实践的双重作用下,政策执行在20世纪70年代初以后成为美国乃至整个西方政策科学研究的一个焦点或热门话题。20世纪70年代中期以后,公共政策学者纷纷从不同的角度来研究影响政策执行的因素,形成了种种政策执行的理论模式,其中具有代表性的政策执行理论探索包括:史密斯在《政策执行过程》中建构了一个政策执行的过程模型,他指出影响政策执行过程的因素包括理想化的政策、执行机构、目标群体和环境因素等;麦克拉夫林在《互相调适的政策实施》中提出政策执行过程是执行组织和受影响者之间就目标手段做出的相互调适的互动过程,政策执行的有效与否取决于二者相互调适的程度;尤金·巴达克提出了政策执行的"博弈模式",即政策执行过程是一场赛局,政策执行的有效与否,取决于各方参与者的"战略"选择;马丁·雷恩和弗朗希·F.拉宾诺维茨提出了执行循环的理论,他们把政策执行划分为纲领发展阶段、资源分配阶段和监督阶段,还强调每一阶段都奉行合法原则、理性官僚原则和共识原则这三项政策执行原则;米德和霍恩提出了政策执行的系统模式,萨巴蒂尔和梅兹美尼安提出了政策执行的综合模式。

经过经济大萧条和第二次世界大战之后,随着"罗斯福新政"发挥巨大作用,政府干预越来越受到人们的重视。之后,政府规模不断扩大,尤其是美国联邦政府,对许多重大政策工程进行投资。比较著名的是20世纪60年代约翰逊总统时期的"伟大社会"计划和"向贫困宣战计划",政府投入了大量的人力、物力、财力,以期改善人们的生活条件和生活环境。后来,人们发现这些计划并没有取得预期效果,而且一些社会项目还是失败的。到了20世纪70年代,大批公共政策领域的学者开始对这些庞大的社会计划进行评估,政策评估开始成为一个相当重要的研究领域。20世纪80年代,公共政策评估在政府管理中的重要性逐步提升。进入90年代以后,政策评估在世界范围内进一步成为研究的热点。随着各国政府改革的推进,公共政策评估受到政府部门、科研机构和国际组织的广泛重视。同时,政策评估随着行政环境和政府理念的转变,其理念和方法也在不断创新。

政策评估理论的发展先后经历了四个阶段。第一阶段是关注效果的政策评估。彼得·罗西、霍华德·弗里曼和马克·李普希在《项目评估:方法与技术》一书中从社会科学研究的角度介绍了评估的发展历史和评估内容及方法,具体包括需求评估、项目理论评估、过程评估、结果评估、效率评估。美国政策学学者托马斯·戴伊认识到了这一阶段政策评估取向存在的不足,提出了他对政策评估更深入的理解:政策评估是探寻法律通过后会发生什么,过去人们认为的政策一旦由法律通过,投入了人力、物力、财力,那么政策效果就是可以预期的,也是可以感觉的。第二阶段是使用取向的政策评估,关注的是评估结果的价值和实用性分析。20世纪60年代以来,美国"伟大社会"口号下出现了许多政府项目,使政策评估出现了发展的高潮期。这一时期的政策评估理论有D.帕勒姆鲍和D.纳茨米亚斯的"理想的政策评价理论",该评估理论主要探讨政策评估取得效果的理想范式。M.帕顿的"以利用为中心的评价理论",对"为了获得实际可用的评估结果应该怎么做"的问题进行研究,提出了以利用为中心的评估过程、评估核心和评估前提。E.戈登堡在他的"关于政策评估目的的理论研究"中对政策评估的目的进行了探讨。他认为,政策评估因政策活动的不同会呈现出不同的评估目的。政策评估是通过关于政策效果的评价来改进政策。因此,我们要充分理解政策评估活动的本质。第三阶段是批判的政策评估,关注的是政策价值取向即政策所体现的社会公平、公正问题。这一阶段的代表性学者是豪斯。豪斯认为,政策评估的本质基本上是一种政治活动。它在为决策者提供服务的同时,更主要的目的是推动资源与利益的再分配。评估不但是正式的,更应是正义的,正义应成为政策评估的一项重要标准。第四阶段是建构主义取向的政策评估,关注的是政策评估过程中的多方需求、多元互动,综合了政策效率、政策公正性的共同关注,以及多种评估技术和方法运用的综合性评估。以库巴和林肯等人的"第四代评估理论"为代表,提出了回应式评估,又叫建构主义的评估。该评估在方法论上采用注释性方法,强调复述、分析、批判、再复述、再分析等诸层面的不断辩证,期望能产生案情的共同建构。进入21世纪,政策评估已经历了半个世纪的发展,进入了一个回顾总结、开拓发展的新阶段。1999年弗兰克·费希尔在其专著《公共政策评估》中对社会科学和公共政策评估进行了深刻反思,提出了公共评估把事实和价值结合起来的政策辩论逻辑,这超越了传统政策评估的狭隘的专家治国论的倾向,力求克服甚至解决经验主义与规范分析的鼓吹者之间长期对立的僵局。瑞典学者韦唐从政府评估的实质结果入手,按"组织者"的不同将评估模式分为三大类,即效果模式、经济模式和职业化模式。除了传统的目标达成评估外,效果模式还包括附带效果模式,以及无目标评估、综合评估、顾客导向评估和利益相关者评估模式等。斯塔夫比姆在《评估模型》一书中列举了22种评估模型,划分为四大类,包括伪评估、问题取向的评估、决策取向的评估和社会回应取向的评估。书中展望了21世纪更有应用前景的9种评估模型,包括消费者取向模型、结果评估模型、以顾客为中心的模型、以应用为中心的模型、案例研究模型、审慎的民主方法等。

随着美国1994年国会大选民主党凭借一篇关于精简政府的竞选纲领获得了两院的控制权,以及其后美国"政府再造"运动的开展,需要终结的结构和过时的政策法规的增多,美国政策学研究者和政府官员都认识到了政策终结在美国政策研究和实践中的重要地位。政策终结的研究在美国开始受到人们的重视。丹尼尔斯在《公共项目的终结》一书中,对美国政策终结的研究进行了系统回顾。巴达克在《作为一种政治过程的政策终结》对"终结的形式、有谁支持终结、为什么终结很少被接受、怎样减轻终结的困难"等问题做了分析。他将终结看作政策采纳的一种特殊场合——采纳政策A,就意味着终结政策B。本恩在《马萨诸塞公共培训学校的终结》一书中通过对这一成功政策终结案例的研究,提出了关于政策和组织终结的12点建议。考夫曼在《政府组织是不朽的吗?》和《时间、机遇和组织》两本著作中,考察了组织的活动,通过对大量政策机构的数据进行分析和整理,他发现组织在现实中生成和壮大,但是很少死亡。而公共组织比私营组织更难以在现实中终结。他认为,这是因为组织在发展中壮大,使组织自身抵抗终结的能力不断增强,而这正是组织难以终结的根本原因。只有在组织保持活动的能量和其他必要的资源流失以至于组织不再适应环境时,组织才会死亡。狄龙提出了关于政策终结障碍的理论框架,包括6种障碍,即心理上的抵触、机构的持久性、组织和机构对环境的适应性、反终结的联盟、法律程序上的障碍和终结的高成本。

20世纪90年代末,美国公共政策学家琼斯提出了政策周期理论,他在分析政策过程时,提出了一种旨在合理系统地考察公共政策的制定与实施的分析框架。这个政策过程分析框架便构成了政策周期理论的雏形。他认为"政策过程架构的基本要素有:感知/定义、界定、汇集或累加、组织、确立议程、方案形成、合法化、预算、执行、评估和终结"。他进一步根据系统分析的概念,将政策分析过程分成五个阶段:① 问题认定,即从问题到政府的阶段;② 政策发展,包括方案规划以及合法化等功能活动,即政府为解决公共问题而采取行动的阶段;③ 政策执行,即政府解决问题的阶段;④ 政策评估,即由政府回到政府的阶段;⑤ 政策终结,即问题解决或变更阶段。

二、政策过程理论的思想流派

(一) 拉斯韦尔政策过程阶段论

1956年,拉斯韦尔在《决策过程》一书中,提出了情报、建议、规定、行使、运用、评价和终止的政策过程阶段论。在拉斯韦尔看来,这七个阶段不仅描述了公共政策事实上是如何指定的,而且描述了应如何制定公共政策。20世纪70年代中期,拉斯韦尔的学生布鲁尔提出了政策过程的六阶段论①，即创始、估价、选择、执行、评估和终止阶段。此后，安德森也对政策过程阶段进行了研究。如安德森在《公共决策》一书中，将政策过程划为问题的形成、政策方案的制定、政策方案的通过、政策的实施和政策的评价五个阶段。② 进入20世纪90年代，雷普利在《政治学中的政策分析》中把政策过程划分为议程设定、目标与计划的形成与合法化、计划执行、对执行、表现和影响的评估，以及对政策和计划未来的决定等阶段。③ 在20世纪70年代和80年代西方公共政策研究中，政策过程阶段论确立并占据了主导地位。

二维码 2-1
政策过程模型

(二) 制度理性选择框架

20世纪80年代，随着行为主义革命的式微，始于亚里士多德从制度入手研究政治现象的传统，终于在此时上升到新的理论高度，形成了一个理论流派——新制度主义。詹姆斯·马奇和约翰·奥尔森在1984年的《美国政治科学评论》上发表《新制度主义：政治生活中的组织因素》一文，揭开了新制度主义政治学研究的序幕。以埃莉诺·奥斯特罗姆为代表的制度理性选择学派超越传统制度主义模型，基于新制度主义模型，分别探讨了集权的制度、分权的制度及多中心的制度对于可持续发展及自然资源的管理诸方面的不同绩效和影响，建构了用于分析公共组织决策过程的制度理性选择框架，这为公共政策过程的研究提供了一个新的视角。保罗·萨巴蒂尔指出，制度理性的理性选择是各种政策过程框架中发展得最为完善的一种方法。

制度理性选择框架从印第安纳大学政治学理论与政策分析专题研究小组的工作实践中发展而来。制度理性选择框架的雏形是《行动的三个世界：制度方法的元理论集成》，它在两个重要的方面发展了制度分析和发展(IAD)框架：第一个方面是区分了宪法、集体选择和操作抉择这三个决策层次以及它们之间的关系；第二个方面是阐明了能在三个决策层次的任一层次上用于分析结果和对其进行评估的基本要素。

制度理性选择框架是一个多重的概念示意图，是确认行动舞台、相互作用形成的模式和结果，并对该结构进行评估。分析问题的第一步是确认一个概念单位，即所谓的行动舞台。它可以用来分析、预测和解释制度安排下的行为。行动舞台包括一个行动情境和该情境下的行动者。行动情境的特征可通过如下七组变量来刻画：① 行动者；② 职位；③ 产业；④ 行动-产出关联；⑤ 参与者实施的控制；⑥ 信息；⑦ 给定产出的收益和成本。行动者(个人或团体行动者)包括关于四组变量的假设：① 行动者带给情境的资源；② 行动者对世界状态和行动的评估；③ 行动者获取、处理、保留和使用知识的附带效应和信息的途径；④ 行动者用来选择某种行动路线的过程。④

---

① Michael Howlett, M. Ramesh. Studying Public Policy: Policy Cycles and Policy Subsystems[M]. Oxford University Press. 1995: 10-11.

② Daniel C. Mccool. Public Policy Theories Models and Concepts[M]. Prentice-Hall Inc. 1995: 157.

③ Daniel C. Mccool. Public Policy Theories Models and Concepts[M]. Prentice-Hall Inc. 1995: 157.

④ 保罗·A.萨巴蒂尔.政策过程理论[M].彭宗超，钟开斌，等译.北京：生活·读书·新知三联书店，2004：56.

行动舞台,这一术语指的是个体间相互作用、交换商品和服务、解决问题、(在个体行动舞台上所做的很多事情中)相互支配或斗争的社会空间。理解行动舞台的初始结构后,制度分析能够采取的一个步骤是更深入地挖掘和探究影响行动舞台结构的因素。从这个优势出发,行动舞台被看成一组依赖于其他因素的变量。影响行动舞台结构的这些因素包括三组变量:① 参与者用以规范他们关系的规则;② 对这些舞台起作用的世界的状态结构;③ 任一特定的舞台所处的更普遍的共同体结构。[①]

行动情境,这一概念能使分析者单纯从影响其兴趣过程的即时结构出发,来解释人类行动与结果的规律性并有可能改善它们。用来描述行动情境的一组变量包括:① 参与者集合;② 参与者担任的具体职位;③ 容许的行为集合及其与产出的关联;④ 与个体行动相关联的潜在产出;⑤ 每个参与者对决策的控制层次;⑥ 参与者可得到的关于行动情境结构的信息;⑦ 成本和收益是行动和结果的激励因子或阻碍因子。

情境中的行动者,其可以被认为是一个单一的个体或者是作为共同行动者起作用的群体。行动这一术语指的是行动个体赋予了主观和客观意义的那些人类行为。为了得出对于某一情境中每个行动者的可能行为(以及可能产生共同结果的模式)的推论,所有对微观行为的分析者都使用有关一些情境中的行动者的明确或不明确的理论或者模型。分析者必须做出有关参与者评估的方法和内容,他们拥有的资源、信息和信念,他们处理信息的能力状况,他们用来决定策略的内部机制等问题的一些假设。[②]

行动舞台内的结果预测。依托对某一情境的分析结构和对行动者的特定假设,分析者便得出对结果或强或弱的推论。具有严格约束的一次性行动情境,因有完全信息的条件而会推动行动者选择特定的策略或一系列的行动,共同追寻稳定的均衡,这样,分析者就经常能得出有力的推论和对行为和结果可能模式的具体预测。

评估结果。除了预测结果,制度分析还可以估计正在获得的成果和在不同制度选择下将能达到的一组可能的成果。评估的标准既适用于结果,也适用于达到结果的过程。这些标准有:① 经济效率;② 融资均衡达成的公平;③ 再分配的公平;④ 问责制;⑤ 与普遍的道德的一致性;⑥ 适应性。[③]

(三) 间断-平衡框架

1993年,弗兰克·鲍姆加特纳和布赖恩·琼斯出版了《美国政治中的议程和不稳定性》一书,提出了政策议程的间断-平衡理论。间断-平衡理论源于古生物学领域,由耐尔斯·埃尔德里奇和斯蒂芬·古尔德在1972年提出,用以解释生物进化过程中的发展差异。作为对达尔文平稳进化论的挑战,鲍姆加特纳和琼斯注意到政策议程领域发生的现象和生物进化现象的相似性,根据大量的实证和案例研究,提出了政策议程的间断-平衡理论。间断-平衡理论致力于解释公共政策过程中的一个简单的现象——在政策过程中,

---

① 保罗·A.萨巴蒂尔.政策过程理论[M].彭宗超,钟开斌,等译.北京:生活·读书·新知三联书店,2004:56.

② 保罗·A.萨巴蒂尔.政策过程理论[M].彭宗超,钟开斌,等译.北京:生活·读书·新知三联书店,2004:61.

③ 保罗·A.萨巴蒂尔.政策过程理论[M].彭宗超,钟开斌,等译.北京:生活·读书·新知三联书店,2004:64.

我们通常看到的是稳定性和渐进性,但是偶尔也会出现不同于过去的重大变革。大多数政策领域的特点是停滞、稳定,而非危机和重大变迁。但是,政策危机和重大变迁也时有发生。观察表明,稳定性和变迁都是政策过程中的重要因素,已有政策模型来解释,或者至少对变迁和稳定性两者之一进行更为成功的解释。而间断-平衡理论则可以同时解释两者。间断-平衡理论以大量的数据和比较研究的方法关注公共政策的长期变化,并用注意力、信息、政策形象、机构变迁等概念对政策的长期变化提出了合理的理论解释。正是由于间断-平衡理论可以同时解释政策和决策过程中的稳定性和变革性,一般认为这一理论是对西蒙有限理性决策理论的重要拓展和对林德布洛姆渐进主义理论的重大超越。2005年,琼斯和鲍姆加特纳又出版了《注意力政治》一书,用大量的数据和分析对他们近年的研究加以总结,并对其间断-平衡理论做了进一步阐释。

间断-平衡框架将政策过程放在政治制度和有限理性政策制定的双重基础之上,强调问题界定和议程设定这两个在政策过程中相互联系的元素。大规模和小规模的政策变迁都来自政策子系统与行动决策之间的互动,这种互动能让稳定性和流动性有机结合。鲍姆加特纳和琼斯在研究不同时期、不同领域大量的政策制定案例后发现:① 政策制定同时存在跳跃和几乎停滞的时期,就如在公众议程中问题的出现和消失一样;② 美国政治制度加剧了趋于间断式平衡的趋势;③ 政策图景在问题拓展到专家控制和专业兴趣也即"政策垄断"之外的情况下会发挥关键作用。[①]

鲍姆加特纳和琼斯发现,美国分权的制度,重叠的权限和相当公开介入的动议结合在一起,便产生了一种在子系统政治与总统、国会的宏观政治之间的动力——这种动力通常会反对任何变化的推动,但是有时也会支持过关的变革。这是因为,一旦提出动议,原来用来分开各种重叠的、政府制度分散的权限边界,可能使得许多政府行动者被卷入新的政策领域。通常来说,新的进入者是改变现状的支持者,他们通常取代以前的控制力量。制度分权通常是加强保守主义的,但有时候也会推翻现存的政策子系统。[②]

子系统政治是平衡的政治——政策垄断的政治、渐进主义、被广泛接受的支持性途径和负反馈过程等相协调的产物。子系统决策过程分散在"铁三角"、官僚机构的专家议题网络、国会小组和利益党团之中。直到有了政治动议,政策议程的推动以及正反馈的发生,既得利益者才会趋于打破原来的状态(不含每年预算的微小增加)。在这个意义上,问题就扩散到国会政治系统和总统制之中。宏观政治是间断的政治——其中包含大规模变迁的政治、多种竞争性图景、政治操纵和正反馈过程等。正反馈加大了变迁的脉动:它克服了惯性并使原有的状态发生崩溃和破裂。[③]

(四) 话语指向的政策过程

随着西方社会科学研究从实证主义走向后实证主义,以及后现代社会现实和后现代

---

① 保罗·A.萨巴蒂尔.政策过程理论[M].彭宗超,钟开斌,等译.北京:生活·读书·新知三联书店,2004:128.
② 保罗·A.萨巴蒂尔.政策过程理论[M].彭宗超,钟开斌,等译.北京:生活·读书·新知三联书店,2004:128.
③ 保罗·A.萨巴蒂尔.政策过程理论[M].彭宗超,钟开斌,等译.北京:生活·读书·新知三联书店,2004:133.

思潮的兴起,政策科学亦发生了根本性的变革。这一革新的步伐是与整个西方哲学的转向和革新同步的。"后现代政策分析"的出现意味着后现代主义的隐喻开始在政策过程领域得到回应。Dobuzinskis 对比分析了现代主义者与后现代主义者对公共政策过程的不同定义。对于现代主义者而言,政策过程意味着控制和稳定。后现代主义者在混沌和弹性中寻求公共政策的合法性。理性不再是唯一的标准,容许多样性、扩大宽容性得到了认同。施拉姆为复杂性社会的政策分析寻找"后现代"的替代途径,政策分析的后现代途径已然成为现实。作为一种替代途径,后现代政策分析认为,杂乱无章的、叙述的、象征的实践影响着政策从提出、争论、采用、执行到评估的全过程,同时也影响着对政策问题、训练方法和成功标准的认知。后现代政策分析重置了政策分析的权威范式,这种范式认为,先有预先给定的真实性和正确性,政策只是对于这种真实和正确的简单回应。在日趋复杂的现代社会,政策的"统一"并不能依靠"预先设定"的真实,而是借助叙述、文本、对话和相关媒介得以建构。① 福克斯和米勒的《后现代公共行政——话语指向》,法默尔的《公共行政的语言——官僚制、现代性和后现代性》(1995)和麦克斯怀特的《公共行政的合法性——一种话语分析》(1997)被普遍认为是后现代公共行政理论成熟的标志。查尔斯·古德塞尔曾指出:"《后现代公共行政——话语指向》在公共行政管理领域的研究中,就目前来看,它代表了最高水平。"福克斯和米勒提出,"我们的目的是想依据后现代的状况改变思考公共政策与行政的方向,我们坚持认为,这一状况在的治理领域可以通过一系列近似真实的话语来加以改良,根据对后现代性的治理的这一分析,我们提出了一个规范的过程理论,我们必须放弃等级官僚制,没有一个合法的民主输入能来自上层赋予它的量"②。我们要走向一种话语,一种内在的民主的意愿形成结构。后现代公共行政没有把政策和行政过程看作封闭的机构之间的一系列权力交易,而是提出要把能量场理论化。公共能量场是由各种灵活的、民主的、话语性的社会形态构成的,是表演社会话语的场所,公共政策在这里制定和修订。但这一制定和修订的过程同时也是各种话语进行对抗性的交流的过程,是具有不同意性的政策话语在某一重复性的实践的语境中为获取意义而相互斗争的过程。由此,福克斯和米勒构建了后现代情境下公共政策的话语民主体系,引入了全新的分析政策过程的公共能量场理论,推动了公共政策话语的后现代转向。

福克斯和米勒认为,传统公共行政实际上就是一个缺乏沟通的体系,或者说,它就是一个话语霸权的体系。在这一个话语霸权体系内,自上而下的指示、指令必须逐级执行,不容许有任何讨价还价,更不允许提出怀疑和表示异议。他们强调,在这种"独白式对话"基础上产生的公共政策,只能是政府和官僚精英们的政策偏好,而不是公民一致认同的公共政策。同时,这种独白式的对话从根本上来说,是和民主政治背道而驰的。针对这种"独白式的对话",福克斯和米勒对现有公共行政模式即官僚制及其替代模式进行了全面的解构,并在此基础上提出了基于真实、诚实和坦诚的部分人对话基础上的话语理论。他们认为,部分人的对话优于少数人的对话和多数人的对话。尽管它限制参与的缺点,但切

---

① 陈永章.后现代公共行政理论的纲领及其反思[M].沈阳:东北大学出版社,2021:93.
② 查尔斯·J.福克斯,休·T.米勒.后现代公共行政话语指向[M].楚艳红,曹沁颖,吴巧林,译.北京:中国人民大学出版社,2013:1.

合意境的意向性和真正性却是它突出的优点。话语指向的后现代公共行政的目的是想依据后现代的状况改变思考公共政策与行政的方向,并建构了话语指向的公共政策运行过程。在话语指向的公共政策过程中,公共能量场是核心概念。场是作用于情境的力的复合,场的结构并不遵循固定的公式,而是取决于生活世界正在发生的事。我们界定的公共政策只是那些包含了公众关心的事,同时又具有活力和能量的场。公共能量场是表演社会话语的场所,公共政策在这里制定和修订,公共政策产生于公共话语的能量场。最好把公共政策的形成、实施和管理理解成各种社会主体在能量场中的能量互动,它是围绕着"下一步我们该做什么"这一问题松散地组织在一起的人类意向性的交叉点。这一政策制定和修订的过程同时也是各种话语进行对抗性的交流的过程,是具有不同意向性的政策话语在某一重复性的实践语境中为获取意义而相互斗争的过程。在这里,没有一个意义先天地是真的或者说是本体论确定的。意义就是为了被抓住而确立的。[①] 在此,有两方面是至关重要的:一方面,为了避免陷入后现代化与那种无政府主义,作者引入哈贝马斯的理想交谈和交流能力理论,对话语意义的真实性或者说真实话语的条件做出了严格的限定——交谈者的真诚、表达的清晰、表达内容的准确以及言论与讨论语境的相关性;另一方面,为了避免陷入官僚制民主模式的独白性言说,作者又引用汉娜·阿伦特的对抗性的紧张关系的观点,作者指出,在话语中,我们期望着意义之战,我们期望着争辩、论证、反驳,而不是和谐的异口同声。也就是说,参与对话的双方是一种结构性的关系,他们之间既是平等的,同时又是对抗的、相互辩驳。正是基于这两方面的原因,作者指出,在公共能量场中,对话或者话语必须是有规则的:真诚、切合尽情的意向性、参与意愿以及实质性的贡献,这些就是话语正当性的条件。每一个人都有假定参与对话的权利,并且参与资格是可以自由地获得的。但是当人们思考社会行为时,就必须遵循规范。那些违背了基本结构规则的人就会丧失基本的进入条件。因为,尽管我们无法也不想剥夺那些想讲假话的人自由说话的权利,但我们可以拒绝像对待真话一样认真对待这些言论。最后,作者对公共能量场中的话语形式进行了分类,少数人的对话(官僚制的独白性话语)、多数人的话语(后现代的无政府主义的表现主义话语)和部分人的对话(真正民主的公共的真实话语)。在后现代状况下,真实的话语是民主化行政理论最好的期待。

三、政策过程理论的核心要旨

政策过程包括政策制定、政策执行、政策评估、政策监控和政策终结等环节[②],这些环节交替循环形成一个政策过程周期。政策制定是核心,政策执行是关键,政策评估是对政策方案合理性的最具权威的检验,政策监控是政策运行中不可或缺的一个环节,贯穿政策过程的始终。通过政策监控,能够及时发现并纠正政策偏差,从而提高政策效能,实现政策目标。政策终结意味着一个旧周期的结束。

政策制定是政策过程的首要阶段,是政策科学的核心主题。政策制定是一个复杂的活动过程,它由一系列功能议程设立、方案规划和方案的合法化等功能活动环节或阶段构

[①] 查尔斯·J.福克斯,休·T.米勒.后现代公共行政话语指向[M].楚艳红,曹沁颖,吴巧林,译.北京:中国人民大学出版社,2013:1.

[②] 陈振明.政策科学——公共政策分析导论[M].2版.北京:中国人民大学出版社,2003:209.

成。将一个政策问题提到政府机构的议程之上,是解决该问题的关键。政策议程的形成过程,也就是问题有望得到解决的过程,就是民众反映和表达自己的愿望和要求,促使政策制定者制定政策予以满足的过程,也是政府或执政党集中与综合所代表的阶层的利益,并通过政策制定予以体现的过程。① 方案规划指的是对政策问题的分析研究并提出相应的解决办法或方案的活动过程,它包括问题界定、目标确立、方案设计、后果预测及方案抉择五个环节。② 政策合法化是指经政策规划得到的政策方案上升为法律或获得合法地位的过程。它由国家有关的政权机关依据法定权限和程序所实施的一系列立法活动与审查活动所构成③。

政策执行是政策制定完成之后,政策执行者通过建立组织机构,运用各种政策资源,采取解释、宣传、实验、实施、协调与监控等各种行动,将政策观念形态的内容转化为实际效果,从而实现既定政策目标的活动过程④。

政策评估是依据一定的标准和程序,对政策的效益、效率及价值进行判断的一种政治行为,目的在于取得有关这些方面的信息,作为决定政策变化、政策改进和制定新政策的依据。政策评估的类型从评估组织形式上看,可分为正式评估和非正式评估;从评估机构的地位来看,可分为内部评估和外部评估;从政策评估在政策过程所处的阶段来看,又可分为事前评估、执行评估和事后评估。⑤

政策监控是政策监督与政策控制的合称,是为了实现政策的合法化与保证政策的贯彻实施而对政策的制定、执行、评估和终结等活动进行监督与控制的过程,目的在于保证政策系统的顺利运行,提高政策制定与执行的质量,促进既定政策目标的实现和提高政策效率。政策监控具有保证政策合法化、保证政策贯彻实施、实现政策的调整与完善以及促使政策终结等功能。⑥

政策终结是政策决策者通过对政策或项目进行慎重评估后,采取必要的措施,以终止那些过时的、多余的、不必要的或无效的政策或项目的一种政治行为。政策终结具有强制性、更替性和灵活性等特征。政策终结不仅是对一项政策的了结,而且意味着修正或调整。政策终结的一般原因有财政困难、政策低效率、主流意识形态变化、政策环境变化等。除了节省政策资源、提高政策绩效的原因外,政策终结的原因还在于政策系统本身自我更新的特性:一是政策系统随社会经济的发展及国际形势的变化而进行自我更新;二是政策系统与环境调整互动的过程。⑦

■ 四、政策过程理论的拓展与创新

到目前为止,理解政策过程最有影响力的概念性框架是阶段启发法,又叫政策过程阶段论。阶段启发法就是把政策过程分为一系列的阶段——通常是议程设置、政策构建和

---

① 陈振明. 政策科学——公共政策分析导论[M]. 2版. 北京:中国人民大学出版社,2003:210.
② 陈振明. 政策科学——公共政策分析导论[M]. 2版. 北京:中国人民大学出版社,2003:221.
③ 张金马. 政策科学导论[M]. 北京:中国人民大学出版社,1992:23,172.
④ 陈振明. 政策科学——公共政策分析导论[M]. 2版. 北京:中国人民大学出版社,2003:221.
⑤ 陈振明. 政策科学——公共政策分析导论[M]. 2版. 北京:中国人民大学出版社,2003:309-310.
⑥ 陈振明. 政策科学——公共政策分析导论[M]. 2版. 北京:中国人民大学出版社,2003:344.
⑦ 陈振明. 政策科学——公共政策分析导论[M]. 2版. 北京:中国人民大学出版社,2003:390.

合法化、政策实施以及评估——同时分析各阶段具体进程的影响因素。阶段启发法在20世纪70年代(直到80年代初)成为一个有用的分析工具,它把复杂的政策过程划分为分散的阶段,并在特定的阶段——特别是议程设置和政策实施——进行深入研究。20世纪90年代以后,阶段启发法受到越来越多的批判,并在批判的基础上发展出了多种政策过程理论。

萨巴蒂尔从以下四个方面对阶段启发法进行了批判。首先,阶段启发法并不是真正意义上的因果关系理论,因为它从来没有确定一套控制各个阶段内部和各个阶段之间的进程的系列因果关联。相反,阶段启发法对每一阶段的研究取向局限于该阶段内部,而不参考其他阶段的研究。此外,没有了因果关联,各个阶段内部和各个阶段之间也就没有了连续性的系列假设。其次,阶段启发法所推崇的阶段顺序,常常在描述上不准确。再次,阶段启发法存在一个自上而下的偏见,它关注的焦点通常是某项重要法律的通过和实施,而不是在既定的政策领域内对于众多细小的法规实施和环节间的相互作用。最后,阶段启发法关注的是某项重大法律的单一的政策循环圈,容易忽略涉及各层级政府众多政策建议和法令条件的多元与互动的循环圈。在这样的情形下聚焦于某一政策循环圈的作用就极其有限了。①

在对拉斯韦尔政策过程阶段论批判继承的基础上,制度理性选择框架、间断-平衡理论框架、话语指向的政策过程、政策网络理论、倡议联盟框架、多源流理论、政策扩散理论等相关理论日益成为公共政策研究的重要理论。

■ 第二节 政策网络理论

■ 一、政策网络理论的形成与发展

网络的概念是在20世纪80年代兴起的,来源于生物学、计算机科学、经济学和社会学等多种学科。作为一种理论范式,政策网络在西方从20世纪70年代末80年代初开始就逐渐被运用到公共政策研究之中。政策网络发源于美国利益集团、议会和政策之间所形成的"次级政府"或"铁三角"以及大量的、松散的、开放的议题网络。1979年英国学者杰里米·理查德森和格兰特·乔丹首次提出"政策网络"的概念。之后在"英国中央政府与地方政府关系研究""政府与产业界关系研究""英国政策过程中政策网络比较"三项经验性和理论性研究的推动下,政策网络迅速发展。按照时间线索,政策网络研究历程可分为三个阶段。

一是20世纪60年代至80年代中期,政策网络理论的形成阶段。在这一阶段,英国学者罗茨归纳出五种不同类型的政策网络,这标志着政策网络理论开始形成。

二是20世纪80年代中后期至90年代末,政策网络理论发展阶段。这一阶段,以政策网络分类为研究重点的利益调和学派及以政策网络与治理关系为研究重点的治

---

① 保罗·A.萨巴蒂尔.政策过程理论[M].彭宗超,钟开斌,等译.北京:生活·读书·新知三联书店,2004:128.

理学派延续并极大发展了罗茨等人的政策网络研究传统，大大丰富了政策网络理论的外延。

波泽尔把基于英美研究基础上形成政策网络的这一研究趋势称为"利益调和学派"。这一学派继承和发展了罗茨的政策网络类型模型，认为其作为一种特别有用的政策分析工具，能够对相关政策信息进行科学分类与归纳。在这一理论假设基础上，他们提出了能够涵盖由不同网络特点发展而来的更加广泛和全面的政策分析框架。

范瓦登以交易成本理论为逻辑起点，提出了政策网络的七维度分类模型，旨在说明政策网络内不同利益相关者互动并表达利益诉求的不同方式，相互依赖的行动者的共同目的是在政策过程中尽量减少交易成本。政策网络保证了利益相关者不需要为了不同的政策议题而来回奔波、反复投入，却照样可以进入政策过程并试图对其产生影响。政策网络中行动者之间存在相互依赖关系，推动着这些利益相关者不断走向合作。影响政策网络变化的七个维度，即行动者数量和类型、网络功能、结构、制度化、行为准则、权力关系、行动者战略。基于这些维度，可以区分十一种以政策网络不同形式出现的国家-市场关系，即议题网络、部分社团主义、宏观社团主义、国家社团主义、赞助式多元主义，等等。

三是20世纪90年代至今的政策网络理论分化阶段。进入20世纪90年代，政策网络研究开始出现分化的趋势。相关学者的研究旨趣发生了较大变化，在很大程度上放弃了围绕政策网络到底是利益调和平台还是一种专门的治理形式之间的争论，开始转向政策网络的管理问题。在研究转向的过程中，政策网络管理理论发展出网络管理学派和政策网络量化研究学派。网络管理学派的研究旨趣聚焦于通过有效的网络管理，不同的行动者会有什么样的机会在政策过程中来代表它们的利益并影响政策结果。这一学派不仅关注政策网络与政策结果实现之间存在的联系，而且也把政策网络进一步称为治理网络。另外，政策网络分析学派在借鉴社会学相关概念和分析工具的基础上，把政策网络研究推向了量化的阶段，从而标志着政策网络理论日益走向了科学化。

二、政策网络理论的思想流派

（一）美国政策网络理论

政策网络理论的研究最早起源于美国政策网络思想。美国政策网络思想的形成与"次级系统和次级政府""铁三角""政策社区""议题网络""地方政府网络"等思想的形成与发展密切相关。"次级政府"思想是欧内斯特·格里菲斯1939年在《民主的困境》一书中提出的，认为政策是通过非正式"行动的漩涡或中心"所制定的，对某一议题感兴趣的人参与其中，强调利益集团、官僚机构和政府官员的经常接触和联系，表明政策领域的互动方式。利珀·弗里曼在1955年出版的《政治过程》一书发展了格里菲斯的研究，继续讨论了行政机关、国会委员和利益集团之间的关系，称之为"次级系统中的关系网"，继而又明确提出"次级系统"的概念，用来指"在公共政策的制定领域进行决策的参与者或行动者的互动方式"。赫克罗在1978年《议题网络和执行权威》中提出了"议题网络"的概念，用于表示政策过程中存在的更加松散的社区，以此说明政策系统的可预测性和井然有序的安排已在利益集团的不断增加、公共政策领域的持续拓宽以及政策制定过程专门化等变化中遭到破坏。此后，赫克罗和维尔达夫斯基又开始使用"政策社区"的概念，用于指政策领域中主要政治和行政行动者之间人际关系的总和。政府部门被形容为一个像村庄一样的，通过信任、共同的计算和特有"氛围"所形成的紧密关系构成的社区。各种政治和行政行动者之间存在相互交错的人际关系，彼此间的信任显得非常重要。利益集团通过建立一种更加永久的信任和资源依赖关系，节省了为获得政策参与的途径和影响力所付出的重复不断的努力成本，而政府官员们则节省了收集信息的费用，且不用费力寻求帮助与合作。与此同时，约翰·弗里德、约翰·庞尔和克里斯·尤来特也对地方政府进行了网络研究，指出网络是与特定政策相关的一系列组织与人际关系安排。这样政策行动者之间的关系不仅包括层级制的权威模式关系，也包括诸如人际交流的非正式关系，这种政策系统中人们构成的交流结构就称为"决策网络"。此后，卡赞斯坦最早明确提出了"政策网络"的概念，所谓政策网络是指政策制定过程中形成的包含不同形式利益调和与治理、国家与社会之间系统的类似生物结构性关系的政治整合性结构。

（二）英国政策网络理论

英国早期的政策网络研究，得益于两种研究传统，因而形成两种不同的途径。一种途径的代表人物是理查德森和乔丹，他们毫无疑问地深受赫克罗和维尔达夫斯基为代表的美国研究传统的影响；另一种途径则以罗茨为代表，很大程度上借鉴了非美国研究的传统，特别是德国组织间关系理论的研究传统。

理查德森和乔丹把美国政策网络理论引入英国，首先提出了"政策网络"和"政策社区"的概念，认为这两个概念可以进行互换，表示公务员和特殊利益集团之间的紧密关系，并认为政策社区对于完整理解西方类型的、稳定的国家政治体系中的大部分公共政策制定相当关键。政策社区的目的是建立利益关系，在互利基础上形成合作。政策制定的目标就是寻求交易，达成共识，由此政策制定过程是发生在政府与压力集团之间所构成的次级系统的协商过程，也就是说政府部门与压力集团不仅仅是政策过程中涉及的许多团体，而且政策过程在很大程度上是在"议题网络"的范围内进行的。因此，政府和利益团体达成一致利益，从而避免出现政策突变，它们之间的交换关系不断得以发展，通过共同合作来了解哪些变化是可行的、哪些变化会伤害到系统中的其他成员等情况。系统成员在同一层面进行辩论，只有符合共同标准的观点才能得到认真考虑。

罗茨在20世纪80年代初选择了不同于理查德森和乔丹所采用的美国传统的研究途径：他从欧洲研究传统的组织关系理论而不是美国研究传统的次级政府理论来展开政策网络研究。他以国家为中心而不是以社会为中心，更多关注的是政治结构以及在其中产生的各级政府与各种利益团体之间发生的关系，而不是这样一些网络中占据主要地位的人们之间的人际关系。政策制定基于交换关系基础上的中央-地方关系。政策制定是一场"博弈"，中央和地方的"博弈"参与者操纵他们所掌握资源的分配权以使自己对政策结果的影响力达到最大化，从而能够掌控自己的利益得失。这些资源既包括宪法、法律所赋予的资源，也包括组织、财政、政治和信息等资源，这样的交换关系就存在于政策网络中。政策过程中的网络具有不同的依赖关系结构，这些结构根据诸如成员资格（如职业、私营部门）、相互依赖关系（如不同政府层面）和资源维度的不同而不同。因此，他提出从高度聚合的政策社区到松散组合的议题网络的五种网络类型，把网络类型看作一个连续体，一端是政策社区，另一端是议题网络，专业网络、政府间网络和生产者网络则位于中间。

(三) 中国政策网络理论

在西方政策网络理论发展的影响下,国内学者也开始关注政策网络理论。我国台湾学者较早开始从理论方面和实证方面聚焦政策网络研究。从理论研究来看,张世贤从中央与地方政府之间传统权力关系的缺失角度,提出政策网络可以应用于帮助加强中央与地方政府的合作关系。李允杰等学者把政策网络界定为在一群相互依赖的行动者之间建立某种稳定性的社会关系形态,以促成政策问题或方案的形成与发展。从实证研究方面来看,丁仁方分析了台湾威权转型过程中的残障福利行政管理规定,以及残障福利网络概念,说明了国家机关与残障团体之间的互动关系与行为及其对残障福利政策推动的影响。

与祖国台湾学者的研究有所区别,祖国大陆学者的政策网络理论研究大致沿两条主线展开:一种研究以政策科学为导向,更加关注公共政策、政策路径、政策工具等理论范式或视角的重要性,如胡伟、丁煌和朱亚鹏等学者认为政策网络理论突破了传统政策分析范式,为政策过程研究提供了新的分析工具和概念框架,从而以网络结构分析弥补了功能主义研究中的不足;另一种研究则更加突出网络治理、社会网络、社区治理及网络分析等概念的分析价值,聚焦在组织结构、网络行动者互动过程及网络治理效果等内容。赵德余等学者在对我国近15年政策网络研究知识图谱分析的基础上,将我国政策网络理论研究划分为三个历史阶段。①

一是政策网络理论的引进阶段。这一阶段研究者开始引入政策网络理论,聚焦政策网络理论与公共政策理论的结合,将政策网络理论用于解释政策过程(议程设置、政策制定和政策执行),探讨政策过程中的行动者关系、政策工具的使用及其网络治理效果。

二是政策网络理论发展与本土化应用阶段。这一阶段研究者对政策网络理论中的概念和逻辑结构进行了深入探讨,同时结合中国改革开放过程中的政策实践案例,开始提出中国政策网络过程的模式、特征及其效果。这些研究根据政策实践不断推动政策网络利益相关者分析以及政策网络治理机制,充分发挥了政策网络理论解释和建构功能。一方面,政策网络研究的议题不断丰富,比如食品安全政策、农业政策、户籍政策、互联网对公共政策的影响机制等议题。另一方面,有的研究逐渐聚焦在政府(特别是地方政府)决策过程、公众参与、治理效果以及具体的集体行动机制等,从而丰富了政策网络理论。

三、政策网络理论的核心要旨

英国政策网络研究学者罗茨提出了"罗茨模型",把政策网络按照行动者成员资格、相互依赖性、资源等维度划分成五种类型。范瓦登确定了行动者数量和类型、网络功能、结构、制度化、行为准则、权力关系、行动者战略七个维度,进一步区分了政策网络的不同关系形式。乔丹和克劳斯·舒伯特共同提出了一个三维度的分类模型,即成员人数、网络是否按政策领域或跨政策领域划分以及网络稳定性,并识别出十一种政策网络类型。尽管政策网络理论的观点众多且彼此间还存在不一致的情况,但对政策网络理论的基本假设已达成共识。首先,政策过程中存在多个行动者,各自掌握一定的资源、信息、人员等,政

---

① 赵德余,唐博.近十五年我国政策网络研究的知识图谱——基于 CiteSpace 的文献综述[J].复旦公共行政评论,2021(1):248-268.

府组织不是唯一的核心,而只是政策过程的行动者之一;管理活动在很大程度上是去改进和延续不同行动者之间的互动,把不同行动者的目的和手段进行整合。其次,行动者的目标和战略具有多样性,通过互动达成利益共识,没有单一行动者能够设定目标、决定战略行动,并以此作为衡量政策是否有效的标准。行动者只有在互动过程中进行目标和战略的调适,并尽量寻求达成共识。再次,网络的形成和存在是因为行动者之间的相互依赖关系。最后,政策是网络参与具体政策游戏的行动者之间复杂的互动活动结果。当政策过程中政策网络形成、网络行动者互动,必然影响政策过程及其结果。上述四个方面的理论预设,奠定了政策网络理论研究的学理基础,对于我们进一步开展政策网络理论研究具有重要的理论指导意义。

■(一)政策网络的概念

作为一种从经验世界观察到的现象,政策网络是指政策领域中彼此相互依赖的多个独立行动者通过资源交换以促成政策最有利于自己利益的实现而进行的复杂互动过程。作为一种理论,政策网络是一个研究政策过程中相互依赖的行动者之间各种正式、非正式关系形成的网络,以及网络结构特征对政策产生影响的理论。作为一种国家-社会关系的设想模式,政策网络被看作与市场、官僚制三足鼎立的第三种社会结构形式和新的国家治理模式,反映业已变化的国家和社会关系的政治治理的新形势。

■(二)政策网络的类型

政策过程中的网络具有不同的依赖关系结构,这些结构会因成员资格、相互依赖关系、资源等维度的不同而不同。因此,罗茨提出了从高度聚合的政策社区到松散组合的议题网络的五种网络类型。罗茨把网络类型看作一个连续体,一端是政策社区,另一端是议题网络,专业网络、政府间网络和生产者网络则位于中间。

第一种政策网络类型是政策社区。政策社区的网络特征包括高度聚合、高度纵向的相互依赖关系及有限的横向联系。部门的政策社区建立于政府主要部门的利益基础之上,比如教育、消防等部门;而区域的政策社区则包括主要的区域利益,比如苏格兰地区等。政策社区是行动者之间因频繁互动形成的紧密联合的网络,新的行动者只有付出高昂成本才得以进入这样一个网络。同时,政策社区内的行动者具有特定的共同利益,这样才能把他们与其他政策社区的行动者加以区别。

第二种类型是专业网络。专业网络最重要的特点是充分彰显政策制定中某个阶层或群体参与者的重要性表现即他们的专业性。专业网络表明了网络中特定职业的利益和纵向依赖的程度,具有一定的排他性。

第三种类型是政府间网络。这是建立在地方机构表达组织基础上的网络。它鲜明的特点是地方权威主义下的成员资格、囊括地方政府所有服务的广泛的利益聚合、有限的纵向相互依赖关系等。政府间网络没有纵向提供服务的责任,而是具有广泛的横向联系或渗透其他网络的能力。

第四种类型是生产者网络。生产者网络是由政策制定中经济利益的重要性、灵活多变的成员资格、因对令人满意的产品的需求和寻求专业知识而导致的中央政府对企业组织的依赖,以及经济利益团体中有限的相互依赖性。

第五种类型是议题网络。议题网络的特点是参与人数众多,相互依赖程度较低,网络结构比较原子化,重点强调网络的稳定性和延续性。

(三) 政策网络结构与政策运行

政策网络结构对政策制定、政策执行以及政策结果都将产生重要的影响。

首先,政策网络结构对政策制定过程的影响。每个政策问题的形成,都会导致"问题共同体"的出现。政策制定与政策执行是在部门化和组织化的利益团体间的互动博弈中展开的。在政策制定活动中存在着各种大大小小的政策网络,某些具体政策的制定过程实则为政府机构与利益团体间的活动,从而形成了关系紧密或松散的各种结构形式。整合程度高、关系结构紧密、互动频繁的政策网络有利于具体政策的制定,而整合程度低、关系结构松散、互动性弱的政策网络则不利于相关政策的制定。同时,政策网络的有效治理能够起到维持网络稳定的作用,而且对外界产生一定的影响,从而影响到政策制定。

其次,政策网络结构对政策执行过程的影响。一方面,政府依旧是政策过程中最具控制权力的行动者,往往还发挥着"引导"网络及其中行动者的功能,以此来推动政策的具体执行。政府往往通过构建、调整和激活网络结构,并最大限度上鼓励交换资源来增强政策的执行力。当政策网络中处于核心、主导地位的行动者尝试通过调整网络结构,吸纳新的、有价值的行动者进入政策过程,或是通过制度构建/制度创新来改变整个网络结构,以便执行政策时,这本身已反映出网络结构对政策执行的重要影响。另一方面,网络结构还影响着政策工具的选择,具有不同特征的政策网络,一般会选择符合这些特征的政策工具。

最后,政策网络结构对政策结果的影响。政策网络作为自变量,不同的网络结构会导致不同的政策结果。政策网络结构与政策结果的因果关系为解释复杂的政策过程提供了一个重要的分析模型。网络结构对政策结果的影响主要表现在以下三个方面:一是行动者通过网络互动即动态的关系结构,确定了政策网络值得商讨的问题范围以及解决问题的方式方法,同时也决定了各个行动者在网络中的位置、地位和角色,这些因素都直接或间接地影响着政策结果;二是行动者关系紧密时,容易产生信任和相互影响,基于信任的社会资本程度越高,越适合应对结构不良、不确定且风险高的政策问题,越有利于引导政策过程的良性发展,最终有利于好的政策结果产生;三是网络结构的开放程度不同,对政策结果的影响也不同。

四、政策网络理论的评价

(一) 政策网络理论的积极价值

政策网络理论的积极价值主要体现在以下三个方面。

一是政策网络理论把利益相关者及它们之间的非正式关系纳入整个政策过程中,能够在一定程度上、一定政策领域内尝试解释行动者之间的非正式关系对不同政策过程和结果的影响。

二是政策过程中的经济、技术、价值观等因素是对政策具有重要影响力的环境因素。经济和技术自身在某种程度上具有能够改变政策问题本质的能力。政策网络理论把思想观点、价值观和知识作为一组环境因素纳入政策分析过程,新的思想、观点引入政策过程,能够让政策更好地得到认可与接受。通过提供政策网络新的知识来影响行动者的意识和价值选择,进而改变行动者之间的关系,从而完善政策网络结构。

三是政策网络理论遵循以问题为逻辑分析起点的学科传统。政策网络理论不仅要彰显实用性和可操作性,而且还要满足政策科学学科构建过程中基础理论的基本要求,同时还须反映出政策科学统合各学科知识并与政策实践有机结合等范式特点。

(二) 政策网络理论的缺陷与不足

一是基本概念和术语界定不清晰,尚未能形成共识。政策网络还未能形成对一些基本概念的清晰界定,还未能在学科共同体中形成对基本概念和术语的一致意见。换句话说,每个学者对政策网络的界定基本上是基于各自的理解展开的,这就致使政策网络理论成为一个包罗万象、众说纷纭的、能够解释一切政策过程的全能概念。

二是缺乏一套完整的理论假设。在政策网络理论的文献中几乎没有发现专门的系统的假设,即使一部分零星的研究也尝试使用网络结构作为自变量或因变量来提出研究假设,但在政策网络研究中,理论假设总体是缺失的,即还没有形成统一的一套理论假设。

第三节 政策变迁理论

一、政策变迁理论提出的背景

政策的阶段分析模型在20世纪70年代直到80年代初期发挥了一定作用。阶段分析模型虽然对政策进行阶段分析上有优势,但是如果把它作为研究和教学的基础,这种阶段启发法则存在严重局限,需要与时俱进地发展和完善。自20世纪50年代以来,以林德布洛姆为首的政策科学家提出了渐进主义政策变迁模型。该模型认为,政策过程是一个不断修正、渐进变化的过程。政策在执行过程中,政策环境的变化、政策问题的转化对政策变迁的解释存在着一定的缺陷。这种观点不足以描述和解释所有的政策变迁现象,从而否定了由政策学习引发的政策变迁。20世纪70年代以来,由于社会风险的不确定性增加,政府政策运作的社会经济环境发生了急剧变化,迫切要求政策系统改变现行政策以适应时代的要求。另外,政府也需要检视政策的历史变迁,探索并归纳出政策的内在规律性,总结政策供给的经验教训,为以后的政策制定提供借鉴。

二、政策变迁理论的发展演变

(一) 倡议联盟框架

作为主流政策过程分析路径的倡议联盟框架,在某种程度上来说是对政策过程阶段论的替代性理论。倡议联盟框架把政策知识应用的主要研究成果特别是政策分析的启发性作用,以及政策分析在政策倡议中的应用综合到公共政策制定这一更加宏大的理论中。1993年保罗·萨巴蒂尔和詹金斯·史密斯首先介绍了倡议联盟框架,然后把倡议联盟框架应用于六个不同的政策领域。

二维码 2-2
倡议联盟框架

1. 倡议联盟框架的核心要旨

政策倡议联盟主要用于分析十年乃至数十年间的政策变迁。政策变迁可以看作几个"倡议联盟"互相竞争的产物。虽然随着时间的推移,对政策的分析可能改变一个联盟信念体系的次要方面,但政策核心方面的转变通常是子系统外部元素发生变化的结果。

倡议联盟框架有四个基本前提。一是理解政策变迁的过程以及其中以政策为导向的学习作用,要求十年或数十年的时间跨度;政策分析主要应用于随着时间推移改变政策制定者的概念和认知。把十年乃至数十年作为时间期限具有必要性,使用这个长度的时间段,至少能完成从政策制定、政策实施到政策修正的一个循环圈,而且对政策的成败也能形成合理、准确的描述。二是在这样的时间跨度内思考政策变迁,最有用的方法是把考察重点放在政策子系统上,也就是考察来自各个不同机构的,试图在某一政策领域追踪、影响政府决策的参与者们之间的互动情况;在现代工业社会中对政策变迁的有用分析,大多不是针对特定政府机构的,而是针对某一个政策子系统,也就是说,包含了来自各个公共及私营组织的、积极关注某一政策问题的参与者。政策子系统的概念应从传统的"铁三角"扩展到包括来自各个政府层级的积极参与政策制定和实施的参与者,以及在政策理念的形成、传播和评估中发挥重要作用的记者、研究人员和政策分析家等。三是这些政策子系统也包括政府间的维度,即所有政策层级;政策子系统通常包含来自所有政府层级的参与者。国家和地方的政策执行官员有着很大的自由裁量权,他们有权决定在地区差异性较大的地方,把国家"政策"因地制宜地转化为数千个具体政策。四是公共政策能够被归纳为信念体系,以及实现其价值取向的因果假设。公共政策和项目在如何实现目标这一问题上都有相关的理论指导。因而,我们可以用概括信念体系的方法对它们加以归纳,其中就包括了价值取向、对重要因果关系的理解、对世界局势的理解、对政策工具效力的判断,等等。这种把信念和政策放在同一平台上加以分析的能力,使我们能够评估各个政策参与者随着时间推移产生的影响,特别是技术信息在政策变迁中发挥的作用。

图2-1描绘了倡议联盟框架的概貌。在图左边,是两组外生变量——其中一组比较稳定,另一组更加动态,分别影响着政策子系统各因素——受到限制或得到机会。在政策子系统内,假定参与者被分为许多政策倡议联盟,这些政策倡议联盟包括了来自各个政府机构和私营机构的人员,一个联盟的成员在基本理念和因果关系上有着共同的信念,通常也会采取一致的行动。在任何一个特定时刻,每一个联盟都有一个战略设想,一个或更多的制度创新,联盟成员相信这些战略设想和制度创新能够帮助他们实现政策目标。各个联盟的战略互相冲突,它们通常都由第三方(政策掮客)来斡旋调解。最基本的解决途径就是寻找合理的妥协方案,减少激烈冲突。最终的结果是一个或更多的政府政策,这些政策反过来又在操作层面上产生了很多政策后果。这些后果与很多其他因素调和之后对目标问题的变量、参数产生了一系列影响,同时也产生了各种副作用。

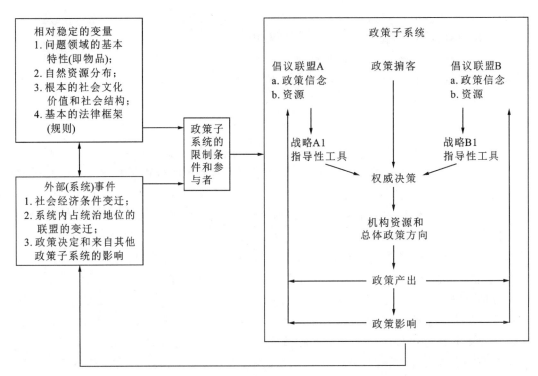

图 2-1 倡议联盟框架中政策变迁影响因素互动的内在机理

2. 政策倡议联盟与公共政策

倡议联盟框架从内部和外部两个层面分析影响政策变迁的因素,认为内部因素和外部因素的冲击会影响政策变迁。但这种政策变迁并非自然发生,而是由于存在政治影响。这些冲击需要解读和转变,政策变迁可能由于对一个问题的不确定而触发。倡议联盟框架认为政策变迁有两大动力来源:一是个人随着时间推移实现自身目标的努力行为;二是政策子系统外部的干扰因素。因此,倡议联盟框架把一个政策子系统内部的政策变迁看作两个过程同时作用的产物。首先,政策子系统内部的倡议联盟试图将他们的信念体系的核心理念和次要方面转换为政府政策。其次,外部干扰因素分为动态的和稳定的两种外生变量,这两种变量共同作用,从而对政策子系统构成限制条件或机会。

3. 以政策为导向的信念体系

倡议联盟框架有三个基本出发点:首先,政策参与者将考量各种行为对实现政策目标所能做的贡献;其次,理性是有限的,不可能达到完美境界;最后,大多数政策参与者在他们利益相关的政策领域都有着相对复杂的信念体系。倡议联盟框架根据信念体系的结构来预测随着时间推移可能发生的信念转变及政策变迁。政治精英的信念体系可以分为三类:由根本的、规范的原则理念所构成的根本核心,它是一个人的基本价值体系;接近(政策)核心的基本战略和政策定位,它们以在政策领域或政策子系统中实现根本核心理念为目标;由各种必要的工具性的决定和信息搜索所构成的一组次要方面,它们以在特定政策领域实现政策核心理念为目标。这三组结构性的分类,其排列顺序是:越靠后的类别越容易发生转变。也就是说,信念体系的根本核心相对于体系的次要方面而言,要稳定得多(见表 2-1)。

表 2-1　倡议联盟框架的信念体系

	深层(规范性)核心	接近(政策)核心	次要方面
基本特征	根本的、规范性的、本体论的、公理性质的	根本的政策立场关系着达到深层核心的规范化公理的基本战略	为了实现政策核心进行的工具性的决定和必要的信息搜索
范围	基本个人价值观的一部分,适用于所有政策领域	适用于关心的政策领域(或许再多一些)	专门针对关心的政策领域或政策子系统
可变性	很难,类似宗教皈依	难,但如果经历严重变故则有可能发生	相对容易;这是大多数决策,甚至立法决策的主题
说明性的组成要素	1.人的本性: ⅰ.人性本恶 VS 可社会救赎的; ⅱ.自然的一部分 VS 战胜自然; ⅲ.狭隘的自我主义 VS 契约人。 2.各种终极价值的相对重要性:自由、安全、权力、知识、健康、爱情、美丽,等等。 3.公平分配的基本标准:谁的福利更重要? 自我、主要群体、所有人、未来的人类、人类以外的生物,等等	1.政府与市场活动的范围。 2.政府不同机构(层级)之间的权力划分。 3.确定哪个社会群体的利益最为关键。 4.实质性政策冲突,例如:环境保护 VS 经济发展。 5.那些价值面临威胁的程度。 6.政策工具的基本选择,例如:高压政治 VS 诱导 VS 劝服。 7.社会各界的参与度: ⅰ.公众 VS 精英; ⅱ.专家 VS 民选官员。 8.社会在这一政策领域解决问题的能力: ⅰ.零和竞争 VS 双赢的可能性; ⅱ.技术乐观 VS 技术悲观	1.大多数决策关系到行政规则、预算分配、案例处理、法令解释甚至法令修改。 2.信息涉及项目表现、问题的严重程度,等等

4. 以政策为导向的学习

倡议联盟框架的一个主要特征是集中关注倡议联盟的信念体系。信念体系涵盖了联盟成员最需要优先关注的问题、最需要仔细分析的因果关系,以及最有可能统一联盟观点的政府机构。政策倡议联盟将努力影响政府机构的行为,以实现自身的政策目标。以政策为导向的学习包含了由经验所引发的、思想和行为取向方面相对持久的转变,这些转变与个体和集体信念体系的形成和演变有关。因为倡议联盟框架集中关注倡议联盟的作用,因此以政策为导向的学习主要关注随着时间推移一个联盟内部或政策子系统内的成员信念分布情况的演变。导致信念分布情况演变的因素包括：个人学习及态度变化；新的信念和态度在成员中的传播；任何集体中的个人发生的转变；团体变化以及聚合个人倾向性、促进（或阻碍）人与人之间交流的规则。一个倡议联盟中信念分布情况的变化通常是从个人学习或个人的转变开始的，与团体的演变相伴随，然后在整个集体中传播。

以政策为导向的学习是一个在实现核心政策理念的愿望驱动下，不断探索和调适的过程。当遭遇局限和机会时，政策参与者总是试图用与他们的政策核心保持一致的方式来回应。虽然外部实践或对手的活动或许最终能导致政策参与者对核心理念的重新审视，但大多数政策学习主要发生在一个信念体系或政府政策的次要方面。大多数理念的转变主要发生在次要方面，主要是有两个原因：第一，政策核心主要包含规范性的内容，而次要方面包含的内容更容易在经验的影响下发生转变；第二，倡议联盟框架假设信念体系的结构是层级制的，具有一个内核，以及由孩童时代习得的、非常稳定的抽象价值组成的政策核心。因此，改变倡议联盟政策核心的一个方面需要在十年乃至更长的时间，从众多的来源里积累很多的证据。

以政策为导向的学习会引发为实现政策目标，而在一定时间内对一系列指导性工具和实施机制的试用。① 对特定机制的继续不满意——或者是实施层面的政策产出不尽如人意，或者是不能有效地解决问题、改进现状——都将使政策支持者们重新审视他们的策略。

以政策为导向的学习，是人们在针对价值的权威分配和运用政府政策工具维护自身利益、展开相互竞争的政治过程中发生的。在以政策为导向的学习过程中，以及最终政策变迁的过程中，至少有四个原则影响了政策分析的作用。第一，分析通常是由对核心价值的威胁或是找到实现核心价值的机会而激发出来的。第二，技术信息的核心作用是警告人们一定的状况对他们利益和价值的影响程度。第三，一旦政治参与者在一个政策问题上占据了一定地位，分析就主要用于"促进"作用，也就是进一步使这一地位合法化。第四，政策参与者通常认为，如果想要把他们的理念变成政策的话，就有必要加入分析辩论。② 在权力分散的政治体系中，他们很少能够通过强行使用权力而占据主导地位，相反，他们必须说服其他政策参与者，证明在政策问题上自身定位的合理性，并说明其他政策选择很可能产生的后果。

(二) 政策创新

1. 政策创新的概念与内涵

政策创新就是对政策要素的重新组合。③ 具体而言，就是对政策主体、政策客体、政策工具、政策价值等要素的重新组合。这其中就包括政策制定过程中主体、客体参与的创新，政策工具选择的创新，以及政策价值标准的演化和更新，等等。一切公共政策的目的都是解决公共问题。有效解决公共问题的过程就是公共政策创新的过程，包括价值理念

---

① 杜宝贵.公共管理经典理论概要[M].沈阳：东北大学出版社，2020：369.
② 杜宝贵.公共管理经典理论概要[M].沈阳：东北大学出版社，2020：369.
③ 张笑，等.公共政策创新[M].北京：时事出版社，2018：206.

的创新、工具手段的创新以及制度规定的创新等。从公共政策的过程来看,政策创新体现在政策的制定、执行和评估三个基本环节上。

根据政策创新过程中新旧政策之间的继承性,政策创新可以分为政策创制和政策更新。政策创制又称政策发明,是指构建原创的政策理念及政策方案等。政策更新是指随着时空条件及技术手段的变化,对政策过程中的原有政策内容或者部分政策环节的改进与调整。根据政策创新过程中政府与民众的关系,政策创新可以分为政府强制型创新、政府被动型创新和回应型创新。政府强制型创新是指政府主动设定公共政策创新最终要达到的目标,强制性地制定和推行新的公共政策。政府被动型创新是指政府制定新政策、寻找解决问题新方法的动因在于某种危机的发生或民众的强烈要求。回应型创新则在政府和民众之间形成了良性互动关系,政府能够积极地对社会民众的需求做出回应,并采取积极的措施,公正、有效地满足公众的基本需求。

2. 政策创新的结构与议程

政策创新的结构要素包括政策再造、政策合法化、政策试验与扩散、政策调适和政策融合。① 政策再造是公共政策创新的逻辑起点,任何一项政策的创新自然是从政策的再造开始的。政策再造的对象可以是政策理念的重塑、政策工具的改造,也可以是政策程序的优化,或者是政策执行体制和机制的改革与完善。政策合法化即政策方案取得合法性的过程。它是公共政策创新过程的必经阶段,是公共政策得以执行和落实的前提条件。政策合法化包括政策内容的合法化和决策程序的合法化。政策试验就是对一项新的政策进行小范围的测试,在测试期间发现问题、总结经验,进而不断优化政策,等到时机成熟,则通过政策扩散的各种途径进行更大范围的推广。政策调适就是对既有政策进行调整以适应环境的变化。政策融合指的是政策创新与既有政策以及政策环境的结合与统一。它是公共政策创新得以实现的重要环节。政策融合不仅能减少政策执行过程中的障碍,使得政策的实施更加顺畅,而且政策融合能够有效提高政策的整体效率并节省相关资源。

3. 政策创新的内容

政策创新的内容包括理念创新、制定创新、执行创新和评估创新。政策理念的创新是政策创新的先导,建立在对发展现状和趋势准确研判的基础之上。创新理念的贯彻落实也需要论证细化、宣传解释和认同执行的过程。政策论证是政策制定过程的核心,是在政府的主导下,由多元主体共同参与的政策论证模式。这些主体包括社会组织、大众传媒、专家学者及其他公众个人等利益相关者,通过多元主体间的充分交流与良性互动,对政府部门的政策草案提出意见和建议,最终通过协商达成共识,共同完善公共政策。混合扫描式政策执行创新认为,政策的有效执行不仅需要高明的顶层设计、政策制定和政策执行者的互动合作,还需要政策客体,即公众的有效参与。大数据技术的发展为公共政策评估引入体验满意度测量提供了技术支持。通过对海量数据的捕捉和处理,我们能够了解到每个标的团体的需求和目标,以及其在公共政策过程中的体验满意度。以此为依据,有针对性地对政策过程进行优化和完善,从而更加高效、精准地解决公共问题,满足标的团体的需求。

---

① 张笑,等.公共政策创新[M].北京:时事出版社,2018:217-218.

4. 政策创新的影响因素

政策创新的影响因素主要有三个：政策本身的创新特质、资源的可获取性及组织文化。按照影响因素的来源，又可划分为内部影响因素和外部影响因素。内部影响因素主要有政策本身的创新特质和组织文化，外部影响因素主要有资源的可获取性。创新型政策一般具有复杂性、兼容性、适用性及可获得性等创新特性。从外部影响因素来看，创新型政策的资源可获取性具体体现在政治支持、舆论导向、推行者授能及物质人力资源支撑这几点上。组织文化是一个组织由其价值观、信念、仪式、符号、处事方式等组成的特有的文化现象。

（三）政策转移

20世纪90年代以来，跨国经验正在对民族国家的公私部门和第三部门的政策制定者产生日益有力的影响。"政策转移""教训吸取"就是其中的重要方法。凭借这些方法，有关公共政策的知识、行政管理措施或机构被跨时空用于其他国家的政策运行中。这种现象的发展和普遍化引起了西方政治学界的兴趣与关注，由此导致了政策转移研究的兴起。①

1. 政策转移的概念与内涵

大卫·道洛维茨和大卫·马什将政策转移界定为"在一个时间或地点存在的政策、行政管理安排和机构被用于在另一个时间或地点来发展有关政策的知识、行政管理安排和机构的过程"。鉴于此，政策转移的概念内涵主要表现在以下三个方面：一是政策转移是一种多维现象，它可以跨越时空进行；二是政策转移的内容是政策知识、行政管理安排和机构，也包括政策性计划和政策项目等；三是政策转移是一个动态的过程。相对于公共组织和私人组织来说，可以把政府间组织的政策转移看作狭义的政策转移。而从政府间组织的政策转移来看，仍可以从广义和狭义两个方面来界定政策转移的内涵。广义地说，政策转移是一个政治系统采纳其他政治系统的公共政策、行政体制、机构及思想等来解决本系统所面临的政策问题的一种现象。

2. 政策转移的衡量标准

如何判断政策转移的发生与终结，这就需要确定政策转移的衡量标准。目前，关于政策转移发生的标准在西方学术界已达成基本的共识：一是特殊的国内因素不是独立地对政策采纳负责的；二是政策采纳不是由于相似的现代化因素造成的，现代化因素是相似的，但在不同的国家有不同的效果；三是政策制定者知道别处的政策采纳；四是国外的证据被用于国内的政策辩论。

3. 政策转移发生的一般前提和条件

政策转移发生的前提一般有以下五个方面。一是国家间公共政策的差异性。没有国与国之间公共政策的差异性，政策转移就失去了其发生的基础。二是公共政策间的相似性。除政治原因导致的政策转移外，政策转移的发生多基于国家之间政策问题的相似性。三是国家存在政策转移的需求。当一个国家面临着棘手的政策问题又苦无良策时，政策

---

① 魏淑艳.国外政策转移理论研究述评[J].上海行政学院学报,2009,10(5):100-108.

转移的需求便自然发生了。四是国家政策制定者具有政策学习的动机与渴望。如果政策制定者没有政策学习的动机,再好的政策也无人问津,更不要说政策转移了。五是国外政策信息的传入。没有国外政策经验与教训的传入,政策制定者无从获得可转移的政策信息,政策转移就不可能发生。

政策转移的发生条件没有绝对的限制,政策转移的发生也并不完全取决于客观的政策环境,它可以在任何政策环境下发生,但最终是否发生完全取决于政策主体的主观选择。

政策转移通常在以下两种条件下发生:一是相似性条件;二是差异性条件。所谓相似性条件,是指政策转移发生在政治制度、经济基础和经济制度、文化背景、意识形态相同或相似的国家之间。英美两国间的政策转移就是在相似性条件下的转移,文化与制度的相似性条件使政策转移变得相对容易发生。所谓差异性条件,是指政策转移发生在政治制度、经济基础和经济制度、文化背景、意识形态明显不同的国家之间。

□ **4. 政策转移的功能与作用**

政策转移作为政策主体的一种理性活动,主要有三种功能。一是促进政策变革。当政策转移发生后,国外新的政策移入,对本国政策的直接功能是促进政策变革。政策变革是公共政策发展的常态表现,它是政策适应环境、与时俱进的表现。二是促进不同程度的政策创新。政策转移可以为一国的政策制定者提供解决政策问题的新思路与新视野。当一个国家在国内某一政策问题的解决措施上束手无策时,去探寻国外解决相同问题的办法是明智的,由此导致的政策转移可以为政策制定者提供解决这一问题的新思路与新视野。三是可以促进公共政策发展。政策转移可以是政策外生与内生相结合的有力工具之一。政策转移可使一个民族国家的政策吸收外来文明的一切积极成果,实现国家公共政策的理性化与科学化。

政策转移的客观作用表现在三个方面。一是积极的作用,有利于移入国的政策问题得到解决,为政府实现有效治理提供有益工具。二是消极的作用,可能损害国家的主权和长远利益。三是中性的作用,即可能会产生公共政策的国际趋同化现象。

■ **(四)政策学习**

作为解释政策变迁的一个新视角,政策学习指的是在一定的政策环境中,决策参与者主动或被动地对新的政策理念、政策工具或政策方案探索与追寻的过程。① 从学习动力的角度上看,政策学习可能产生于外部世界变化的刺激或内部的自我调整。根据学习动力的不同,政策学习可分为内生政策学习与外生政策学习两种类型。内生政策学习又可称为"吸取-教训"型政策学习,即根据政策的以往表现,总结成功经验,吸取失败教训,从而奠定政策方案下一步如何调整的基础。内生政策学习发生的主体更侧重于政府内部的政策参与者,而学习的目标则是政策背景或政策工具等微观方面。外生政策学习又可称为社会学习型政策学习,即根据外部世界的变化来调整政策的议题、目标或方案。从学习内容的角度上看,政策学习的内容非常广泛,既包含了抽象的政策理念和信念,也包含了具体的政策工具与方案。

---

① 李宜钊.政策学习:推动政策创新的新工具[J].云南行政学院学报,2015,17(5):135-139.

1. 政策学习的五种模式

政策学习的发展可归纳为五种模式[①]：政治学习、社会学习、政府学习、政策取向学习和经验学习。一是政治学习模式。政治学习是政党、利益集团和政府官僚进行持续分析和商议以在政策问题的解决上达成共识的过程。这一学习过程往往限于相对自主的专家尤其是行政官员参加，政治权力只有在各方追求共识的努力失败后才介入。因此，在政治学习中，政策决策者具有极为重要的作用，可以决定政策改变的方向以回应外在环境的变化。政策学习一般不会自发产生，必须借助政策相关利害关系人的引导。这些利害关系人包括政府官员及民意代表等政治人物，他们本身拥有与政府沟通的渠道，从而可以通过信息传达来改变政府的政策。二是社会学习模式。这一模式即根据过去政策的后果和新的信息，有意识地调整政策技术与政策目标，从而实现治理的目标。社会学习过程会带来三种程度或三种次序的变化：首先是用以完成既定目标之政策工具环境的改变；其次是政策工具本身的变化；最后是整体目标的变化。三是政府学习模式。政府学习会受到政治社会的影响，从而在学习过程中改变其思考和学习方式，使其运作更具有效能，进而对外在环境的快速变迁做出更好的决策。四是政策取向学习模式。政策取向学习模式是政策子系统内的各成员为践行其核心政策观念而进行的一种不断探索与调适的过程。五是经验学习模式。尽管每个国家、政府各自面临着不同的政策问题，但在相同的政策领域中，却常常可发现问题的相似之处。为此，各国政策制定者可分享彼此解决问题的政策经验，达到相互学习的效果。经验学习强调的重点是一项方案或改革的可转移性，也即如何汲取他人的教训或经验，以弥补本国政策运行中的不足。

2. 影响政策学习的因素

政策学习是政策创新的重要基础，也是理解和推动政策创新的核心工具。影响政策学习的因素主要有政策网络结构、上级政府、政府间竞争、公众和本土化资源。[②] 一是政策网络结构。政策网络结构的开放程度是影响政策学习的重要因素。一方面，政策参与者所构成的网络结构的开放程度会影响新的政策理念、信念和知识的传播与扩散程度，从而影响政策学习的发生。另一方面，政策网络的开放程度也会影响政策网络中利益的黏结程度，从而影响政策学习的发生。二是上级政府。上级政府的压力程度会影响外生政策学习的发生。这种压力有两种类型：一种是下级政府担心上级政府不满而进行的政策学习；另一种来自上级政府要求下的一种政策学习。三是政府间竞争。政府间竞争对政策学习的影响有两种表现形式：一是国家间政府的政策竞争；二是同一国家中的地方政府的政策竞争。四是公众。当社会公众对政府的某项政策十分不满时，必然将通过特有的方式和途径来表达他们的不满情绪。公众对某些公共政策的严重不满而对政府造成的压力，可能会促成决策者的政策反思与政策改进。五是本土化资源。本土化资源对政策学习的影响往往发生在政策扩散和政策转移阶段。在跨越国界的政策学习和政策转移的过程中，本土化资源对于政策学习效果的影响是十分明显的。当政策学习的内容与本土化

---

① 陈琳.关于政策学习的理论探索[J].学习月刊,2010(30):72-73.
② 李宜钊.政策学习：推动政策创新的新工具[J].云南行政学院学报,2015,17(5):135-139.

资源无法融合时,政策学习的异化甚至失败则是可以预期的。当然,本土化资源与政策学习之间也是可以互相促进的。

3. 政策学习机制

政策网络的开放程度与政策学习能力、政策创新的实现程度密切相关。要想有效推动政策学习和政策创新,就需要构建开放型的政策网络。构建开放型政策网络的关键在于改变传统决策者与执行者之间的等级关系,建立新的平等互动的关系模式,推动政府与非政府组织、企业组织、社区自治组织及公民个体的伙伴关系的建立,从而促进政策网络的平行关系的拓展,实现政策知识与相关利益在政策网络中的流动与均衡。

政策协商机制对政策学习与政策创新有着重要的意义。一方面,政策协商有利于对政策网络参与者所提出的政策理念、方案或工具进行反思。另一方面,在开放的政策网络中的政策协商过程,是一个打破传统共识、引发多元争议,然后形成新的政策共识的过程。有关利益、价值和知识等政策信息在这个过程中快速流动,并扩散到整个参与者网络,从而促进政策学习与政策创新。

政策学习的发生往往依赖于对决策者所施加的外部压力,因此,政策学习机制建设需要建立健全政策学习的动力机制,通过外部压力促使政策学习成为一种常态。政策学习动力机制的健全可从两个方面来考虑:一是自上而下的动力机制,一方面可以考虑通过绩效评价模式和内容的改革来推动这种动力机制的发展,另一方面,可以考虑将下级政府解决问题的能力和政策创新的能力进行比较和排名,从而有效地促进下级政府间的竞争;二是自下而上的动力机制,委托民意调查机构对民众的政府满意度进行连续性调查,并将民意调查结果汇报上级政府甚至直接公之于众,进而形成对决策者政策学习与政策创新的压力。

政策移植是我国当前政策学习的一种关键模式。一个相对合理的政策移植机制有四个关键性步骤:一是建立健全政策创新或政策成功的信息收集机制;二是全面考察政策移出地区的政治、经济、社会、文化等各方面的政策环境,深刻理解政策在该地区得以成功的本质性因素;三是重新检视本地区的资源储备和政策环境,全面分析所移植的政策在本地区成功的可能性,尤其要分析影响政策转移在本地区所受到的各种障碍因素;四是通过改革,清除影响政策转移的各种障碍,从而打造一个有利于政策转移的政策环境。

三、政策变迁理论的核心要旨

公共政策变迁是人类社会基本的正式制度变迁模式,是围绕集体行动而开展的自发的或通过人为安排的秩序演进过程。政策变迁除了呈现为政策时滞、政策博弈、政策演进三个结构性逻辑外,还表现为政策失效、政策创新和政策均衡三个阶段性逻辑。①

(一) 政策变迁的结构性逻辑

政策变迁的结构性逻辑呈现为政策时滞、政策博弈和政策演进三个样态。②

---

① 陈潭.公共政策变迁的过程理论及其阐释[J].理论探讨,2006(6):128-131.
② 陈潭.公共政策变迁的理论命题及其阐释[J].中国软科学,2004(12):10-17.

政策时滞具体表现在以下三个方面。一是政策变迁具有不可逆性,而且必然充满着"政策记忆"。公共政策变迁是从"旧"政策向"新"政策转变的过程,也是从"坏"政策向"好"政策转变的过程,因而变迁的方向具有当然的不可逆性。政策变迁是一个具有传承性的延续过程,政策充满着记忆。政策记忆是政策运行的继承性认知,是政策现实和政策理想转化中的政策回味,它充分反映着政策变迁的历史痕迹,而且不可避免地呈现着政策变迁中的路径依赖。二是政策变迁具有相当的惯性和惰性,而新政策的安排也通常具有滞后性。在政策变迁这一长久的过程当中,如果政策记忆长久地保留且"抹之不去",并不断地强化原有政策意图和集体行动选择,那么这就说明旧政策变革的阻力相当强大,它所具有的惯性一时半会还挥之不去,政策变迁的惰性也随之明显,这就是政策变迁中的"路径依赖"。三是政策时滞的长短与政策变迁的变量相关。政策时滞的长短与政策变迁的内在变量和外在变量是相关的。政策时滞与内在变量中的公众认知度、组织的推力大小、决策的好坏快慢、方案的数量选择、利益集团的势力强弱、资源投入的效益状况等因素密切相关。政策时滞也与外在变量中的意识形态、政治法律、科学技术等环境因素相关。

按照博弈论的解释,作为集体行动的政策变迁是一个由众多局中人参与的互动博弈过程。在政策变迁的博弈场域中,博弈参与者或局中人包括政党、官僚、利益集团、公民个人等;博弈预期则是可控的或不可控的政策利益;博弈规则是引导或监督博弈各方的政府所能提供的规则,包括意识形态、经济制度、政治制度、法律环境等;博弈策略是局中人所选取的竞赛技术与方法;博弈方式主要表现为合作博弈和非合作博弈两种。由于有着不同的显示偏好、预期利益、知识水平、技术信息等,政策参与者之间的博弈自然会铸成政策变迁的动力。政策变迁实际上就是一种动态的政策博弈。政策变迁的过程必然是一个转轨的过程。合作博弈达成的"双轨制"成为一定时期内的可能模式。由于集体行动的逻辑,政策变迁容易出现如同"公用地悲剧"般的非合作博弈困局。最后,政策变迁是一个将政策受益由零和博弈转向非零和博弈的重复博弈过程,而政策结果形态便是一种纳什均衡。①

从发生学视角来看,政策变迁即政策演进。而政策演进的动力来源于政策需求和政策供给二者间的矛盾运动。于是政策演进通常表现为失衡—需求—供给—均衡的逻辑演绎模型。政策演进的历史与现实表明:社会发展越迅速,政策供给越要及时和有力。政策演进逻辑主要表现在以下三个方面:一是政策需求主要源于政策收益函数比较,而强制性的国家主导型模式是政策供给的主要模式;二是政策变迁的效益模型呈倒U形或半抛物线形,非平衡运动是政策演进的主要特征;三是政策演进具有内在的阶段性和可能性边界,确定转折点是把握政策变迁进程的关键。

(二) 政策变迁的阶段性逻辑

政策失效、政策创新和政策均衡是政策变迁的三个阶段性逻辑。

一项公共政策之所以需要或可能开始某种程度的转换与变更,往往都是因为这项政策本身已经失效。所谓政策失效是指一项公共政策在运行中的效力退化过程或效力丧失状态,它在实施过程中无法促进社会资源的优化配置,有时反而导致政策本身资源和社会

---

① 陈潭.公共政策变迁的理论命题及其阐释[J].中国软科学,2004(12):10-17.

其他资源的浪费。政策失效具有以下三个方面的表征：一是政策负效应明显,政策效率低,政策效益为负值；二是政策维护成本高昂,政策功能式微；三是违背普遍性价值观。政策失效的原因主要有以下可能性：一是政策本身的缺陷,由于政策目标不明确、政策决策体制障碍、决策信息不完全、决策者的短见等因素导致政策的科学化与民主化不足；二是政策执行的障碍,政策人员的领悟水平差、沟通程度低,政策执行资源短缺,"上有政策、下有对策"扭曲式的执行方式等有可能导致"政策相关低度化、政策调控疲弱化、政策效应短期化、政策运行阻隔化"的现象；三是政策自利性的存在,政府自利性的存在有可能偏离政策的公共性,从而导致政策执行阻滞和效率缺损；四是政策时滞的惯性；五是利益集团的博弈；六是政策环境的变化。

政策变迁还包含着政策创新。政策创新只不过是政策变迁过程中的一个方面和环节。政策创新是由政策内部因素和外部因素所共同引发的。政策创新不仅要衡量社会收益与成本的差异,更要具体化为利益集团成本与收益的差异。只有当一项政策安排的利益集团收益大于成本时,政策创新才得以顺利推进。同时,资源禀赋、技术变化、市场需求、意识形态、知识信息、危机事件等其他外生变量也是政策创新的主要推动因素。政策创新的目的就是追求、实现、维持和保障公共利益,从而最大限度地增进政策收益。

政策均衡表明一项政策处于稳定状态,它指的是所有的政策要素、政策关系维持较好情况的状态。政策供给要适应政策需求,如果人们对既定的政策安排和政策结构处于一种满足或满意状态,也就无意也无力改变现行政策。政策均衡应包括两个方面：一是政策系统内的各种要素变量及其关系在给定的政策安排中运行；二是政策系统内各变量总会在政策不变的前提下最终获得均衡,变量的变动不会出现改变政策的情况。政策失效是相对于政策均衡状态的,是政策均衡的应然和实然；政策创新的完成是以政策均衡为标志的,创新是促使政策均衡的。从一定程度上讲,政策变迁的目的就是追求政策均衡。①

四、政策变迁理论的评价

政策变迁是公共政策运行过程中必然发生的过程。政策变迁理论对政策变迁的概念内涵、运行机理与模式等各方面内容都进行了研究和探索,这为从政策变迁视角探索政策运行过程奠定了理论基础。目前学术界对政策变迁还缺乏系统研究,虽然也有一些学者对我国具体政策的变迁进行了经验研究,但是没有发展出解释政策变迁因果过程的综合模型,对模型的经验验证并进行整合修正从而积累我国政策变迁的规律性知识亦尚未涉及。② 为此,必须加强对政策变迁理论的研究,具体可从以下两方面着手③：一方面,借鉴西方政策变迁的研究成果,建立健全中国特色政策变迁的理论模型,运用中国政策变迁的系列案例,对西方政策变迁研究的相关理论模型进行经验检测,观察和分析其研究假设是否成立或是否存在新的结论,以便对相关理论模型进行修正；另一方面,在建构政策变迁理论模型的基础上,考察中国政策变迁的逻辑与轨迹,揭示中国特色政策变迁的内在逻辑、演进轨迹与运行动力。

---

① 陈潭.公共政策变迁的过程理论及其阐释[J].理论探讨,2006(6):128-131.
② 杨代福.西方政策变迁研究:三十年回顾[J].国家行政学院学报,2007(4):104-108.
③ 关静.政策变迁的理论与实践浅析[J].行政与法,2012(3):25-28.

第四节 多源流理论

一、多源流理论框架的形成与发展

(一)多源流理论形成的时代背景

自政策科学诞生以来,主导政策研究的框架主要是政策阶段框架。政策阶段启发法在20世纪70年代直到80年代初成为一种有用的分析工具,该方法的渠道是把复杂的政策过程划分为分散的阶段,并在特定的阶段开展研究。政策阶段启发法比较系统地描述了一个政策的历时性过程。然而,政策议程设置是如何进行的,为什么有些问题会进入议程而有些问题没有受到重视,这些情况长期以来并没有得到很好的研究。多源流理论框架正是针对上述问题展开研究的。金登在《议程、备选方案与公共政策》一书中对作为公共政策形成过程重要组成部分的议程建立过程进行了深入系统的探讨。作为一项对政策过程第一阶段"建立议程"的分析研究,《议程、备选方案与公共政策》一书是对"以阶段为中心"的政策研究文献所做的一项重要贡献,金登还就推动议程建立过程的重要力量提出了一个新的互动模型,他通过实证研究对多源流理论进行了系统检验。

二维码2-3
多源流模型

(二)多源流理论提出的理论基础

金登首先描述了一些政策制定的竞争性理论,如全面理性决策、阶段启发法、渐进主义决策模型并提出了"垃圾桶模型"。金登认为全面理性决策模式对现实的描述并不准确,人类处理信息的能力要比这样一个全面的研究方法所规定的更为有限。① 我们不能详尽地讨论众多备选方案,不能将众多备选方案同时保存在我们的大脑中,也不能对它们进行系统比较。我们通常也并没有阐明我们的目标,尽管这个过程的某些个别角色在很多时候都会很理性。当涉及许多角色并且他们在这一过程中"漂进漂出"的时候,这种可以描绘一个一元决策结构的理性就躲避开了。另外,整齐划一的阶段启发法并不能很好地描述政策过程。虽然存在不同的过程,但这些过程彼此间在实践上未必就是按照固定模式相联系的。相反,各条政策溪流往往是独立发展的,他们在逻辑上的地位是相互平等的,在时间顺序上没有哪一个过程先于其他过程,然后各条分离的溪流会在一些关键的时候结合起来,而不是彼此相跟随。渐进主义决策模型实际上也并没有对议程变化做出特别好的描述。如果议程是逐渐变化的,那么对某一主题的关注程度就会明显地伴随着年头的增加而逐渐增强。金登在《议程、备选方案与公共政策》一书中最重要的理论贡献就是"垃圾桶模型"。在美国,作为政策制定主体的联邦政府是一种"有组织的无序"组织。

---

① 约翰·W.金登.议程、备选方案与公共政策[M]. 2版.丁煌,方兴,译.北京:中国人民大学出版社,2017:73.

这种组织是"若干思想的一种松散的集合,一个有组织的无序团体的成员对于该组织的过程并没有很好地理解,由于参与者在决策过程中'漂进漂出',所以这种组织的边界很不固定"①。贯穿这种组织或决策结构的是四条分离的溪流:问题、解决办法、参与者及选择机会。每一条溪流都有自己的特性,他们相互间并没有太多的联系,当一次选择机会在组织中漂过时,各种参与者都会被卷入,因为他们各自都有自己的资源。各种各样的问题都会被引入选择之中,而且各种各样的解决办法都可以被考虑,因而一个选择机会就是各种问题和解决办法在其产生时都被参与者填入其中的一个"垃圾桶"。垃圾在单个桶中的混合程度取决于可得垃圾桶的混合程度,取决于贴在垃圾桶上的标签,取决于目前正在生产的是什么垃圾,以及取决于垃圾从所在地收集和搬出的速度。于是,其结构就是垃圾(问题、解决办法、参与者和参与者的资源)在该垃圾桶中的混合程度和垃圾处理方式的函数。各条溪流在这些选择环境中结合起来,当某一给定的解决办法被提出时,这些参与者可能会认为它与该问题不相干从而抛弃它。"垃圾桶模型"的逻辑结构包括:① 一些完全分离的溪流穿过整个决策系统;② 结果在很大程度上依赖于这些溪流在必须做出这些选择中的结合状况,即取决于问题与解决办法的结合情况,取决于参与者之间的互动状况,取决于是偶然缺少解决办法还是有意缺少解决办法。

■(三)多源流理论框架的提出与拓展

多源流分析视角的基本框架最早是由金登提出的。多源流分析法主要借鉴了由詹姆斯·马奇、赫伯特·西蒙等人在有限理性和组织理论方面做出的研究成果。该方法在系统层面上提出理论框架,将整个系统或独立的决策作为分析单元。多源流理论认为,政策选择是在几个因素的推动或影响下的集体选择的结果。多源流理论关注将"输入"转变为"输出"的过程,即"黑箱"里的运作,并认为系统并非处于平衡中,而是不断地演化着。

金登把"垃圾桶模型"应用到国家层面的政策制定过程有助于将政策共同体与重大事件结合起来。多源流分析法突破了以往公共政策研究中基于狭隘的政策共同体而发展起来的一些论点。金登强调了意见主张的重要性:第一,解决办法的完善不仅建立在效率或权力的基础之上,还需要建立在平等的基础之上,公共政策形成中的三个核心要素是观点、说服和推理,而不只是事后的理性化过程;第二,在一个快速变化的模糊世界当中,政治意识形态具有启发和示范的作用,它能够揭示行为的内涵,或是为议员投票、判断问题提供指导原则。意见主张不仅被政治家用来说明其他问题,还有助于界定他们自身的问题。然而激励民众的方式不只是意见主张这一种,那些致力于将问题源流、政策源流、政治源流三大源流结合起来的活动家们,为了抓住稍纵即逝的机会,经常会扭曲意识形态中的倾向性。

扎哈里尔迪斯对金登的多源流理论做了三个方面的扩展和一个方面的修正。

首先,扎哈里尔迪斯运用多源流理论框架,解释了整个政策形成的过程。在这一点上,他与金登最初对决策前的过程的解释有所不同。尽管议程确定被定义为一个独立的过程,但备选方案的具体规则并非如此。金登把有限的备选方案的细化与某一方案的确

---

① 约翰·W.金登.议程、备选方案与公共政策[M].2版.丁煌,方兴,译.北京:中国人民大学出版社,2017:80.

定以及实际的政策选项本身区分开来,扎哈里尔迪斯却认为两者是同一过程(决策)的两个部分。决策过程的定义为政策制定者从一系列已经产生的可供选择的方案中做出具有权威性选择的过程。

其次,多源流分析在政策比较研究中同样是适用的。金登对美国联邦层级的强调似乎与强烈模糊性的条件很接近。但是,英国、法国却有所不同。第一,英国的国家系统并非像美国那样属于联邦弱政府和地方分权。行政权力与立法中的多数党以及严格的党纪融为一体,两者实现了政府之间冲突的最小化。因此,决策者之间的偏好取向似乎不存在什么问题。第二,英国内阁成员通常是具有多年国会经验、与政党关系紧密的老练的政治家。因此,他们参与政策制定的流动性比美国内阁成员的要小一些,在美国,联邦各部部长进入或退出公共部门都很频繁。第三,官僚机构在规模和相对的凝聚力方面的巨大差别,以及利益群体与其他社会活动者进入决策中心的机会的有限性,都使技术性作用更加明显。英国社会中的模糊性相对较低,斗争较少,相互之间的联系更加紧密、更加正规,较少有人会在政策选择中有所投入。[1]

最后,分析单元的变化。金登对于多源流分析的讨论主要是指整个国家和政府的多样性问题,扎哈里尔迪斯则试图将单一问题模型化——私有化问题。金登将整个系统看作一个包含着问题、解决办法和与所有问题相关的政治因素的巨大容器;扎哈里尔迪斯分析了在不论其他问题如何被阐述的情况下,一个问题成为一个暂时"容器"的趋势。对金登理论的修复/修正,将政治源流中的三个维度(国民情绪、利益集团、换届)整合为一个概念变量——执政党的意识形态,这样的变化并未削弱该理论的分析能力。这样的整合对于那些拥有相对集权的政治系统和有强力政党的国家来说是很有意义的。国民情绪是指在某一国家中相当数目的民众都倾向于沿着某个方向思考,政府官员们对国民情绪敏感并试图将其变为资本。然而,这是一个模糊的概念。国民情绪究竟包含着什么? 民众主要指的是哪些人? 从理论上讲,我们可以创造一个指标,事实上却很难操作。一些分析认为,公共意见能够反映国民情况的本质。但金登提醒说,国民情绪不一定存在于大多数公众之中。那么怎样才能将此概念予以可操作化呢? 由于情绪不断改变,我们怎么能够知道什么时候发生改变?

利益集团和立法、行政上的变化也同样会融合为一体。在分权化的美国政治特点下,将利益集团和政府换届分别进行分析,是非常有意义的。然而,在其他的国家,政治现象会受到更多集权条件的限制,政党在限制政策选择中的作用相对较大。在立法会中占多数的政党在执法中同样占据着关键的职位,因此政策过程是集权化的。政党纪律保证政党的偏好能够经常变成实际的法律。政府支持的法案通常也会在国会通过,很少会被修正。总体而言,政党倾向于主导政治源流,并对政策选择进行严格控制。因此,集中关注政党意识形态与金登的理论差别不大。扎哈里尔迪斯的研究隐约显示出政党的作用更加重要。执政党(或执政党联盟)的意识形态限制着能够提上议程的问题类型,界定着能够被接受的解决办法类型。政策与政党意识形态的吻合并不是该政策被采纳的充分条件,但通常是必要条件。

上述研究的扩展和修正,拓展了多源流分析的应用范围,提高了应用的普遍性。多源

---

[1] 保罗·A.萨巴蒂尔.政策过程理论[M].彭宗超,钟开斌,等译.北京:生活·读书·新知三联书店,2004:103.

流分析能够解决几个国家体制下议程确定和政策选择过程中的问题。"政策之窗"的使用赋予了该理论一个动态的性质,这与结构性决定政策类型和理性选择理论解释有所不同。"融合"的观点表明,几个源流的作用并不是简单相加的关系。只有在同一时间将所有源流混合起来,才能够获得预期的效果。"政策之窗"概念的内涵表明,由于问题、解决方案和政治的不同组合,政策有可能被改变或修订。

二、金登"问题源流—政策源流—政治源流"的三源流框架

金登提出,在整个政策系统中存在着三种源流:问题、政策、政治。每一个概念的界定大体上都与其他两者有所不同,并具有自身的动力和规则。在需要决策的关键时刻,政策问题的提出就将三者结合起来了。三者的结合使一个问题获得政策制定者高度关注的可能性大大地提高了。

(一) 问题源流

为什么政策制定者对一些问题给予关注,却对其他问题视而不见呢?这主要取决于官员了解实际情况的方法,更重要的是取决于这些实际情况是怎样被定义为问题的。了解实际情况有三种方法:首先,一种情况存在与否及其重要程度可以用一系列指数来反映,指数可以用来衡量实际情况所发生的变化,从而引起官员们的注意;其次,一些重大事件或危机事件经常能够导致对某个问题的关注;最后,从现行项目中所获得的反馈,可以推动对问题的关注。总之,问题必须包含明确的可感知的因素。一些实际情况逐渐被界定为问题,因此比其他情况获得了更多的关注。这是如何进行的呢?人们把情况界定为问题的方式时,会用自己的价值观念和信仰指导决策过程,将现象进行归类,并比较不同国家的情况。

(二) 政策源流

在"原始的政策鲜汤"周围"漂浮"着多种意见主张,意见主张由政策共同体中的专家们提出。在美国,政策共同体是一个包含着官僚、国会成员、学者和思想库中的研究人员的网络。网络成员经常共同关注某一政策领域中的问题。网络成员的意见主张需要通过多种方式的实验和检验。经过检验,一些主张保持原封不动,一些被合并为新的提案,一些则被取消。尽管意见主张很多,但仅有少数能引起高度重视。选择标准包括技术可行性与价值观念的可接受性。难以操作的建议保留下来的可能性较小,与决策者的价值观念不一致的建议也很少被考虑采用。

(三) 政治源流

政治源流包含三个因素:国民情绪、压力集团争夺行动、行政或立法上的换届。国民情绪是指在某一既定国家中的相当数目的个体都倾向于沿着共同的方向思考,并且这种情绪会随着时间的变化而改变。如果意识到国民情绪的变化,政府官员们通常会在议程上增加某些事项或淡化其他人的希望。而且,政治家们经常将利益集团的支持或反对态度作为更广阔的政治领域内的一致或分歧的衡量标准。一旦意见相冲突,政治家们则通常会想办法维持支持派和反对派之间的平衡。为达到这种平衡所采取的方法直接影响到

该问题是否还能够继续受到关注。除上述提到的因素外,立法和行政部门的换届也经常会在很大程度上影响议程,主要行政官员的变更也会带来很大的影响。新总统或新内政部长的上任,标志着潜在的变化即将发生。在政治源流的三重因素中,国民情绪和政府的换届这两个因素的结合,会对议程产生最强有力的影响。

在一个关键的时间节点上,当上述三大源流汇合到一起的时候,问题就会被提上议事日程,这样的时间节点称为"政策之窗"。"政策之窗"是提案支持者们推广其解决方法或吸引引人重视他们的特殊问题的机会,该机会是稍纵即逝的。这些"窗口"是由紧迫的问题或是政治源流中的重大事件"打开"的。"政策之窗"持续时间较短,一些可以预测,一些则无法预测。当"政策之窗"被打开的时候,政策活动家,即那些愿意投入时间、精力、信誉、金钱以在可以预见的未来获得物质的、有意追寻重大回报的人,必须抓住机会开始行动,否则就会失去机会,而只能等待下一次机会的来临。政策活动家需要的不仅仅是坚持不懈,还需具备将各种因素结合起来的技巧。他们必须把问题与解决办法相结合,并在政治上被接受。一旦问题与解决办法,或解决办法与政治结合起来,该问题被提上政策议程的机会就会大大提高。当三种源流结合到一起的时候,该问题"出线"的概率是极高的。

三、多源流理论的主要观点

(一) 多源流理论将政策议程设置纳入政策过程

问题要引起政府的注意,才会被纳入政策议程。然而,是什么影响了政策议程和备选方案?金登正是通过对政策过程的各方参与者及其在政策议程设立和备选方案的阐明中所处的地位、所起的作用和所利用的资源等详细分析,进而对政策议程设置进行了研究。金登认为,问题、政治与可见的参与者是政策议程设置的三个关键要素。[①] 首先,问题的识别对于议程的建立至关重要。如果某一给定的政策建议或主题与某一重要的问题联系在一起,那么它被提上议程的可能性就会明显地提高。有些问题被视为非常紧迫,以至于它们自己把议程都建立起来了。一旦某一特定的问题被界定为是非常紧迫的,那么完整的解决办法就要比其他的解决办法更受欢迎。如果一些备选方案很突出,其他一般化的备选方案则容易从人们的视野中消失。其次,政治事件是按照它们自己的动态特性和规则向前流动的,参与者觉察到国民情绪的变动,通过选举让新一届政府上台执政并且给国会带来了新的政治分布状况或意识形态分布状况。在这个过程中,各种各样的利益集团也迫使政府接受他们的要求,政治领域的这种发展是由强有力的政策议程建立者推动的。最后,高级官员、重要议员、传媒人员以及诸如政党和竞选者这样一些角色对政策议程设置的影响较大。学术专家、职业官僚等也在一定程度上影响着备选方案。

(二) 多源流理论强调政策企业家的关键作用

政策企业家愿意投入自己的资源——时间、精力、声誉以及金钱——来促进某一主张以换取表现为物质利益、达到目的或实现团结的预期未来收益。政策企业家具有某种听

[①] 约翰·W. 金登. 议程、备选方案与公共政策 [M]. 2版. 丁煌,方兴,译. 北京:中国人民大学出版社,2017:185.

证权,他们因政治关系或谈判技能而闻名,往往具有坚韧不拔的意志。成功的政策企业家的品质在"软化"政策制定系统的过程中十分有用。但是,政策企业家的作用不仅仅在于推出、再推出他们的政策建议或他们对问题的认识,他们还在等待"政策之窗"的打开。在抓住机会的过程中,他们对于"溪流"在"政策窗口"的结合具有极为重要的作用。政策企业家必须在"政策之窗"打开之前形成他们的思想、专长和政策建议。在追逐个人目标的同时,政策企业家为政策制定系统发挥着使原先分离的"溪流"相结合的作用。他们使解决办法与问题相结合,使政策建议与政治契机相契合,并使政治事件与政策问题相结合。政策企业家对问题、政策、政治三者的结合意义重大:第一,可以使人们了解个人与结构之间的区分;第二,关注政策企业家对这些"溪流"结合所具有的特殊作用突出了两种不同的活动,它不仅涉及倡议活动,而且也涉及经纪活动;第三,这样一种自由行使的过程可以促进创造;第四,政策企业家具有敏锐的触觉,能够极为准确地觉察"政策之窗",并且可以在恰当的时机采取行动。

(三) 多源流理论强调政策备选方案的选择

可供公共政策选择的潜在备选方案清单在范围上是怎样被缩小到实际受到关注的备选方案的呢?对此有两种回答:① 备选方案是在政策"溪流"中产生并且被缩小范围的;② 一些相对潜在的参与者,即一些特殊政策领域的专业人员参与了这种活动。备选方案、政策建议及解决办法是在专业人员共同体中产生的,这一组相对潜在的参与者包括学者、研究人员、咨询顾问人员、职业官僚以及为利益集团服务的分析人员等。这些相对潜在的参与者形成了一些组织松散的专业人员共同体,这些共同体成员力图以各种方式提出政策建议:通过演讲、提出议案、召开国会听证会、向新闻媒体透露消息、发表论文、举行会谈或者午餐会,他们会使自己的想法浮出,相互批评对方的成果,思考和修改自己的想法,并且产生一些新的想法。政策备选方案的产生是一种选择过程,在政策"原汤"中,有许多思想浮出,互相碰撞,遇到一些新的思想,形成一些组合物。通过给政策客体施加一些选择某些思想而同时舍弃另一些思想的标准,就可以从混沌中建立秩序,从任意中建立模式。这些标准包括技术可行性、符合共同体成员的价值观及未来约束条件的预期。未来的约束条件包括预算约束、公众的可接受性及政治家的吸收能力。

(四) 多源流理论强调"政策之窗"的打开推动决策议程的开启

"政策之窗"是政策建议的倡导者提出其最得意的解决办法的机会,或者是他们促使其特殊问题受到关注的机会。一个完整的联结装置可以将三条"溪流"——问题溪流、政策溪流及政治溪流组合成一个单一的包裹,即分离的"溪流"在关键的时刻汇合并且结合在一起。参与者利用他们选中的机会大谈特谈他们对问题的看法、政策建议及政治力量,而结果取决于所出现的因素的结合以及各种因素结合的方式。敞开的"政策之窗"对决策议程具有重要影响。从根本上看,一扇"政策之窗"之所以敞开,其原因在于一个新的问题引起了政府官员及其周围人们的关注。行政当局的变更可能是政策溪流中最明显的"政策之窗"。"政策之窗"是由问题溪流或政治溪流中的事件打开的。有时,"政策之窗"的打开具有很大的可预测性。一扇"政策之窗"敞开的稀少和短暂可以对问题和政策建议产生一种强大的磁力。当一窗"政策之窗"打开的时候,问题和政策建议就会接踵而至。关注特定问题的人们把敞开的"政策之窗"视为通过这些政策建议的机会,倡导特定政策建议的人们则把敞开的"政策之窗"视为通过这些政策建议的机会。结果政策制定系统最终装满了问题和政策建议。如果参与者愿意投入足够资源的话,那么其中有些问题就能得到解决,而且其中有些政策建议也就可能得以通过。而其他问题和政策建议则会因为没有调动足够的资源而漂走了。敞开的"政策之窗"可以为问题、政策建议及政治的完美结合创造机会,进而也可以创造机会把由三条"溪流"结合的因素整体地推上决策议程。倡导一个新政策动议的倡导者不仅会利用政治上的有利时机,而且还会宣称他们的政策建议是紧迫问题的解决办法。同样,关注某一特定问题的政策企业家往往在政策溪流中寻找解决办法,以便与他们的问题相结合,然后他们力图在某些时刻及时地利用政治可接受性来提出问题及解决办法。

四、多源流理论框架的评价

多源流理论框架奠定了政策议程设置的理论基础,丰富了政策过程理论,推动了政策科学体系的深化与拓展。多源流理论框架对政策议程建构具有重要的理论和实践意义。

多源流理论框架对影响政策议程设置的因素进行了分析,在议程设置过程中,问题源流及"政策之窗"的开启具有偶然性,这可能更符合现实的政策制定,而且这种偶然性会打破习惯思维,从而为新的解决方案提供机会。这一理论框架还拓展细化了政策过程中的行动主体的范围。行动主体的范围不仅包括当选官员、任命官员、利益集团、研究机构和大众媒体,而且还有政府的一些工作人员、竞选者、政党和公共舆论。此外,多源流理论框架还具有极强的解释性,它分析了英国和德国的私有化过程,并在此基础上拓展了多源流分析的适用范围。实践证明,不仅在政策议程过程中多源流理论是适用的,而且在其他阶段的政策过程中该理论同样适用。[①]

第五节 政策扩散理论

一、政策扩散理论提出的背景

进入 21 世纪以来,经济全球化和信息化相互交织、迅速发展,世界进入以信息交互为主要形式的时代,公共政策信息传播与扩散活动也随之加速。一个国家或地区的新的成功的政策实践,往往会迅速传播或扩散到其他国家或地区。一个国家、地区或部门公共政策行为的公共政策制定者,往往会受到其他国家、地区或部门公共政策行为的影响,由此形成跨国家、地区或部门的公共政策扩散现象。起源于美国的政策扩散理论,是半个世纪以来公共政策过程理论蓬勃发展的新兴研究领域。20 世纪 60 年代,比较公共政策学研究开始兴起,大量的学者将研究的焦点集中在比较政策分析上。作为比较政策分析的代表,美国学者沃克将相当多的兴趣放在界定政策扩散的过程上。1969 年,沃克在《美国政

---

① 曾令发.政策溪流:议程设立的多源流分析——约翰·W.金登的政策理论述评[J].理论探讨,2007(3):136-139.

治学评论》上发表《美国各州的创新扩散》一文,被公认为是政策扩散理论研究兴起的标志。20世纪70年代以来,政策扩散展现出对美国行政改革的良好解释力,迅速成为公共政策研究的前沿理论。

二、政策扩散理论的发展演变

(一) 西方国家政策扩散理论的发展演进

政策扩散理论研究于20世纪60年代末发端于美国,为美国行政改革与创新实践提供了有力的学理支撑,进而迅速发展为公共政策领域学者研究的重点。关于西方政策扩散研究的理论演进,学术界大体上将其划分为三个阶段。

一是政策扩散理论发展单因素理论解释期(1969—1990年)。这一时期以沃克、格雷等人为代表。沃克在《美国各州的创新扩散》中创造性地提出:为什么一些州可以作为先驱者率先采纳新政策或项目?在这些州率先采纳创新项目后,这些新服务、新项目又是如何扩散到其他州的?沃克主要验证了经济发展水平和工业化状况对创新与扩散的影响。这一时期政策扩散理论的考察视角单一,从内部或外部对政策扩散进行的单因素分析居多,政策扩散理论在概念界定、影响因素、扩散特征等方面取得了初步进展。

二是政策扩散综合理论发展时期(1990—2000年)。这一时期以贝瑞夫妇、罗杰斯、道洛维茨等人为代表。贝瑞夫妇1990年在其论文《作为政策创新的州彩票政策的采纳:一个事件史分析》中首次将事件史分析方法运用到政策扩散研究中,实现政策扩散研究方法上的重大突破。与此同时,贝瑞夫妇首次将影响政策扩散的内部因素和外部因素整合起来,建立政策扩散的初步解释框架。这一时期政策扩散研究发展呈蓬勃之势,学术成果丰富,但总体上呈现出碎片化特点。

三是政策扩散理论整合发展时期(2000年至今)。这一时期以沃尔登、西蒙斯、尼尔为代表。这一时期的研究更多转向对政策扩散微观机制、扩散模式、扩散动因的深层次分析,以及对具体政策扩散案例进行实证分析。

(二) 中国政策扩散理论的发展演进

我国对政策扩散领域的研究始于2004年,在2012年之后研究文献数量明显增多。总的来说,可以将国内政策扩散研究分为两个阶段,引入与消化期和快速发展期。①

一是2004—2011年的引入与消化期。2004年,毛寿龙将"政策扩散框架"作为一种西方重要公共政策理论向中国学术界介绍。2004—2007年,我国的学者多将政策扩散理论与政策转移理论一同进行探讨。娄成武等在对西方国家政策转移理论进行综述的过程中探讨了政策转移与政策扩散两者之间的关系。2008年后,我国学者开始接纳政策扩散作为一种独立的政治理论,并出现了第一篇应用政策扩散研究方法分析中国政治问题的文献。在2011年的中国行政管理学会年会上,周望提出应将政策扩散理论与中国特色的"政策实验"有机结合。

二是2012年至今的快速发展期。这一阶段政策扩散理论开始被广泛应用在各领域

---

① 张玄玄,刘琦岩,魏超,等.中国政策扩散理论研究文献计量分析[J].中国科技资源导刊,2019,51(3):72-79.

的政策研究中,研究成果数量快速增加。2013年,王浦劬和赖先进对政策扩散机制与模式进行了系统研究,对后续政策扩散的实证探讨奠定了深厚的基础。随后,张克、朱旭峰等针对特定政策基于中国本土环境对政策扩散进行了实证分析,丰富了中国政策扩散研究成果。在快速发展期,有部分学者对科技政策进行了扩散分析,张剑等以科技成果转化政策为例,通过政策文献量化的方式对政策扩散进行了分析;江永清基于AHP方法,对我国政府购买服务支持双创政策的扩散过程进行了评价。

三、政策扩散理论的核心要旨

(一) 政策扩散的概念

政策扩散是政策过程的重要环节。政策扩散指的是一种政策从空间上发生转移,它是当政策被系统内的一个成员或主体实施之后,又被该系统的其他成员或主体所采纳的过程,也叫政策趋同或政策传播。政策扩散一般被定义为不同机构/组织/地区出台的政策逐步实现趋同的过程。[①]

当地理区域邻近的地区采纳了相同或相似的政策时,就会出现"政策串"现象。原因有三:① 这些地区对彼此独立但相似的内部情况做出了相似的对应措施,各地区的政策决策者是在完全独立的情形下进行政策制定的,而并未考虑其他地区的行为;② 这些不同的国家在某一外力的作用下相互协作,从而采纳了类似或相同的政策,外力可能来自某一强权势力,也可能产生于某一(政府间或非政府间)组织;③ 各地区之间非协作的相互依赖,由此导致各个政策采纳者呈现出既独立又相互依赖的特性。

(二) 政策扩散的特点

当一地出现了政策创新,而此创新在向外扩散时,当没有任何外力影响的情况下,扩散的时空路径也会呈现出一些规律。[②]

一是政策扩散的时间分布特点。从政策扩散的时间分布上考虑,会发现累积的政策采纳者数量随时间呈S形曲线变化。在政策扩散初期,政策采纳者较少,累积的政策采纳者亦较少,且随着时间的推移,政策采纳者的新增数量并不多,累积的政策采纳者数量增幅较慢;在政策扩散的中期,新增的政策采纳者数量陡增,累积的政策采纳者数量迅速增长;到了后期,由于大部分潜在的政策采纳者已经在其辖区实现了政策扩散,此时新增的政策采纳者数量又回落,累积的政策采纳者数量增速放缓。

二是政策扩散的空间分布特点。政策扩散在空间分布上呈现出典型的"涟漪状扩散"的特征。一般而言,政策扩散首先是在其发源地的邻近地区实现扩散,之后,该政策会如同湖面的涟漪一般,一波一波地向四周的其他地区扩散开来。

三是政策扩散的环境特征。政策扩散的第三个特征在于其政策环境的多样性。不同的政策采纳者可能有着不同的政策环境,如不同的社会经济条件、不同的制度安排等。但当某一政策实现了扩散之后,则会出现不同政策条件之下的相似政策的现象。

---

① 刘伟.政策扩散的理论实践与发展[M].北京:科学技术文献出版社,2020:20
② 刘伟.政策扩散的理论实践与发展[M].北京:科学技术文献出版社,2020:5

（三）政策扩散的因果机制

政策扩散的因果机制包括政策学习、政策模仿(跟风)和竞争机制。①

一是政策学习扩散机制。政策学习扩散机制的理论假设是理性主义,即政策决策者在考虑政策扩散问题时持理性的态度,会对其他地区采取该政策的效果进行成本-收益分析,会将其他地区的经验在本地区进行借鉴学习。其他地区先发的政策行为诱发了政策社会系统中信息的变化,而信息的变化成为中间变量,导致政策在其他区域发生扩散。政策学习的扩散从本质上看是目标导向的、是逐利的,理性分析是其基本依据。

二是政策模仿(跟风)机制。政策扩散并非都是出于理性的决定,跟风即一种非理性的政策扩散。跟风机制的扩散指的是当某一辖区实施了某一政策之后,其他辖区也纷纷效仿该行为。有时候,决策者会仿效在其他地区已被证明是成功的政策。此时,决策者的愿望是将他人的成功经验复制于本地区。

三是政策扩散的竞争机制。与学习机制相似,竞争机制也是一种以理性为基础的扩散方式。但与学习机制不同的是,政策决策者不仅仅是单纯地分析并模仿其他地区成功的政策,其目的更在于通过实施相同或相似的政策,保持本地区的竞争优势,至少保证本地区不会因为某一政策的缺失而在区域间的竞争中落败。其内在的逻辑是:当其他地区实施某一公共政策后,某地的决策者担心这种"人有我无"的局面会对本辖区带来不利的影响,因此,跟进并出台了相同或相似的政策。

（四）政策扩散的途径

一般来说,一地的政策创新需要通过一些力量的推动才得以传导至其他地区。这些力量包括社会组织与利益集团、政策倡导家、上级政府及国际组织。②

第一,在政策创新扩散的过程中,很多正式和非正式的社会组织及利益集团都起到了推动的作用。对一些有着强烈政治诉求的社会组织而言,它们的工作本身就是游说政府出台倾向于本团体的政策。若其他地区实施了与这些组织的政治诉求有关的政策,这些组织会迅速地将其他地区的做法进行整理归纳,并纳入自己的行动议程,以其他地区的政策来游说政府。通常来说,这些具有政治诉求的社会组织会采取召开会议的方式以完善政策网络,发表文章以提供信息或模仿的样本,或以在其他地区设立分部的方式来促进政策扩散的发生。除此之外,一些没有强烈政治诉求的社会组织也同样可以促进政策扩散的发生,如一些学者组成的正式或非正式团体可以通过知识的传播与扩散来促进某种政策的扩散。

第二,政策倡导家也能推动创新的扩散。政策倡导家有意愿用自己的专业资源坚持不懈地推动某一政策的实施。政策倡导家可以以个人身份建立跨越行政分割的网络体系,并从中学习某一政策在多地区的经验、细节与实效。同时,政策倡导家在该领域长期的工作经验也保证了他们的公信力。他们运用各种技术与政治信息向公众和政

---

① 刘伟. 政策扩散的理论实践与发展[M]. 北京:科学技术文献出版社,2020:8.
② 刘伟. 政策扩散的理论实践与发展[M]. 北京:科学技术文献出版社,2020:11.

治家"售卖"某一特定的想法,通过这样的方式,政策倡导家可以促进政策在不同地区的扩散。

第三,上级政府是推动政策扩散的重要力量之一。政策扩散的一种模式即"强制模式"。在强制模式下,上级政府可以通过硬性行政约束要求分属于不同辖区的决策者在其所在区实施统一的政策,形成"全国一盘棋"的局面。

第四,国际组织包括政府组织和非政府组织。由于大量的政策扩散发生在不同的国家之间,因而国际组织自然而然地成为扩散的推动力量。国际组织推动政策在世界范围内扩散,一般有以下三种形式:第一种形式是一些国际政府组织可以通过强制力来推动政策扩散;第二种形式是霸权国家可以利用国际组织来推动某一政策的扩散;第三种形式是国际组织为各个行为体的互动与沟通架设了新的平台。

(五)政策扩散的类型

政策扩散的基本原因有三个:在外部压力之下的被迫政策扩散;出于道义、象征或合法化原因的自愿政策扩散;基于理性利益分析的自愿政策扩散。根据这三个原因,政策扩散的类型分为强权型政策扩散、道义型政策扩散和学习型政策扩散。

一是强权型政策扩散。强权型政策扩散有三个前提条件:第一,政策扩散发生在一个存在着层级结构的社会体系内;第二政策扩散存在着一个明显的政策倡导者或核心推动者,且该政策倡导者位于层级结构的顶端;第三,政策的采纳方并无主动采纳的意愿和动力,而是迫于外在的压力不得已而为之。在存在层级结构的社会体系中,就会有可能发生这种强权型的政策扩散。根据具体的政策问题、各个采纳方政策环境的差异、推行新政策意愿的强烈程度及政策本身的特点要求,政策的倡导者可能会设计不同的政策扩散路径。一般来说,这种强权型的政策在时空上的扩散路径是"以点带面、全面铺开"。政策扩散路径分为两个阶段。第一个阶段一般为政策的起始阶段,政策呈现出萌芽或实验的特色。个别主体在政策倡导者外力的推动下,实施了某一政策。此时的政策扩散呈点状分布,这些"点"可能是政策条件比较好的主体或区域,也可能是层级结构中比较重要的主体。"点"存在的意义一方面是为最初的政策设计提供信息,以供之后的政策进行微调和修改,另一方面是树立样本,提升该政策的合法性。强权型政策扩散的第二个阶段是全面扩散。此时,在政策倡导者的压力之下,政策迅速地在层级体系中扩散。潜在的政策采纳者则不得不接受政策扩散,若拒绝政策扩散,可能会给他们带来相当严重的后果。由于外在压力的推进,政策比较容易实现在多元环境下的扩散。对政策推动者来说,目的是推行政策。至于该政策与特色的政策环境的衔接问题,以及该政策最终的实施效果,将在政策的实施过程中由政策推动者与政策采纳者具体分析、调整。[①]

二是道义型政策扩散。道义型政策扩散的理论基础是社会构建主义,以潜在政策采纳者的身份与自我认知为起点,确定在该身份之下,"适当"的偏好是什么,什么行为是应该做的。在这个扩散过程中,政策采纳者所关注的不在于新政策所带来的实际收益,而在于新政策能否提升自身的合法性。潜在的政策采纳者有意愿也有动力采取某项已在一定程度上被其他同行所接纳的政策。换一个角度看,道义型政策扩散也是有

---

① 刘伟. 政策扩散的理论实践与发展[M]. 北京:科学技术文献出版社,2020:108

压力源的,压力源内在于政策采纳方。以此模式扩散的政策具有强烈的象征性色彩或创新意义,采纳者是站在道义的高度上对其进行思考的,更注重的是政策中蕴含的意义或政策行为本身的象征性。这种模式的政策扩散在时间上通常速度较快。道义型政策扩散在空间上的地域特色并不明显,可能会发生在不同的政策环境中,因此呈现出多元环境下的政策相似性。

三是学习型政策扩散。学习型政策扩散的理论假设是理性主体,即政策采纳者在考虑政策扩散问题时持理性的态度,会对其他地区采取该政策的效果进行成本-收益分析,会将其他地区的经验在本地区加以借鉴学习。学习型政策扩散从本质上看是目标导向的,是逐利的。政策采纳者在扩散过程中有完全的自主性,可以自主决定采纳或不采纳某项政策。学习型模型在政策扩散的机制与路径上呈现出不同的特点。首先,学习型政策扩散在时间上呈典型的S形曲线分布。初期,少数"创新者"采取了某一政策,当该政策的效果得以显现时,其他地区/国家通过学习的方式对该政策进行了移植、复制与模仿,希望该政策在本地区/国家也能展现同样的效果。其次,学习型政策扩散从地域分布上看呈区域扩散的特征:先是几个政策创新者邻近的地区采纳该政策,之后该政策呈现区域扩散的趋势。最后,通过学习型政策扩散,政策的核心内容可以被应用于不同的政策环境中,而该政策并非在不同的地区被简单地复制或模仿。在有限理性的支配下,政策采纳者受到"锚定效应"的影响,倾向于把该政策在本地区实施后的结果与其他地区成功的经验联系起来。因此,只要是在其他地区获得成功的政策,无论其他地区的政策环境如何,都有可能成为学习的样本。但同时,基于理性分析与判断,政策采纳者也许会对除核心内容之外的细节进行调整,使之与本地的具体政策环境相适应,从而达到更好的实施结果。因此,在学习型政策扩散中,最终的结果是不同的地区/国家采纳了相似的政策,而非相同的政策。

■ 四、政策扩散理论的评价

学者们对政策扩散与传播的研究始于20世纪60年代。经过几十年的发展,作为政策过程的重要分析框架,政策扩散理论已趋于成熟。在这一理论框架之下的实证研究也层出不穷。然而,政策扩散理论框架存在一个缺陷,即政策扩散理论试图从政策过程入手,对政策趋同这一结果进行分析。但在实际的理论框架建构过程中,政策扩散理论与政策过程本身相脱节。政策扩散实际上仅仅是关于政策趋同的理论,这种理论缺陷导致了对实施政策扩散的追随者的动机分析不清,对政策扩散过程的因果机制理解含混,从而难以描画出清晰的政策扩散的步骤与过程。现阶段,政策扩散亟须从以下几个方面进行探索[①]:首先,既有研究对政策扩散的内涵及理论依据表述模糊,未来须明确"政策扩散"边界;其次,既有研究对政策扩散影响因素的讨论多集中在个体和组织层面,忽视了网络结构、传播渠道等变量;再次,既有研究发现政策属性影响政策扩散,但未探究具体影响机理。丛次,既有研究对政策扩散结果界定不清;最后,既有研究对政策扩散机制的作用机理研究不足。

---

① 周英男,黄赛,宋晓曼.政策扩散研究综述与未来展望[J].华东经济管理,2019,33(5):150-157.

本章小结

政策过程理论是公共政策学的重要理论,系统科学地梳理政策过程理论是深入剖析公共政策运行机理、廓晰公共政策运行逻辑的前提和基础。政策科学研究起源于20世纪40年代末50年代初,以勒纳和拉斯韦尔主编的《政策科学:视野和方法的近期发展》为其诞生的重要标志。拉斯韦尔的政策科学理论推动了政策过程阶段论的形成与发展,奠定了政策科学研究的重要理论基础。政策过程理论的思想流派包括拉斯韦尔的政策过程阶段论、埃莉诺·奥斯特罗姆的制度理性选择框架、弗兰克·鲍姆加特纳和布赖恩·琼斯的间断-平衡框架以及福克斯和米勒的话语指向的政策过程理论。政策过程包括政策制定、政策执行、政策评估、政策监控和政策终结等环节。这些环节交替循环形成一个政策过程周期。政策制定是核心,政策执行是关键,政策评估是对政策方案合理性的最具权威的检验,政策监控是政策运行中不可或缺的一个环节,贯穿政策过程的始终。通过政策监控,能够及时发现并纠正政策偏差,从而提高政策效能,实现政策目标。政策终结意味着一个旧周期的结束。

英国学者杰里米·理查德森和格兰特·乔丹首次提出"政策网络"的概念。政策网络发源于美国利益集团、议会和政策之间所形成的"次级政府"或"铁三角"以及大量的、松散的、开放的议题网络。政策网络理论的思想流派包括美国政策网络理论、英国政策网络理论及中国政策网络理论。英国政策网络研究学者罗茨提出了"罗茨模型",把政策网络按照行动者成员资格、相互依赖性、资源等维度划分成五种类型。范瓦登确定了行动者数量和类型、网络功能、结构、制度化、行为准则、权力关系和行动者战略七个维度,进一步区分了政策网络的不同关系形式。乔丹和克劳斯·舒伯特共同提出了一个三维度的分类模型,即成员人数、网络是否按政策领域或跨政策领域划分以及网络稳定性,并识别出十一种政策网络类型。作为一种从经验世界观察到的现象,政策网络是指政策领域中彼此相互依赖的多个独立行动者通过资源交换以促成政策最有利于自己利益的实现而进行的复杂互动过程。政策网络对政策制定、政策执行及政策结果都将产生重要的影响。

政策变迁理论也是公共政策学的重要理论基础。以林德布洛姆为代表的政策科学家提出了渐进主义政策变迁模型,该模型指出政策过程是一个不断修正、渐进变化的过程,政策变迁是自然发生的。倡议联盟框架、政策创新理论、政策转移理论和政策学习理论的形成与发展蕴含着政策变迁理论的发展演变逻辑。作为主流政策过程分析路径的倡议联盟框架是对政策过程阶段论的替代性理论。倡议联盟框架把政策知识应用的主要研究成果特别是政策分析的启发性作用,以及政策分析在政策倡议中的应用综合到公共政策制定这一更加宏大的理论中。1993年保罗·萨巴蒂尔和詹金斯·史密斯首先介绍了倡议联盟框架,然后把倡议联盟框架应用于六个不同的政策领域。政策创新就是对政策要素的重新组合,即对政策主体、政策客体、政策工具、政策价值等要素的重新组合,包括政策制定过程中主体、客体参与的创新,伴随着技术进步而来的对政策工具选择的创新,以及随着社会的发展变化,政策价值标准的演化和更新,等等。政策转移是一个政治系统采纳其他政治系统的公共政策、行政体制、机构及思想等来解决本系统所面临的政策问题的一种现象。政策学习指的是在一定的政策环境中,决策参与者主动或被动地对新的政策理念、政策工具或政策方案探索与追寻的过程。公共政策变迁是人类社会基本的正式制度变迁模式,是围绕集体行动而开展的自发的或通过人为安排的秩序演进过程。政策变迁除了呈现为政策时滞、政策博弈、政策演进三个结构性逻辑外,还表现为政策失效、政策创新和政策均衡三个阶段性逻辑。

多源流分析视角的基本框架最早是由金登提出的。金登提出,在整个政策系统中存在着三种源流:问题、政策、政治。每一个概念的界定大体上都与其他两者有所不同,并具有自身的动力和规则。在需要决策的关键时刻,政策问题的提出就将三者结合起来了。三者的结合使一个问题获得政策制定者高度关注的可能性大大地提高了。多源流理论将政策议程设置纳入政策过程,强调政策企业家的关键作用,强调政策备选方案的选择,强调"政策之窗"的打开推动了决策议程的开启。多源流理论框架奠定了政策议程设置的理论基础,丰富了政策过程理论,推动了政策科学体系的深化与拓展,对政策议程建构具有重要的理论和实践意义。

政策扩散理论研究于20世纪60年代末发端于美国,为美国行政改革与创新实践提供了有力的学理支撑,进而迅速发展为公共政策领域学者研究的重点。西方政策扩散理论的发展大致经历了三个发展阶段:即政策扩散理论发展单因素理论解释期、政策扩散综合理论发展时期和政策扩散理论整合发展时期。政策扩散是政策过程的重要环节,一般被定义为不同机构/组织/地区出台的政策逐步实现趋同的过程。政策扩散具有政策采纳者数量随时间呈S形曲线变化、空间分布上呈现典型的"涟漪状扩散"和政策环境多样性的特征。政策扩散的因果机制包括政策学习、政策模仿(跟风)和竞争机制等。政策扩散的力量包括社会组织与利益集团、政策倡导家、上级政府及国际组织等。政策扩散的类型包括强权型政策扩散、道义型政策扩散和学习型政策扩散。

◆ 本章重要概念

政策过程(policy process)　　政策网络(policy network)
政策变迁(policy changes)　　政策创新(policy innovation)
政策转移(policy transfer)　　政策学习(policy learning)
政策扩散(policy diffusion)

◆ 本章思考题

1. 概述政策过程理论包括哪些思想流派。
2. 简述政策网络理论的核心要旨。
3. 概述政策变迁理论的发展演变过程。
4. 简述多源流理论的核心要旨。
5. 简述政策扩散的因果机制与途径。

本章推荐阅读书目

1. 保罗·A.萨巴蒂尔.政策过程理论[M].2版.彭宗超,钟开斌,等译.北京:生活·读书·新知三联书店,2004.
2. 詹姆斯·麦甘恩,理查德·萨巴蒂尼.全球智库:政策网络与治理[M].韩雪,王小文,译.上海:上海交通大学出版社,2015.
3. R.A.W.罗兹.理解治理:政策网络、治理、反思与问责[M].丁煌,丁方达,译.北京:中国人民大学出版社,2019.
4. 梅里利·S.格林德尔,约翰·W.托马斯.公共选择与政策变迁:发展中国家改革的政治经济学[M].北京:商务印书馆,2016.
5. 约翰·W.金登.议程、备选方案与公共政策[M].2版.丁煌,方兴,译.北京:中国人民大学出版社,2017.
6. 保罗·A.萨巴蒂尔,汉克·C.詹金斯·史密斯.政策变迁与学习:一种倡议联盟途径[M].北京:北京大学出版社,2011.
7. 朱亚鹏.公共政策过程研究:理论与实践[M].北京:中央编译出版社,2013.
8. 陈玲.制度、精英与共识:寻求中国政策过程的解释框架[M].北京:清华大学出版社,2011.
9. 赵德余.公共政策:共同体、工具与过程[M].上海:上海人民出版社,2011.
10. 杨代福.政策工具选择研究:基于理性与政策网络的视角[M].北京:中国社会科学出版社,2016.
11. 李玫.西方政策网络理论研究[M].北京:人民出版社,2013.10.
12. 朱春奎.政策网络与政策工具:理论基础与中国实践[M].上海:复旦大学出版社,2011.
13. 王法硕.公民网络参与公共政策过程研究[M].上海:上海交通大学出版社,2013.
14. 李瑞昌.政府间网络治理垂直管理部门与地方政府间关系研究[M].上海:复旦大学出版社,2012.
15. 刘伟.政策扩散的理论实践与发展[M].北京:科学技术文献出版社,2020.

二维码2-4　本章重要概念及参考题答案

第三章
公共政策的构成要素

——本章导言——

政策活动是一个复杂的系统,它由政策主体、政策客体、政策环境等要素构成。这些要素彼此关联、相互作用,展现着政治活动和政府治理的丰富图景。掌握公共政策系统的构成要素及作用机制,明晰政策主体、客体、环境之间的互动和博弈状况,有助于提升政策分析和预测的准确性。

第一节 政策主体

由于国情不同,各国政策主体或政策活动者的构成因素及其作用方式也有所不同。本节重点介绍政策主体的概念特征、类型及中西方政策主体的差异。

一、政策主体的概念特征

(一)政策主体的概念

政策主体可以一般地界定为直接或间接地参与政策制定、执行、评估和监控的个人、团体或组织。但是,由于各国的政治制度、经济发展状况、文化传统等方面的不同,各国的政策过程存在着很大的差别。因此,政策主体的构成因素及其作用方式也有所不同。

西方学者以西方社会为背景讨论了政策主体(政策的制定者、提案者、执行者和评估者等)问题,他们一般将政策活动者看作政策过程的参与者,即参与政策过程活动的团体、组织及其成员。安德森在《公共决策》一书中将政策制定者分为官方的和非官方的两大类。琼斯和马瑟斯在《政策形成》一文中分析了政策提案的来源,将政策提案者(即政策制定者)分为政府内部和政府外部两大类。

国内学者一般认为政策活动者是政策系统的构成要素之一,是相对于政策客体的政策主体。政策主体的界定涉及两个主要因素,即是否为政策利益的相关者和是否参与政策过程。陈庆云将政策主体分为体制内政策主体和体制外政策主体;钱再见将政策主体分为公共政策直接主体和公共政策间接主体;还有些学者根据主体成员的组织属性、成员的职业特点、在政策过程中发挥的作用、主体成员的法律地位对政策主体进行分类。

(二) 政策主体的特征

无论在西方,还是在中国,政策主体同样具有多元化和多层次的特点。由于政治制度、经济发展状况、文化传统和意识形态等方面的差异,中西方政策主体在结构、地位和作用等方面具有很大的区别。在政策过程中,由于各主体性质的不同,分别代表了公共利益、专业利益、地方利益、生产者利益及不确定利益,各主体在资源交换中通过谈判、妥协和博弈实现政策目标,使公共政策呈现出多元化和多层次性。

二、政策主体的类型

为了便于清楚地理解公共政策过程中不同主体相互博弈的过程,本书将公共政策主体分为官方的政策主体(立法机关、行政机关、执政党、司法机关)和非官方的政策主体(利益集团、公民、大众传媒、思想库)。

(一) 官方的政策主体

官方的政策主体是指政治体制内的、行使公共权力的政策过程的参与者,一般包括立法机关、行政机关、执政党和司法机关。

1. 立法机关

立法机关在有的国家称为议会或国会,在我国则是指全国人民代表大会及其常务委员会。立法机关的主要职能是制定法律。从解决社会公共问题来看,立法也是制定公共政策,因为在建立约束机制的功能上,法律表现为一种更为稳定、约束力更强的公共政策。除制定法律外,立法机关也制定或审查通过国家事务中许多重大和重要的政策,如预算、国防、外交等方面的政策。

立法机关或国家权力机构是制定和监督公共政策的主要机构。各国由于社会制度、政治体制的不同,立法机关制定法律和政策的运作程序也往往有较大差异。立法机关是政策主体的一个最重要的构成因素,它的主要任务是行使立法权和同意权,承担着政治系统中履行制定和认可法律、政策的重要职责。

按照安德森等人的说法,在西方尤其是美国,立法机关能够在独立决策的意义上行使立法权。通常,关于税收、人权、福利和劳动关系等方面的政策在很大程度上是由国会制定的。国会中的常设委员会对提交的法案常常拥有"生杀大权",它们甚至可以不顾所在议会的大多数成员的反对而行事。但是不能因此认为立法机关具有真正完全独立的决策功能。例如,在国防和外交政策的制定方面,总统拥有比国会更大的权力,国会要服从总统的领导。

美国各州立法机关的作用因所涉及问题的性质不同而不同。在许多州,立法机关的职责受到限制,制定公共政策的人员不具有专业水平,信息系统和咨询系统也不甚发达,在遇到复杂性和技术性很强的公共政策问题时他们显得无能为力,往往只是简单地通过其他部门的提案。

在西方国家,立法者或者政治家在公共政策过程中究竟以一种什么样的姿态出现,公共选择理论有着深入的探讨。有关专家分析了西方代议民主制条件下立法者或政治家的行为特征及模式,认为政治家或立法者在政策过程中是以经济人的面目出现,他们追求自身利益的最大化,这种最大化的利益表现为在选举中当选或再次当选。为了在选举中获得更多的选票或更高的支持率,他们就必须许诺制定并执行某些能够给选民带来利益的政策或提供更多的公共服务。在公共政策各项目的拨款预算中,政治家们也往往支持最大化的预算方案,这样他们可以有更多的资金来回报支持他们的选民。虽然公共政策制定和实施的费用总是由纳税者的选民负担的,政治家们或者采取"暧昧"的态度模糊处理,或者设法采取一些手段使选民感觉不到费用的负担。这样,政治家们既可以获得选民的支持,又能让选民去承担推行政策所需的费用。这就是西方国家政治体制下的立法者或政治家的利己本性。

我国实行的是议行合一的政治体制,与西方国家相比,立法机关地位至高无上,在公共政策过程中拥有更多的决定权。在我国,立法机构或权力机构是各级人民代表大会及其常务委员会,全国人民代表大会及其常务委员会是国家最高权力机关。全国人民代表大会是我国的政策制定及立法的主要机关,也是政策执行和监控的制约机构。它享有最高立法权、最高任免权、最高决策权和最高监督权。它不仅有权选举、决定和任免中央人民政府以及其他国家机关的领导人,而且有权审查和批准国家的预算和预算执行情况的报告;监督国务院等国家机关的工作,听取国务院的政府工作报告,对国务院及其各部委提出质询等。就法律地位来说,全国人民代表大会的地位是至高无上的,它决定着我国社会发展的方向。宪法规定,中华人民共和国的一切权力属于人民,人民行使国家权力的机关是全国人民代表大会和地方各级人民代表大会。全国人民代表大会制定的法律与政策具有最高效力,行政、司法机关制定的法规、政策,一旦与全国人民代表大会制定的法律、政策相抵触,全国人民代表大会则有权对其纠正或将其撤销。从政治意义上来说,立法机关制定政策要接受执政党的领导。因此在一定意义上,立法机关的职能之一就是将执政党的意志转变为国家政策。由于全国人民代表大会的特殊地位,其所制定的政策具有很高的权威性。

2. 行政机关

行政机关是立法机构所确立的国家意志的执行者,是掌握国家行政权力、运用公共政策对国家公共事务进行管理的机构。行政机关及其官员是政策主体的一个重要组成部分。随着近些年行政权力不断扩张,以行政为中心的时代来临,行政机关在政策过程中的地位和作用显得更加突出了。

在西方国家,政府效能从根本上说取决于行政领导。在美国,总统拥有很大的权力,政策制定和政策执行的效率和效果往往取决于总统。在立法和政策领导方面,总统的权威很高,宪法将许多重大的决策权授予总统,特别是在国防和外交方面。由于决策权难以分散,总统拥有的合法的权力和行动自由比内政方面所拥有的权力和自由要大得多。行政机构在政策过程中的作用巨大,这不仅在于行政机构是政策执行的主导机构,而且在于它日益频繁地参与政策过程。行政部门自己可以制定某些法规或政策(尤其是行政法规),而且,有的国家机关制定的法律或政策必须靠行政机关来执行,它们完全有能力使得这些政策不起作用。在西方议会制国家,行政部门拥有更大的权力,它们是立法或政策建议的重要来源,而且会采取游说或施加压力的手段迫使立法机关采取它们的政策建议。

在诸如伊朗、泰国等一些发展中国家,行政部门在公共政策过程中所拥有的权力和影响,比发达国家的行政部门所拥有的权力和影响还要大。因为发展中国家的政治权力更加集中,大部分政策问题能够进入政府的议事日程,行政部门在绝大多数的公共政策过程中起着关键性作用。

在我国,以国务院为主体的政府部门是公共政策主体系统中的一个重要构成要素。宪法规定,中华人民共和国国务院,即中央人民政府,是最高国家权力机关的执行机关,是最高国家行政机关;地方各级人民政府是地方各级国家权力机关的执行机关。国务院享有行政立法权、提案权、监督权、人事权以及全国人民代表大会及其常务委员会所授予的其他方面的权力。国务院统一领导全国行政机关的工作,统一领导全国的内政、外交事务。县级以上的地方各级人民政府享有执行权、管理权、监督权和依照法律制定实施本级政府具体政策的权力以及中央政府给予地方的其他权限。政府机关不仅是政策执行的主要机构,而且它有权根据基本国策制定出具体的政策法规。由于政府部门是国家权力机关的执行机关,更多的是处理具体事务,所以,政府部门制定出的政策是党和国家权力机关政策的具体化。立法机关不可能面面俱到地制定具体的政策措施,政府部门制定的政策、规章构成了立法机关所制定的法律和政策的必要补充。

二维码 3-1
国务院出台措施
遏制部分城市房价
过快上涨

3. 执政党

现代国家几乎都实行政党制度。尽管由于社会制度的差异,各国政党的性质与执政方式不同,但在国家政策制定中都起着非常重要的作用。

在西方国家,大多实行两党制或多党制。各政党首先针对的是权力,而不是政策。也就是说,政党要想把自己的意志转变为国家或政府的公共政策,首先必须掌握权力,而这是靠选举来实现的。各政党通过几年一次的竞选,根据在议会中的席位数来确定各自在国家政治生活中的地位。拥有多数议席的政党自然会对公共政策的制定有较大发言权,甚至起支配作用。议席占少数的政党则居于从属地位,但它们在公共政策制定过程中的影响也是不容忽视的。政党制定政策的方式可以是直接的,即由执政党领导机关或领导成员直接制定有关政策;也可以是间接的,即在执政党的纲领原则指导下由国会或政府来制定有关政策。一般来说,执政党的政策变为国家和政府的政策,还要通过法定程序,经由议会或国会批准通过,由国家元首或政府首脑批准,方能正式生效。

我国实行的是中国共产党领导下的多党合作与政治协商制度。中国共产党是中国特色社会主义事业的领导核心,它在政策的制定、执行、评估和监控中起着主导作用。各民主党派积极参政、议政。作为执政党,中国共产党代表着广大人民群众的根本利益和普遍意志。尽管党和政府在公共政策过程中的指导思想是一致的,但是,它们的职能和起作用的方式是不同的。党在公共政策过程中的主要作用是实行政治领导和向国家机关尤其是政府部门推荐重要决策人员,提供重要的决策方案,并监督公共政策的执行。党对国家事务实行政治领导的主要方式是:使党的主张经法定的程序变成国家意志,通过党组织的活动和党员的模范带头作用,带动广大人民群众,实现党的路线、方针和政策。在制定政策的权限上,党中央主要负责制定国家的大政方针,以及在国家机关制定各项政策时做原则性指导;地

二维码 3-2
中国共产党领导的
多党合作与政治协商
制度有何优势?

方各级党委在党中央领导下,讨论并决定本地区的重大问题,因地制宜地制定实施地方性的各类方针、政策;基层党委在上级党委领导下,保证各项具体政策的实施。需要指出的是,无论哪级党的领导机关,在制定公共政策时都必须依照宪法和法律,并履行必要的法定程序,通过法定的程序把党的政策变为国家和政府的政策。

在实行中国共产党领导的多党合作制度中,各民主党派以参政党的身份参与公共政策过程,与西方国家的在野党根本不同。与这一政党制度相适应,我国实行政治协商制度,政协以及各民主党派不仅直接参与国家重大政策的讨论与决定,而且进行大量调查研究,提出政策建议,进行政策监督和评价,充分发挥参政议政的功能。因此,政协及各民主党派也构成我国政策主体不可或缺的部分,在我国公共政策制定和执行过程中发挥着非常重要的作用。

4. 司法机关

作为国家或政府组成部分的司法机关,也是政策主体的构成因素之一,在公共决策过程中占有一席之地。例如,在美国,法院能通过司法审查权和法令解释权对公共政策的性质和内容产生很大影响,还可以通过判例对经济政策和社会政策产生影响。法院不仅参与政策制定,而且在其中扮演重要角色,它不仅规定政府不能做什么,而且规定政府应该采取何种行动以符合宪法和法律的要求。在我国,司法机关也在政策过程中起到某些类似的功能,它是我国政策主体的一个有机组成部分,有权依法判断政府行为是否合乎法律。

(二) 非官方的政策主体

非官方的政策主体是指政治体制外的、不直接行使公共权力的政策过程的参与者,主要包括利益团体、公民、大众传媒及思想库等。

1. 利益集团

利益集团在西方国家又称压力集团、院外集团,它是基于某种共同价值、共同利益、共同态度或是某种职业和行业而形成的正式、非正式的社会群体性组织。利益集团的目的在于建立、维持、增进共同利益,以保障或增进成员的利益作为最高目标。

利益集团是非官方政策主体的最重要的构成要素之一,它在公共政策过程中起着重要作用。利益集团政治在西方国家非常盛行,公共政策实际上就是各个利益集团相互角逐的结果。利益集团的职责是履行利益聚合功能,以保障或增进其成员的利益。利益集团在其成员数量、成熟程度、合法化程度、组成方式等方面有很多的不同,不同的利益集团对公共政策的影响力是有区别的。每一个利益集团都形成特定的利益表达,向政府提出要求和愿望,希望政府的政策更多地考虑其利益。因此,公共政策在某种角度上可以看作利益集团之间互动、争斗和妥协的结果。

在西方,利益集团通过多种途径或方式影响公共政策过程。游说是一种很重要的方式。所谓游说就是代表利益集团的说客向立法者、政府官员进言,希望他们支持维护和实现有利于他们利益的政策。美国游说之风极盛,说客在美国早已成为一种收入颇丰的职业。宣传也是一种重要的活动方式。利益集团通过进行民意调查,制造舆论,或向政府提供有关信息来影响公共政策。此外,利益集团还通过捐款或抗议等方式来支持或反对某一政策以影响公共政策过程。

在我国,随着社会主义市场经济的发展和利益多元化格局的出现,各种利益集团也会不断形成和发展,成为重要的社会力量,并对公共政策产生日益重要的影响。党和国家制定和执行政策,实际上是对社会价值和资源(利益)的调整和重新分配,必然涉及各种团体的价值和利益,往往使原有的团体之间的利益平衡遭到破坏,从而直接引发它们之间的利益冲突。当某项政策对某团体有利,受益者会采取某种行动去维护对自己有利的政策,而对另一团体可能不利甚至有所损害时,受损者则会以某种方式去反对或改变对自己不利的政策。为了理顺各利益团体间的关系,制定政策的机关和决策者应运用政策来协调和解决这种冲突。政府通常会在不失原则的情况下,采取折中的解决办法,达成各团体大致都能接受的均衡政策。在特定情况下,也可能采取向受损者倾斜的政策,以求能在各利益团体之间达成平衡。任何一种政策,如果大多数团体能够接受,就表示达到了某种均衡状态,便可以有效地化解不同利益集团的冲突和问题,推动社会的发展和进步。

2. 公民

在现代社会中,公民是公共政策主体系统中的一个重要组成部分,也是一种最广泛的非官方政策主体。公民通过各种途径参与到国家的政治生活中去,影响或制约着公共政策的制定和执行。公民不仅是公共政策主体系统的构成要素,同时也是公共政策发生作用的对象即政策客体,因而,他们在公共政策过程中处于很重要的地位。

按照马克思的设想,未来社会是一个公民自治的社会。在现代国家,公民决定或影响公共政策的主要途径有:① 以国家主人或主权者的身份,对某些重大政策问题直接行使主权,如采取直接投票的方式对宪法修订、领导人的选举、基本国策或重要的地方性政策等行使选择权;② 用间接或代议的方式,选出自己的代表者,以代议制的形式制定或修改并执行公共政策;③ 使用请愿、示威游行、罢工、罢课等各种威胁性方式去反对某些政策,或反映社会问题,表达制定新政策的要求;④ 通过参加利益集团,借助团体的力量去影响政策,或通过制造舆论的方式影响政策;⑤ 对政府通过并实施的政策采取合作或不合作的态度,以此影响政策结果等。①

不同的政体,不同的国情,公民作用于公共政策过程也具有不同的方式。在西方代议民主制度下,尽管公民的政治参与及对公共政策的影响是有限的,但公民还是拥有比较大的自主权,至少他们获得了反映社会问题和决定重大事务的权利和机会,这对公共权力构成一种牵制,制约着政权机关的行为。

在当代中国,由于人口数量庞大,实行人民大众直接行使国家主权,直接管理国家事务,既不现实,也不可取。但必须清楚,实现真正的决策民主化,在政策的制定与实施过程中仍然需要有公众的参与。我国公众参与政策制定的方式通常是选派群体的代表参与到决策过程中来。随着社会的进一步发展,我国的社会自治组织和中介组织迅速产生和发展壮大起来,在反映公众的需求方面发挥着越来越重要的作用。这些组织正在某些公共领域中逐步地取代政府公共服务的功能,同时也扮演着公众利益表达者的角色。社会自治组织和中介组织最为明显的作用是担当政府政策和公众意志的双向"传递带",保证政策在经济和社会领域中得到认同和贯彻。

---

① 郑敬高.政策科学[M].济南:山东人民出版社,2005:88.

3. 大众传媒

大众传播媒介(简称"大众传媒")指在传播路线上用机器做居间以传达信息的报纸、书籍、杂志、电影、广播、电视、因特网等诸形式①，是现代社会最为普遍的信息传播载体。大众传媒对全世界的政治、经济、文化正产生着越来越大、越来越广泛的影响，以至于在西方有人将大众传媒称作与立法权、行政权、司法权并列的"第四种权力"。在我国，大众传媒虽然还没有西方国家大众传媒所拥有的权力，但在公共政策过程中的作用也正在与日俱增。

大众传媒对政策过程的影响，学术界大致持有三种观点：一是将大众传媒视为一面中立的镜子，其作用是及时地反映社会上所出现的公共问题；二是将大众传媒看作守门人，这种观点认为传媒不是机械地反映政策问题，而是对政策信息和政策问题经过层层加工和筛选，然后再提供给公众，这一系列信息加工过程，被称为"守门过程"；三是将大众传媒看作在建构现实，这种观点认为大众媒介具有塑造受众眼中认知图案的作用。受众所接收的信息以及信息中所体现出的问题含义及其轻重缓急的程度，事实上是通过大众传媒(守门人)的过滤、选择、加工而形成"二手资料"或"第二现实"。这种"第二现实"的形成，影响着受众对问题的内容及其性质的认知与态度，进而影响政策议程。第一种观点有明显的缺陷，大众传媒对公共政策过程的影响绝不仅限于此。第二种观点恰恰弥补了第一种观点的不足。第三种"建构现实"理论更是准确地揭示了大众传媒对公共政策过程所具有的重要影响。

在公共政策过程中，大众传媒主要发挥着以下四个方面的功能。① 提高政策问题的认知程度。任何一个国家或地区的社会问题，为什么能在社会上掀起轩然大波，迅速引起决策层的重视，而另一些问题却始终没有暴露出来，这在很大程度上取决于大众传媒所发挥的作用，大众传媒造成了人们对问题认知程度上的差别。② 扩大政策诉求群体。由于大众传媒具有信息传递的快捷性和广泛性，它能快速地把一些社会问题及对政策的期望在社会上传播，争取更多的人对公共政策的支持和理解。③ 形成强烈的政策舆论。大众媒介能够对整个政策制定过程进行持续、反复的报道，使政策制定具有"焦点效应"，由此形成舆论压力，促使政府决策系统接受来自公众的愿望和要求。④ 扩大公众参与。大众传媒作为一种连接公众与党政决策系统的桥梁，可以帮助很多无法直接与决策系统接触的公众来公开表达自己的政策利益诉求，使下情直接上达。虽然政府也设置了收集民意的种种渠道，但行政系统内部科层制传递渠道往往具有单向度传递特点，致使反映问题的信息在运动中受到层层剔除、削减而严重失真。大众传媒传递信息的直接性和迅速性恰好弥补了科层制的缺陷，有助于公众有效地参与到公共政策过程中来。

我国大众传媒尽管对公共政策过程有着重要的影响和作用，但作为政策主体的功能仍然还有较大的发展空间，应进一步完善功能、发挥作用。首先，要注意解决地方媒体种类单一、总体规模小、人员结构单一的状况。由于这些条件的限制，造成了对社会问题的反映局限于某一方面，有很多问题没有被揭示出来，因而很难对公共政策过程产生很大的作用。其次，我国现有的大众媒体受到种种条件的限制、影响不大的局面有待改善。由于媒体自身的种种原因，造成了一些新闻消息及政策评论的含金量较低，影响力也就受到相应的弱化。最后，我国地方的官方媒体由于牵涉到既有的政策、政府部门形象、个别团体

---

① 徐晨.公共政策[M].北京:对外经济贸易大学出版社,2008:51.

甚至个别人的利益等问题,事实的真相有时难以得到真实反映,因此降低了大众传媒在公共政策过程中的作用。

4. 思想库

"思想库"(Think Tank)、"脑库"(Brain Trust)是政策主体的一个重要组成部分,是现代国家决策链条中不可缺少的一环。可以毫不夸张地说,没有思想库卓有成效的研究,西方国家的政府就会在公共政策上束手无策。思想库成为现代公共决策的一个不可或缺的组成部分,思想库的成熟程度成为衡量一个国家公共决策水平高低的重要尺度。

思想库的功能主要有以下几点。

(1)提供政策建议,充当咨询参政机构。在公共政策制定过程中,思想库起着承上启下的作用,是联结权势集团和直接决策者的中介,起到使政治系统与社会广泛联结的作用。尽管在原则上那些处在最高层次上的人有权正式决策,但实际上往往只是批准专家提供的方案。许多思想库绝不是为研究而研究,他们有着明确目的:为政府和国会提供政策选择,力争尽快使研究成果变成政府行动。

(2)提供学术思想,充当认知机构。思想库的任务不仅在于提出具体的政策方案,而且在于发现和传播短期内不会成为政策的学术思想,在于坚定不移地追求长远的目标。它关心的不仅是国家、民族、人类的现在,而且着眼于未来,在于发掘促进社会发展的新思想,寻找促进社会发展的潮流,并使决策者逐渐接受这些思想,这是思想库真正的活力所在。

(3)提供政策结果信息,充当评估机构。思想库注重评估政府的各种政策和计划,在政治生活中,起着"社会医师"的作用。思想库通过对政策进行检查、评估和衡量,来评判政府政策的利弊得失,是否有效运转,是否符合政策制定规则,是否影响或改变了政治体系所面临的政策问题。不断地寻找和发现存在的问题,提出解决问题的方案,改进政策的实施战略和程序,强化政府施政能力,这正是思想库的活力所在,也是它生存下去和获得资助的必不可少的条件。

(4)向政府输送官员和专家,充当人才的交流、储备机构。思想库是知识界精英荟萃之地,由一流的专家学者组成。它的存在表现了现代社会的知识界利用智力资源干预和介入社会政治生活的倾向。不管华盛顿是民主党政府还是共和党政府,思想库对政府都很有影响力。不论谁当总统,他都必须聘请思想库这些"深思熟虑"的人来管理政府。据统计,美国政府中约有1/3以上的高级官员来自著名的思想库。[①]

(5)制造舆论、传播观点,充当宣传机构。美国公共政策学者叶海卡·德洛尔指出,公众作为影响政策制定与执行的重要因素参与了政策运行的全过程,并扮演了重要角色;公众对政策的反应与受教育程度、价值观念、公共政策知识有关,为了使政策收到预期效果,促进公众行为的良性转化,为克服逆境创造条件,对公众进行政策启蒙教育就成为一项基本工作。

三、中西方政策主体的差异

上述政策主体的地位及发挥的作用,因各国政治制度不同而具有差异性。在不同的制度安排下,官方和非官方的政策主体在结构、地位和作用等方面差异较大。

---

① 徐晨.公共政策[M].北京:对外经济贸易大学出版社,2008:55.

(一) 官方政策主体差异

1. 立法机关在政策过程中的地位和作用不同

我国立法机关的地位在法律上远高于西方国家立法机关。我国法律规定,全国人民代表大会及其常委会是最高国家权力机关。在实践中,人民代表大会的实际地位与法定地位存在一定的差距。在人民代表大会与执政党的关系上,各级人大及其委员会要自觉地接受同级党委的领导;在人大与政府的关系上,行政机关在政策制定中的作用往往大于同级人大及其常委会。① 在西方国家,随着公共事务的复杂化,议会的立法地位呈现出衰落和虚化的迹象。② 议会的运作受行政权力的影响越来越大③,但议会的地位高于政府和法院,这一事实迄今无人否认。现代立法机关普遍按职能设立若干专门委员会,负责审查相关领域的立法和决策议案。委员会在其分管的领域积累有专门知识,可以对政策制定和执行施加影响。④

2. 行政机关在政策制定中的影响力差异较大

在我国,行政机关在政策制定中具有较强的支配性。我国最高国家行政机关为国务院,也称中央人民政府,实行总理负责制,拥有广泛的政策制定权,统一领导地方各级国家行政机关的工作。国务院所设各部门也拥有政策制定权,可制定部门规章,下发决定、命令、意见、通知等,全国各地都要贯彻执行。而在西方分权制衡制度下,行政机关在政策过程中受立法机关、司法机关的制衡。议会有权否决政府提出的议案,甚至对内阁进行不信任投票。当议会通过对内阁的不信任案时,内阁必须集体辞职,或提请国家元首解散议会,重新进行议会选举。

3. 执政党的地位和作用显著不同

在中国,宪法规定中国共产党为执政党,党组织在各类官方主体中居于领导地位,涉及国家发展的基本路线、重大方针和各领域的重要决策,首先由中共中央做出决定,再由国家机关通过一定程序制定出法律法规,使党的政策变为国家政策。执政党还承担干部管理、思想引导的职能,影响或决定国家机关的重要人事任免,承担思想宣传和意识形态工作,维护公共部门的正面形象。在西方政治体制中,政党不是官方政策主体的法定组成部分,不能从公共财政中获得经费支持。西方政党的意义在于开展政治动员,网罗各方力量,拉拢选民,支持本党候选人参加竞选,赢得公共职位。

4. 司法体系的独立性不同

在中国,各级司法机关在党的领导下独立开展审判工作和法律监督工作。在议行合

---

① 蔡定剑.中国人民代表大会制度[M].4版.北京:法律出版社,2003:38.
② 曹沛霖.西方政治制度[M].北京:高等教育出版社,2000:278.
③ 在议会制体系下,行政系统由议会中占据多数席位的政党掌控,大多数立法议案由行政机关提出,并且多数会被立法机关采纳;只有在少数党执政的情况下,立法机构能够影响行政议案。在总统制政体中,立法机关拥有更大的自主性,不论执政党是否占据议会多数席位,总统想要通过行政议案都需要与立法机关"讨价还价"。实际上,执政党的议员还是更倾向于支持政府议案。如果执政党占据议会多数席位,少数党议员的作用就会明显降低。
④ 迈克尔·豪利特,M.拉米什.公共政策研究:政策循环与政策子系统[M].庞诗,等译.北京:生活·读书·新知三联书店,2006:96-97.

一制度下,司法机关由同级人大产生,对其负责并接受监督。在西方制度下,司法机关的运作实行司法独立原则,法院、法官根据法定程序,独立行使职权,不受其他任何权力机关的影响、干预。此外,西方国家的司法机关还拥有司法审查权,最高法院或宪法法院有权进行违宪审查,凡法律、法令的条文与宪法相抵触,可宣布其违宪而无效。在英美法系下,普通法院可通过司法程序来审查立法机关、行政机关的活动是否违宪、违法。

(二) 非官方政策主体差异

1. 利益集团的组织形式和作用方式不同

由于政治体制和国情的不同,我国利益集团与西方利益集团存在着相当程度上的不同。西方利益集团成立的时间长,数量和种类很多,在参与政府决策上已经比较成熟。西方利益集团作为公民结社权利的重要体现,基本上是不受政府主导的,自主性很强。在遇到与政府意见相左的情况下,西方利益集团通常更强调自身利益。而我国利益集团形成的时间比较短,种类和数量也比较少,且很多都是政府扶持的,对政府的依赖性也较强。因而我国的利益集团通常是在各级政府的指导下进行政治参与,利益集团对政策施加影响的方式和渠道绝大部分都是非强制性的,在追求"团体利益"的同时,大多能够兼顾社会的公共利益,当二者发生冲突的时候,会主动放弃团体的利益,这也是我国利益集团与西方利益集团的本质区别。

2. 公民参与政策过程的途径和形式不同

西方国家公民参与公共政策的方式多种多样:间接的方式有选举投票;直接的方式有参与社区组织,参加利益集团,出席听证会,参加公民顾问委员会及进行示威游行等。社会主义国家中国为广大人民群众提供了许多在本质上异于资本主义国家民主制度的参与渠道,如人民代表大会制度、民族区域自治制度、基层群众自治制度等,使广大人民群众能够有效地参与、影响公共政策,维护和增进自身合法利益和公共利益。

3. 大众传媒在政策过程中的影响力不同

大众传媒能及时反映社会所发生的公共问题,同时它传播的信息是对政策信息和政策问题进行选择、整理、淘汰、处理,经过层层加工和筛选后,再提供给公众的。它建构的"第二现实"影响受众对问题内容及其性质的认知和态度,进而影响着政策过程。在西方,大众传媒的影响力高于我国,在媒介制度上,不允许政府介入,强调媒介机构的独立性。我国的媒介制度的根本在于为人民发声,新闻媒体自觉接受党的领导和监督,是为了更好地为人民服务。

4. 思想库的政治立场和价值目标不同

西方的思想库大多标榜其在意识形态上具有独立性,但在实践上却往往秉持多元化的党派倾向和多元化的意识形态。例如:在美国,"传统基金会主要为共和党服务"①;在英国,政策研究中心与保守党关系密切,而公共政策研究所则与工党具有紧密的联系。中国的思想库在马克思主义的指导下,在中国共产党的领导下,为党和人民的事业服务,为

---

① 王晓民,蔡晨风.美国研究机构及其取得成功的原因[J].北京大学学报(哲学社会科学版),2001(1):87-95.

公共政策过程服务,为社会主义经济建设、政治建设、文化建设、社会建设、生态建设服务,构成了中国特色的决策咨询机构的崇高使命和价值目标。

第二节 政策客体

一、政策客体的概念与内涵

(一)政策客体的概念

1. 客体

在哲学上,客体是指进入主体实践活动领域并且和主体发生一定联系和相互作用的客观事物,是主体认识活动和实践活动所指向的对象。

2. 政策客体

政策客体指的是政策所发生作用的对象,包括政策所要处理的社会问题(事)和所要发生作用的社会成员(人)两个方面。政策最基本的特征就是充当人们处理社会问题、进行社会控制以及调整人们之间关系特别是利益关系的工具或手段。

(二)政策客体的内涵

1. 政策客体是公共政策系统的基本构成要素

人类的一切社会活动都具有三个最基本的特点,即目的性、依存性和知识性。公共政策活动作为一种具体的、特殊的、高级的人类社会活动,在这三个特点方面体现得更为鲜明,以至于形成了一个相对独立的专门系统。这个系统有着复杂的要素构成,包括政策主体、政策价值、政策目标、政策工具及政策客体等。其中,政策客体的界定是整个政策活动的立足点,政策客体行为及状态的预期改变是整个政策活动的出发点,而政策客体行为的现实改变及由此带来的社会状态的改变则是整个政策活动的落脚点。可见,政策客体之于整个政策系统及其运行过程有着非同寻常的意义。

2. 政策客体是政策功能发挥的对象和载体

公共政策作为公共领域中一种人为性、干预性、强制性的力量,在保证公共生活的正常有效运行方面发挥着不可替代的功能。在一定意义上,其功能发挥的过程就是主体作用于客体的过程,其功能发挥的结果(集中体现为政策绩效)也就是主体努力所带来的客体状态的改变。政策功能的有效发挥往往意味着作为作用对象的政策客体的状态得到改变,或者以政策客体为载体或媒介来实现整个社会某方面状态的改变,而且在很大程度上,政策功能发挥的结果最集中地体现为政策客体的改变及由此所带来的效果。因此,若要保证某项公共政策功能的充分实现,就必须在政策活动过程中给予政策客体以充分重视。

3. 政策客体是实现政策绩效的前提和基础

政策绩效是政策功能发挥后所取得进步的集中体现,对政策客体的准确识别与有效作用，既是实现政策绩效的前提和基础，又是科学评估政策绩效的依据和关键。政策客体与政策绩效之间具有明确的相关性，这种相关性将对政策绩效评估活动产生直接影响——与政策功能相似，政策绩效也集中体现为政策客体状态的改变以及由此引发的社会状态的改变。鉴于此，在政策绩效评估活动中，若要保证评估的客观性、全面性、科学性、有效性，前提、依据和关键就在于正确看待政策客体。

二、政策客体的基本内容

(一) 社会问题(事)

从"事"的角度看，公共政策所要处理的是社会问题、公共问题、政策问题。严格来说，这三个概念是有区别的。社会问题是外延最广的概念，社会问题的一部分涉及社会上相当数量的人或对社会影响较大，那么，这部分问题就是公共问题。政府所面临的公共问题很多，只有少数能被政府摆上议事日程并加以处理，这些被处理的问题就是政策问题。

1. 社会问题的概念

什么是社会问题？社会问题就是要达到的状态与观察到的状态之间的距离。从唯物辩证法的观点看，社会问题也就是各种各样需要解决的社会矛盾。政策问题可以定义为某种条件或环境，这种条件和环境引起社会上某一部分人的需要或不满足，并为此寻求援助或补偿。社会上存在着各种各样的问题，只有那些促使政策主体去行动的问题才是政策问题。也就是说，如果问题没有得到表达，就不可能构成政策问题。

由此可见，社会问题以及政策问题不仅仅是一种客观的存在状况，而且也是人们主观构造的产物。它是被人们感知、觉察到的状况，是由价值、规范和利益冲突引起的，需要加以解决的状况。因此，一种社会状况构成社会问题或政策问题与否，以及问题的严重性程度如何，是与人的主观判断密切相关的。

2. 社会问题的类型

社会问题数量庞大、种类繁多，而且各种问题相互交织在一起。根据受问题影响的人数多少及其相互关系，可以将问题分为分配性的、调节性的和再分配性的三种。有的学者把社会问题或政策问题划分为实质性的和程序性的两种：实质性问题涉及人类活动所产生的实际后果(如言论自由、环境污染等)；程序性问题则与政府如何组织和如何采取行动有关。还有一种划分方法是将社会问题按问题的起因划分为内政问题和外交问题。

可以从通俗的角度来划分社会政策问题，即按社会生活领域的不同，将政策问题分为政治、经济、社会(狭义)和文化等领域的问题。显然，社会问题或政策问题的划分与政策的分类是一致的，用于处理特定领域问题的措施或办法就构成该领域的政策，如用来处理政治、经济、社会和文化领域问题的措施或办法就分别是政治政策、经济政策、社会政策和文化政策。

(二) 目标群体(人)

从"人"的角度看，政策所发生作用的对象是社会成员，这些受规范制约的社会成员称为目标团体。政策有大有小,它们发生作用的范围不同,因而所要影响或调节、控制的社会成员及其行为的范围也不同。

1. 目标群体的概念

所谓目标群体,就是公共政策直接作用与影响的公众群体或那些受公共政策规范、激励、管制、调节和制约的社会成员。人们在社会生产和生活中所处的地位不同,社会分工不同,必然会产生各种不同性质、不同层次的利益和需求。这些利益和需求相互影响、碰撞、摩擦,从而产生了各种现实的矛盾。这些矛盾可能发生在个人与个人之间、个人与群体之间、群体与群体之间,甚至政府与群体之间。公共政策所要调整和规范的对象就是这些具有不同性质和层次的利益和需求的社会成员间的关系。

2. 目标群体的类型

(1) 以目标群体的数量和区域范围为标准,分为全体社会成员、区域社会成员和特殊社会群体。

(2) 以公共政策对目标群体的利益影响为标准,分为受益群体和受损群体。

(3) 以对政策内容的态度为标准,分为顺应型客体、抵触型客体和观望型客体。

(4) 以目标群体的组织与稳定程度为标准,分为统计型客体、临时型客体和利益集团型客体。

三、政策客体的层级递进

(一) 政策问题是公共政策的首要作用对象

公共政策作为对公共生活进行外在干预的一种力量,针对的就是"流于自然状态"的公共生活所产生的混乱失序、生产失效、公平失范、发展失衡等问题;公共政策作为政府为各类社会主体提供的行为规范,针对的就是"处于自由状态"的社会成员的行为失范问题,包括个体行为的失范和个体理性导致集体不理性的情形;公共政策作为公共治理的行动方案,针对的就是"生于自发状态"的种种社会公共问题。如果不采取"经专门设计的方案"(projected program),这些已发生的问题很难自然消解。可见,无论从何种角度来看,政策问题均是公共政策活动的首要对象——这里的"首要",既指时序上的"首先",又指分量上的"重要"。

(二) 目标群体是公共政策的直接作用对象

政策目标群体(policy target group)即公共政策发挥其预期功能的靶向人群,是受特定公共政策影响的特定群体。尽管公共政策的目标多种多样,内容五花八门,规模有大有小,但它总是表现为对一部分人的利益进行分配或调节,对一部分人的行为进行规范或指导,目标群体就是这些受到政策影响和制约的社会成员。① 社会的本质是人与人关系的总和,而公共政策作为现代社会的有机组成部分,更作为社会有序健康运行的保障力量,本身所反映的就是某种社会关系。它运用自身强制力所要干预的,就是特定人群的行为

---

① 贺小慧.公共政策有效执行的目标群体研究[J].山西农业大学学报(社会科学版),2007(4):401-403,406.

以及不同群体之间的关系,其功能得以发挥的途径或手段,就是借助国家强制力为特定群体设定行为规范或提供行动指南。因此,政策目标群体是公共政策的直接对象,没有明确的目标群体的政策,实质意义及作用效果将十分有限。

(三) 利益关系是公共政策的本质性作用对象

利益关系是不同社会主体之间因利益分立但又相关而产生的特定状态的社会关系,政策利益关系即因公共政策而建构或影响的社会利益关系。利益是支配社会运行的基础性、关键性逻辑,而公共政策是在追求有效增进与公平分配社会利益的过程中所制定的行为准则,与社会层面的利益分配存在着显著关联。伊斯顿关于公共政策本质的"社会价值分配说"集中体现了政策活动与利益分配之间的关系。他提出,公共政策的本质和功能在于政府对全部社会价值做出的权威性分配,其中的"社会价值"包括财富、权力、知识、声望等一切能够满足人们需要进而具备价值的东西。① 他所说的价值,当与活动主体相联系时便是利益,而当公共政策向社会成员分配价值时,就是在确立某种利益关系(格局);当调整公共政策以改变向社会成员分配价值的规则时,就是在调整某种利益关系(格局)。因此,政策利益关系是公共政策本质性作用对象。

(四) 社会发展状况是公共政策的终极作用对象

社会发展状况即社会整体在其各个层面上的进步程度及水平,或说是社会问题得以解决的程度和社会需求得以满足的程度。历史和实践表明,社会发展无论是在宏观层面的方向和模式上、中观层面的领域和区域上,还是在微观层面的各项具体活动上,总会面临无穷无尽的问题。也正因如此,旨在克服社会发展阻力并实现社会发展目标的公共管理活动应运而生。公共政策作为公共管理最重要的手段,它的终极意义就在于通过对社会发展状况的有效干预,实现社会发展的目标:总政策引领社会发展方向和模式,基本政策主导社会发展的某个领域,具体政策规制社会发展的特定方面。因此,如果忽视了社会发展作为政策客体的地位,就会导致整个公共政策活动的"迷茫"甚至"偏航"。

第三节 政策环境

一、政策环境的概念与特点

(一) 政策环境的概念

1. 环境

环境是指某事物发生、存在所处的生态条件或某行动所处的背景。事物和环境之间既相互分离又彼此渗透。从系统论的角度看,一切事物都处于一个更大的系统之中,是这个更大的系统的子系统,而这个更大的系统则构成了该子系统的生态环境。

---

① David Easton. The Political System[M]. New York: Knopf, 1953:125-141.

2. 政策环境

所谓政策环境,是指影响公共政策产生、存在和发展的一切因素的总和。从系统论的角度看,凡是对公共政策产生作用和影响的因素皆可归为公共政策环境因素。

在现实社会中,无论是一项具体的公共政策,还是由许多公共政策组成的公共政策集合体,都离不开一定的环境。任何公共政策都是在一定的环境下形成、运行的。就任意一项具体的公共政策而言,它有主体、客体、目标、手段、资源等内在结构要素。这些要素通过公共政策组织、公共政策活动有机结合起来,形成一种公共政策的内部生态环境。相对于这种内部生态环境,处在公共政策要素之外,构成公共政策形成和运行条件的,则是公共政策的外部生态环境。

政策行动的要求产生于政策环境,并从政策环境传到政策系统。与此同时,政策环境还制约着政策主体的行动。一般来说,政策环境包括地理因素、人口因素、政治文化、社会结构和经济体制等。所谓的政策环境,就是指影响公共政策产生、存在和发展的一切外部因素的总和。从系统论的角度看,凡是影响公共政策存在、发展及其变化的外部因素皆构成政策环境,包括自然环境和社会环境两大部分。自然环境主要指一个国家的地理位置、面积大小、气候条件、山川河流、矿藏资源等,它对一国的内外公共政策具有影响和制约作用。社会环境主要包括政治体制、经济社会状况、文化特征、科技和教育的发展水平、法律体系、人口的多寡、国防等。相比较于自然环境,社会环境对政策环境起着更直接、更重要的影响和制约作用,甚至起到决定的作用。

(二) 政策环境的特点

1. 复杂性和类属性的统一

政策环境具有难以分辨的复杂性和多样性。其复杂性和多样性表现在:从范围上看,既有国际的因素,也有国内的因素,二者常常相互影响,既有全局的因素,也有局部的因素,二者经常变换位置;从内容上看,政策环境有政治的、经济的、文化的、社会的、心理的等因素,且每一类又可以分成更细微的因素,如制度的、结构的、过程的等;从形式上看,有些政策环境因素是显露的,有的则是潜在的,有物质层面的因素,也有精神、观念层面的因素;从时间上看,有些因素是长时间起作用的,有的则是短时间内发生作用的;从影响力上看,有些因素影响力较强,有的则较弱。多种因素的综合,使得政策环境具有相当大的复杂性,公共政策的制定需要考量的因素也变得多元化,并由于环境的变动不居而使公共政策摇摆不定,缺乏长效性和延续性。

当然,构成政策环境的因素虽然复杂多样,但并不是杂乱无章的。根据不同的标准,可以把政策环境划分为各种不同的类型。如客观的自然环境,似乎与人无关,但只要同政策主体的活动相联系,就会成为政策的环境因素。同样,政治的、经济的、文化的环境因素,则完全是通过人类自身的活动创造出来的。人们以特定的活动创造或确认了环境因素,因此,政策环境因素是可以分类的,一定类别的环境因素总是与一定领域的、特定内容的政策联系在一起。所以,人们在制定和实施具体政策时,不是将所有的环境因素不加区别地予以考虑,而是有选择地辨认和评估相对应的环境因素。比如:人们在制定和实施政治政策时,首先要考虑的是社会政治法治环境;在制定和执行经济政策时,首先要考虑经济环境;在制定教育、科技等政策时,要考察社会的文化心理环境,这样才能使公共政策顺利解决公共问题。

2. 特殊性和普遍性的统一

政策环境的特殊性主要是指,政策环境对于具体的公共政策来说是各不相同的。一项公共政策是否有效,能否促进政策环境的优化和改善,关键是看该公共政策是否适应其所处的特殊的政策环境。同一项公共政策,在一国可能是有效的,而在另一国则可能是无效的,甚至是起阻碍作用的。所以在制定公共政策之前,首先要考虑的就是政策环境的特殊性因素,考虑公共政策是否适合于当前的政策环境。政策主体只有以科学的态度、求实的精神,认识和把握经济、政治、文化、历史、自然、社会等环境因素的特点,结合特定时期的社会性质、主要矛盾,分析客观环境的各种特殊性,才能制定出符合实际的公共政策。

政策环境又具有普遍性,这种普遍性是指任何国家都会面对一些一致或相类似的政策环境问题。比如,任何一个国家影响公共政策的环境因素一般都包括自然、人文、社会、政治、经济、文化等基本要素,而且它们影响政策的方式也有类似性,并且都处在变化、发展的过程中,变化的规律也可以按照类似的研究路径去探寻。

3. 稳定性和变动性的统一

公共政策的环境因素在特定的时间和地域范围内都具有一定的稳定性。倘若没有这种稳定性,人们就无法去把握和分析它,更不可能以这些因素为基础去制定公共政策,解决相关社会问题。政策环境的稳定性首先通过其自然地理环境的固定性体现出来,另外也通过政治、经济、文化的结构,以及制度的稳定性体现出来。比如一个国家的政治、法律结构与制度具有一定的稳定性,一个国家的社会文化结构与内容,通常以风俗、传统的方式表现出来,这些也都具有稳定性。事实上,政策环境因素的相对稳定性是人们制定和实施公共政策的基本前提。

但是,作为公共政策限制条件和资源条件的外在环境,在总体稳定的同时,也处在不断的变化发展中,因此表现出变动性。这种变动性主要由两方面原因引起。一方面是环境因素自身的矛盾运动。比如,一国的政治环境,无论是政治结构、政治体制,还是人们的政治心理,都处在不断的变化发展之中。至于经济、文化因素,无论是在社会平稳发展时期,还是社会急剧转型时期,都会发生一定的变化。另一方面的原因是政策系统与政策环境的相互作用。政策系统不仅仅是政策环境的产物,而且,政策系统一旦形成和实施,就会反过来对产生和制约它的政策环境发生反作用,从而引起政策环境的变异。政策环境的变动性要求政策行为主体应审时度势,找出影响政策环境变动的原因,把握变动趋势,因时因地制定、实施和评估公共政策。只有这样,公共政策方案才会具有可行性,在执行过程中才能达到预定的效果。

4. 连锁性和定向性的统一

政策环境与公共政策之间不是单一的、简单的作用与反作用的循环过程,即表现为某一特定的公共政策和其周围有限的政策环境之间的关系,而是表现为政策环境的连锁反应和交叉反应。所谓政策环境的连锁反应是指政策环境和公共政策之间一环扣一环的相互关联。当政策环境因素C作用于公共政策A后,政策环境因素C与公共政策A又成为新的政策环境因素,再作用于公共政策B,政策环境因素C、公共政策A、公共政策B又构成新的政策环境因素作用于公共政策 D，如此不断发展下去，从而形成政策环境因素与公共政策之间相互作用的因果链条。而所谓环境的交叉反应是指多个政策环境因素和多个公共政策之间的相互影响。比如说，当政策环境 C 作用于公共政策 A、公共政策 B、公共政策 C，公共政策 A、公共政策 B、公共政策 C 分别以对方为自己的政策环境因素，发生相互作用，这种作用所产生的状态同原来的环境因素 C，还交叉对公共政策 D 发生作用。① 政策环境作用的这种交叉性，使环境因素影响的方向性变得难以捉摸。这就要求政策主体在制定、实施某项具体公共政策时，必须考虑其他公共政策的影响。

政策环境因素和公共政策间的连锁反应，虽然具有传导性，但作用的力度是不一样的。在连锁作用因果链条的开始环节上，特定的政策环境因素对某一具体公共政策的作用力度显然是最强的，越是往后，这一政策环境因素作用对其他公共政策的作用力度就逐渐减弱。这就使得公共政策作用的方向具有定向性的特点。社会政治法治环境因素和政治、法治政策固然会对经济政策、文教政策产生一定的作用，但它的主要作用还是指向政治政策和法律的。同样，经济资源环境会对社会中的多种政策发生影响，但它最主要的作用还是面向经济政策的。可以说，政策系统和政策环境是一个有机整体，影响某一公共政策的诸多因素中，各因素的影响力度并不相同，从而有主次之分。

5. 常规性和突发性的统一

公共政策的环境因素由于上述的稳定性而表现出一定的确定性。这种确定性表明，一定时期社会的政治、经济和文化环境的发展变化趋势是政策主体在事先就能够知道或预测的，这是政策规划中人们能够利用事前掌握的信息进行方案预期效果分析的依据。因此，大多数政策环境因素的发生、发展、变化都遵循着一定的规律。

但是，也有相当多的政策环境因素的出现及其发展变化是突发性的，往往出乎政策主体的预料。这些突发性的政策环境因素主要有以下几种：一是特大自然灾害，虽然人们对自然的变化已有多种方法进行预测，但仍然无法做到事先完全准确了解和预防特大自然灾害；二是国际范围的危机，人类现有的国际关系的知识还不足以准确预测和防范特大国际事件；三是综合性危机，人们虽然能够对显露出来的个别的政策环境因素的发展趋势有所认识，但对潜在的矛盾与综合性危机则缺乏预测和预防能力。这些突发性因素往往会打乱公共政策的既定安排，造成严重后果，给人们的应对造成很大的困难。

综上所述，政策环境是一个包罗万象、复杂庞大、拥有多个层面和多种价值观的体系，它与公共政策进行资源和信息的交换，深刻地影响着公共政策的全过程。这个体系无时无刻不在发生变化，公共政策在政策环境的变化中不断面临压力、获取动力，通过解决政策环境以及环境内部的各种矛盾来改善政策环境，从而推动社会的进步和发展。

■ 二、政策环境的主要构成

公共政策的一般环境主要包括自然环境、经济环境、政治环境、文化环境和国际环境五种。

---

① 刘圣中.公共政策学[M].武汉:武汉大学出版社,2008:81-82.

(一) 自然环境

自然环境是指一个国家所处的地理位置和自然状况,它包括地形、地貌、气候、自然资源、土壤、水系、矿藏及人种构成等方面。自然环境对人的语言、社会习俗、人的性格等方面有很大的影响,是一个国家生存与发展的物质基础,也是国家经济建设的立足点和出发点,构成政策系统最稳定的政策环境。

公共政策与自然环境有着密切的联系,许多学者早已注意到了这一现象。法国历史学家布罗代尔将地理因素看成是影响一个国家历史进程的"长变量"。自然资源状况通常会直接或间接成为公共政策分析者、决策者的考量因素,例如鼓励经济发展、促进消费等政策必须考虑自然环境的承载力。自然资源的分布情况也会对一个国家的经济发展产生很大的影响,也制约着公共政策的作用。例如:澳大利亚拥有辽阔的草原,政府就把畜牧业的发展作为首要任务;加拿大森林资源丰富,木材的采伐和加工就占有突出地位;地处沙漠的阿拉伯、科威特等国家有丰富的石油资源,石油的开采和炼制成为国民经济的主要支柱。自然环境状况还影响着一个国家政治制度的内容与形式。可以想见,在传统的山高林密的高原地形国家实行政治上的直接民主,其难度就比平原地区困难。

总之,自然环境对公共政策有重要影响。自然环境不仅为社会发展提供了各种可能性,同时也为政策的制定和执行提供了可能。当然,自然环境对于公共政策虽然具有很大的影响力,其影响力也是长期的,但是过分夸大自然环境对政策系统的制约作用而忽视政策系统自身的能动作用,则会导致机械唯物主义的"地理环境决定论"。自然环境对于公共政策的制定具有重要影响,但不是决定性影响,也不是不可以改变的。

(二) 经济环境

经济环境是影响公共政策的各种经济因素的统称。经济环境是影响公共政策的最基本因素,主要指一个国家的经济实力、经济体制和经济利益等。经济实力是一个国家或地区的公共政策制定和实施的基本物质条件,是制定和实施公共政策的基本环境。经济体制是公共政策形成的经济组织环境,它由经济制度决定并反映其要求,包括生产关系采取的具体形式以及经济管理制度和方法、组织形式等。计划经济国家需要用行政手段来组织经济活动,而市场经济国家不直接干预经济生活。经济利益是人们对于经济生活和经济条件的需求。一般而言,政治和经济相联结。只要经济迅速或稳定增长,能提供充足的新资源来满足社会的需求,政策的一些潜在的紧张和张力就能够化解。如果经济衰退,则政策制定和政治的一个主要资源(即可供分配的利益)就会减少。政策博弈变成了一种零和甚至负增长的博弈,影响便十分复杂。

经济环境对公共政策的制定具有决定性的影响。无论什么性质的国家和地区,政府的决策体制、目标、职能、行为等都会受到经济环境的制约。

首先,经济环境是制定、实施公共政策的基本出发点。社会经济条件如何,处于何种发展阶段,综合实力如何,这些问题都是一国或地区政府的公共决策必须首先考虑的,正确的政策必须符合社会经济发展的实际。公共政策的制定与实施涉及资源的配置问题,任何一国或地区的政府都只能对社会资源的存量加以合理配置,而不可能进行超量配置。同时,公共政策对资源的配置又必须在既定的经济制度和体制框架内进行,离开了一定的经济结构、制度和体制去制定和实施某种经济政策,必然会引起经济制度、体制的动荡。因此,资源的分配与既定的存量及既存的经济制度和体制乃是公共政策过程的基础。

其次,经济环境、经济实力是公共政策制定和实施的基本物质条件。"公共政策的制定、执行、评估、监控等活动都需要消耗一定的人力、物力、财力、信息、权威等资源。这构成了政策系统的运行成本。没有一定的资源投入,就不可能出现有所作为的、产出良好的政策效果。而政策主体系统提取的实际资源不可能是无限的,总要受到经济规模总量、经济实力的限制。"[1]政策过程作为上层建筑领域的政治活动,不仅有其经济的根本动因,而且这一过程本身也必须与国家经济整体发展相一致。所以,国家的经济实力是政策制定和实施的基本物质条件,它影响着国家的基本政策倾向和实施效率。政策制定必须基于经济实力允许的范围内,并由此决定政策的可行性和有效性。

最后,经济环境会影响公共政策的目标和方向。在社会生活各个领域里,人们之间的交往所发生的各种关系中,经济利益是最为基本的关系。由于人们在社会生产生活中,对生产资料占有的差异,所处的经济地位,以及职业、身份、收入、居住区域的不同,首先表现为对经济生活和各种经济条件需求的不同,由此直接决定了人们在社会经济中经济利益的不同及矛盾的发生,进而引发人们在政治、思想、文化生活中利益需求的差别和对立。于是,植根于社会经济关系中的或受其制约的诸多矛盾的存在与解决,便成为大量经济社会政策的启动之源。所以,社会特定经济状况以及它的分配与矛盾关系的调节,是一定历史时期政策体系的目标和大量经济社会政策得以确立的主要依据。

(三) 政治环境

政治环境是指对公共政策有重要影响的各种政治要素的总和,主要包括政治制度、政治体制、政治关系等。我们可以从政治与法律两方面来理解公共政策中的政治环境。政治方面包括一般政治气氛和政治倾向、政治权力的集中程度、分权和国民参政的程度、政治性组织的普遍程度和职能倾向等。法律方面包括宪法的功能及地位、法律制度的性质及其有效性、国家权力的格局及其法治程度、法的制定和法治精神等。按照古德诺的政治与行政二分法,政治是统治阶级意志的体现,行政是统治阶级意志的执行。因此,政治环境是公共政策最直接的影响因素。从某种程度上说,公共政策过程本质上是一种政治过程。公共政策运行的体制、原则、程序都直接取决于政治法律制度。

一般而言,政治环境对公共政策过程的影响有以下几个方面。[2]

(1)政治制度和政治体制影响政策系统的性质。一个国家的政治生活最根本的方面是不同阶级、政党、利益集团与国家公共权力的关系。政策系统是由一系列阶级、政党、利益集团和其他组织共同运作的复杂体系。当公共权力掌握在代表社会绝大多数人利益的阶级、政党手中时,公共政策主要维护的就是社会绝大多数人的利益。反之它就会维护少数人的利益。因此,政治制度和政治体制决定了政策系统中各种政策主体处于何种地位,

---

[1] 宁骚.公共政策学[M].北京:高等教育出版社,2003:243.
[2] 刘圣中.公共政策学[M].武汉:武汉大学出版社,2008:87-88.

以及各政策主体之间的相对关系,体现了国家政治生活的基本框架和公共权力的分配及行使原则。

(2)政治环境影响政策的民主化和合法化程度。民主是由一定阶级或社会集团的成员按照法定的程序和少数服从多数的原则集体掌握国家政权,实行依法治理的制度。它通过领导职务的选举制、任期制、分权制、监督制等实现权力制约和对国家的领导。政治生活的核心问题是政治制度的民主化。只有实现了政治制度的民主化,公众才能够自由全面地参与政治生活,公共政策才能成为协调不同群体利益的有效手段。一项好的公共政策首先必须是合法的,只有在民主的制度中,公共政策才会实现从内容到形式的真正的合法化。

(3)政治体制和制度影响公共政策。政治体制是以政治权力运作为核心的政治设置的总和。公共政策总是在一定的体制或制度下制定和实施的。公共政策过程的状况如何,在很大程度上受制于现实体制。因为,公共政策的制定涉及各个部门、各个层次,它们之间横亘着一条条组织界线,各自所要解决的问题以及关心的利益不同,使得公共政策制定过程成为一个复杂的利益、权力的博弈。要想改变公共政策的制定过程,就要改变公共政策制定系统内部的机构设置。同时,作为决策者,必须考虑到公共政策的执行及其所要达到的预期目标,这也就必须考虑到各执行机关与决策机关的关系及它们的管理权限、部门利益等,即体制制约着公共政策的选择,体制上容纳的可能性决定了公共政策选择的结果。

总之,政治环境与公共政策相互影响,任何政策都是在一定的政治制度所提供的总体框架内运行的。不同的政治权力结构导致公共政策的方式和路径不同,甚至在相同的政治制度下,不同政策系统的政策产出也各不相同。这说明政治制度框架中的关键性要素是公共权力的配置。处于政府网络中的不同类型、不同层次的政府结构是公共政策制定和实施的组织依托和体制框架,规定了公共政策的主体范围,对公共决策的科学化产生了重要影响。

(四) 文化环境

公共政策的文化环境是指制定与实施具体政策时面临的总的文化状况,它是一国或一个地区教育、科技、道德等的总和,主要包括人口素质与人力资源状况、科学普及程度、文化设施、文化团体、社会道德风尚、精神风貌等。文化环境决定公共政策运行的智力条件。教育、科技、文化发达的社会,能在公共政策运行的各环节配备较高素质的人员,提供现代化的科技手段,准备周全的资讯条件。文化环境还影响到公共政策的运行。社会风气良好,制定政策的人有正义感,执行政策的人有责任感,政策目标群体成员有较高的素质,政策执行起来就较为顺畅。

在公共政策的制定和实施过程中,政治文化具有非同一般的意义。美国学者阿尔蒙德认为,政治文化是一个民族在特定时期流行的政治态度、政治信仰和政治情感,是社会遗传下来的政治传统和行为特征的总和,包括公众对政治过程所持的态度、信念和价值观,以及由这些观点所产生的行为和制度。政治文化通过社会化过程代代相传,是影响公共政策的一个重要环境因素。在不同的政治文化背景下,政策系统表现出不同的特征。政治文化主要包括政治心理、政治意识、政治价值、政治道德等。政治心理是对政治的感性认识,是低层次的政治文化,包括政治认知、政治情感、政治动机和政治态度等。政策主体在制定、执行、评价和调整政策的过程中,以政治心理为基本的精神支柱。政治意识是政治主体对政治生活理性认识阶段的意识过程,属于中层次的政治文化,包括政治观念、政治思想和政治理论。政治意识具有指导性、相对独立性和准权力性的特点。政治价值指政治主体在实践活动中形成的,能够满足自身政治需求并对政治对象具有评价功能的精神范畴,属于高层次的政治文化,是政治主体的观念自觉,衔接主观世界和客观世界,对公共政策有指导作用。不同的价值取向会形成不同的价值支配:持民主价值观的人会制定民主的公共政策;持专制价值观的人会制定专制的公共政策。政治道德也称政治人格,是反映和调整人们现实政治生活中各种政治利益关系的意识形态,属于高层次的政治文化。在现实中,政治道德和政治价值互为前提,互相补充,共同启动政策的指令系统和政策运行的能量库。

政治文化对公共政策的影响巨大。在公共政策的制定、执行和评估等环节中,都可以感受到政治文化的影响力。在政策制定阶段,政治文化是政策制定的重要指导原则,也是政策信息的重要来源与组成部分,还是决定公共政策内容取舍的重要依据。在政策评估阶段,政治文化是政策评估所依据的重要标准,也是影响公共政策评价的基本因素。公共政策制定主体是否能够公正客观地评价公共政策,一方面取决于其认识和评价公共政策的能力,另一方面也取决于他们的政治文化素养。而公共政策的执行者和作用对象是比制定主体更重要的评估者,他们在对公共政策过程的亲身体验中,以及在该政策运用的效果、效益、效应等重要尺度的考量中,往往可以对公共政策做出比较正确的评估。

■(五)国际环境

当代世界的全球化、市场化和信息化的趋势对一国或地区的公共政策产生了极为深刻的影响。世界经济一体化及区域化,使得各国或地区在制定经济社会政策时,时时刻刻都必须考虑世界经济局势的发展变化。国际组织的规章、决议及国际协定也对各国的政策制定具有明显的制约甚至决定作用。例如:加入世界贸易组织必须遵守其"透明条款";申请世界银行和国际货币基金组织的援助必须符合其"申报规定";请求国际原子能机构给予技术指导必须受其"检查"的约束。这就使相关国家或地区的经济政策甚至经济体制受到制约或影响。国际组织还直接或间接地参与一国或地区的公共政策的制定与执行。另外,跨国公司对各国的政策尤其是经济政策的制定和执行的影响也日益增强,它们甚至可以左右一些国家的经济命运。

二维码 3-3
跨国公司如何影响公共政策?

总之,在当代,国际环境成为各国公共决策的一个重要变数,若离开国际环境,制定和执行无视国际经济、政治、科技文化的发展趋势的公共政策,要取得预期结果是不可想象的。

■ 第四节 政策系统内部关系

政策系统是由政策主体、客体及其与环境之间的相互作用所构成的系统,政策主体、政策客体、政策环境三者之间存在着密切的相互依赖和相互作用的关系。

■ 一、政策主体与政策客体的关系

当某一政策系统建立起来时,政策主体和政策客体就成为该系统的两个相互依存、不可分离的组成部分。政策主体与政策客体相互依存,每一方的存在都以另一方的存在为

前提。政策客体的种类、性质、内容、规模不同,政策主体也就各有所异。同时,政策主体与客体之间是相互影响、相互作用的。政策客体不仅影响着政策主体的性质和规模,也制约着它的结构、功能和活动方式。但是,政策主体在政策客体面前不是消极、被动、无所作为的,而是积极、主动的,在整个政策过程中起主导作用。它们之间的这种相互影响和相互作用的关系在社会治理中是非常明显的。这意味着,任何政策目标的实现,都取决于政策主体与政策客体之间的协调。

二、政策主体与政策环境的关系

政策主体首先要实事求是地认识政策环境、把握政策环境,了解它的各种优势和弊端,并据此预测某项公共政策实施的可行性和政策运行过程中可能遇到的各种问题。政策主体在认识和把握政策环境的情况下,应当尊重和适应政策环境的实际状况。如我国建立健全社会主义市场经济体制有关政策的制定,就必须从我国的国情出发,并符合当代国际的发展潮流,其中尤为重要的是了解我国目前的经济状况、管理体制和政治文化等诸方面因素的优势和劣势,使得这些公共政策能相互配套、相互协调地运行,从而保证我国经济社会的良性运行和快速发展。

三、政策客体与政策环境的关系

政策客体与政策环境二者是高度融合在一起并相互转化的。政策客体受到来自政策主体及其制定的政策作用后,显现出一定的政策效果。这些政策效果即政策的预期目标,有些是有形的,有些是无形的,它们往往构成了政策环境的一部分,重新回到政策系统中,并对政策系统的运行过程产生影响。如国家的货币政策,假设国家的经济运行中出现了投资过热的情况,投资规模超过了一定的限度,中央银行就会采取高利率的货币政策,迫使投资减少,有效地控制投资规模,这种货币政策的效果就会成为其他经济政策制定和运行过程中的环境因素。另外,政策环境也会在一定条件下成为政策客体。如管理体制是政策环境,当政府针对管理体制中的弊端采取一系列的改革政策时,管理体制就成为政策客体。由此可见,政策客体与政策环境在一定条件下是能够相互转化的。

本章小结

政策系统由政策主体、政策客体、政策环境等要素构成。政策主体分为官方的政策主体和非官方的政策主体。在不同的制度安排下,中西方政策主体的地位及作用差异较大。政策客体主要包括政策所要处理的社会问题(事)和所要发生作用的社会成员(人)两个方面。政策问题是公共政策的首要作用对象,目标群体是公共政策的直接作用对象,利益关系是公共政策的本质性作用对象,社会发展状况是公共政策的终极作用对象。政策环境是指影响公共政策产生、存在和发展的一切因素的总和。政策环境主要包括自然环境、经济环境、政治环境、文化环境和国际环境。从系统论的角度看,政策主体、政策客体、政策环境三者之间存在着密切的相互依赖和相互作用的关系。

本章重要概念

政策系统(policy system)　　政策主体(policy subject)
政策客体(policy object)　　政策环境(policy environment)

本章思考题

1. 简述政策系统的构成要素。
2. 阐述政策主体的分类。
3. 试论中西方国家政策主体的差异性。
4. 简述政策客体的基本内容。
5. 简述政策客体的层级递进。
6. 简述政策环境的概念及特点。
7. 简述公共政策的一般环境。
8. 简述政策主体、政策客体、政策环境三者的关系。

本章推荐阅读书目

1. 迈克尔·豪利特,M.拉米什.公共政策研究:政策循环与政策子系统[M].庞诗,等译.北京:生活·读书·新知三联书店,2006.
2. 陈振民.公共政策分析导论[M].北京:中国人民大学出版社,2015.
3. 杨宏山.公共政策学[M].北京:中国人民大学出版社,2020.
4. 曹沛霖.西方政治制度[M].北京:高等教育出版社,2000.
5. 蔡定剑.中国人民代表大会制度[M].4版.北京:法律出版社,2003.
6. 宁骚.公共政策学[M].北京:高等教育出版社,2003.

二维码 3-4
本章重要概念及思考题答案

第四章 公共政策议程

——本章导言——

本章对公共政策议程的内涵进行了深入辨析,包括公共政策议程的概念、类型及基本功能等方面。同时对公共政策议程的触发和构建进行了探讨,阐述了公共政策议程触发的时机、动力、主体以及构建的策略、逻辑过程、模式和影响因素等问题。最后对公共政策议程中不可缺少的部分——政策合法化问题进行了解读。

第一节 公共政策议程的内涵

公共政策议程是问题界定和政策制定之间的联系纽带,只有将公共政策问题提上公共政策议程,才能通过政策制定和执行等一系列程序使诸多公共问题得以处理和解决。

一、公共政策议程的概念

(一) 公共政策议程的概念与内涵

国内外学者对公共政策议程有着不同的阐释。美国学者安德森认为:"在人们向政府提出的成千上万个要求中,只有其中的一小部分得到了公共决策者的密切关注。那些被决策者选中或决策者感到必须对之采取行动的要求构成了政策日程。"在此基础上,科布和爱尔德将政策议程界定为:"那些被决策者选中或决策者感到必须对之采取行动的要求构成了政策议程。"我国学者张金马认为:"所谓政策议程就是将政策问题纳入政治或政策机构的行动计划的过程,它提供了一条政策问题进入政策过程的渠道和一些需要给予考虑的事项。"我国学者张国庆的理解是:"政策议程是指将政策问题提上公共部门的议事日程,公共部门正式决定进行讨论和研究,并准备如何制定有效政策加以解决的过程。"[①]

根据以上国内外学者的观点,本书认为,公共政策议程通常指公共政策制定者对公共政策问题表现出密切关注并认为其必须予以解决,且将其纳入商讨、规划、研究的议事程序中,以决定政府是否需要对其采取行动、何时采取行动、采取什么行动的政策过程。在这一过程中,价值判断标准、政策目标、政策方式、政策界限等是需要讨论的重点问题。

---

① 陶学荣.公共政策学[M].大连:东北财经大学出版社,2006:140-141.

(二) 公共政策议程的本质

公共政策议程本质上是社会各阶层、各利益团体和民众反映和表达自己的愿望和要求,促使公共政策制定者制定满足他们自身利益的政策过程,也是政府综合各阶层利益,借助公共政策回应政策客体需求的过程。从本质上说,公共政策议程体现在以下三个方面:第一,政策议程设置的主体为决策机关;第二,政策议程是政府或其他行政议程主体选中或感觉必须采取行动的问题,但仅仅是列入政府或其他主体讨论的问题清单,并未决定一定去做;第三,政策议程是一个筛选问题的过程,能够进入政策议程的问题可能是由新的事件或情势所导致的,也可能是由过去经常处理的业务问题所激发的,但始终只占一小部分。

(三) 公共政策问题的界定

公共政策问题客观存在于社会环境中,所谓公共政策问题的界定,就是依靠相关政策分析手段和技术将问题从情境中概括出来。公共政策问题的界定是政策制定过程中的第一要义。如果一开始没有正确构建公共政策问题,随后用以寻求问题正确解决方法的公共政策议程则无从谈起。

盖依·彼得斯认为,可以从问题的五个方面特征来界定问题是否有机会进入政策议程中。第一,问题的波及范围和程度决定其在议程中的位置:一方面,影响越大的问题,越有可能被提上政策议程;另一方面,受影响的人或受潜在影响的人越多,问题被提上政策议程的可能性就越大。第二,问题与已有政策的相似性。一个新问题看上去越像一个旧问题,解决方法只与现存政策稍有不同,而不用推倒重来,它被接受的可能性就会大大提高,也越有可能被提上政策议程。第三,问题与其他领域问题的关联度。任何一个公共政策问题都不是孤立的,而是整个公共政策问题体系的一个组成部分,会与其他领域的公共政策问题有不同程度的关联性。一个问题与其他领域的公共政策问题的联系越密切,被提上政策议程的可能性就越大。第五,问题的解决方案具有技术可得性。除非在技术上可行,否则问题一般不会被提上政策议程。也就是说,一个问题只有在解决该问题的政策方案已经设计好或已经确认的情况下,才被接受进入政策议程。

二、公共政策议程的类型

(一) 系统议程与政府议程

罗格·科布和查尔斯·埃尔德根据问题的阶段和主体将公共政策议程分为系统议程与政府议程。系统议程和政府议程各有不同的参与者、性质和任务。

1. 系统议程

系统议程(system agenda)又称为公众议程(public agenda),是指某个公共问题已经引起了社会公众和组织的普遍关注,社会公众和组织对该公共问题展开了广泛的讨论,要求政府有关部门采取措施加以解决的过程。系统议程本质上属于讨论议程,讨论的问题概括而抽象,表现为众说纷纭的情形。一个公共问题要进入系统议程,需要具备以下三个条件:一是该公共问题必须在社会上广泛流行并受到广泛注意,或者至少为公众所感知;二是大多数人都认为有采取行动的必要;三是公众普遍认为这个问题是某个政府职能部门权限范围内的事务,而且应当给予适当的关注。

2. 政府议程

政府议程(governmental agenda)又称正式议程(formal agenda),是指某些公共问题已经引起政府的关注,政府有关部门感觉到要对其采取行动,将其列入政府工作程序,并进行讨论、分析和界定的过程。政府议程的本质是行动议程,所依照的程序相对正式和固定,所采用的方法比较严谨和科学,所分析的内容也相对具体和集中。由于政府所面临的公共问题往往既有旧的或常规的政策问题,又有新出现的政策问题,因此政府议程的项目可以区分为旧项目和新项目两种类型。旧项目是指那些以某种常规形式出现在政策议程上的事项。新项目则是指政府要讨论和处理的那些以前没有出现过的新问题或新事项。考虑到旧项目的重要性以及政府对旧项目的熟悉程度,与新项目相比,旧项目往往能从决策者那里获取处理的优先权。但随着时间的推移,新项目也会逐渐变成旧项目,进而逐步得到政府的解决。

3. 两种政策议程的区别和联系

系统议程和政府议程作为政策议程的两种不同类型,分别从不同角度反映了政策问题从提出到讨论、认定的现实过程,两者之间既有本质区别,又有联系。从参与主体看,系统议程的参与主体主要是社会公众和社会组织,即非公共权力部门;而政府议程的参与主体则是以政府为主的公共权力部门。从讨论内容看,系统议程主要是对一些比较抽象的或不太明确的政策问题进行讨论,问题的概念和范围都很模糊;而政府议程是对政策问题进行界定或陈述的阶段,所讨论的政策问题比较明确和具体。从议程功能看,系统议程仅仅是发现问题,社会公众和组织可以从各个角度对政策问题进行讨论和分析,充分发表自己的见解,然而讨论的目的主要是引起政府有关部门的注意,充分发挥其外部影响作用,而不是提出具体的解决方法;但在政府议程中,政府决策者和政策分析人员将采用各种方法具体分析和认定政策问题,并提出解决问题的具体方案。

虽然系统议程和政府议程存在较大差别,但它们之间仍然具有一定的联系。一般情况下,一个政策问题的提出需要先进入系统议程,然后再进入政府议程。在这个过程中,系统议程虽然不能认定和解决政策问题,但所进行的讨论会对政府议程产生影响;而政府议程讨论的问题,如果政府觉得不够成熟或仍有疑问,可以将政策问题交给系统议程进行讨论后再交还政府议程(见图4-1)。也就是说,政策问题的最终认定往往是系统议程和政府议程共同讨论和分析的结果。

(二) 实质性议程与象征性议程

拉里·格斯顿根据问题本身的重要程度将公共政策议程分为实质性议程与象征性议程两种类型。

1. 实质性议程

实质性议程(substantive agenda)涉及的是与国家、社会和公民密切相关的重要议题,需要决策者给出具体可行的解决方案。在实质性议程中,有些议题非常重要且具有分

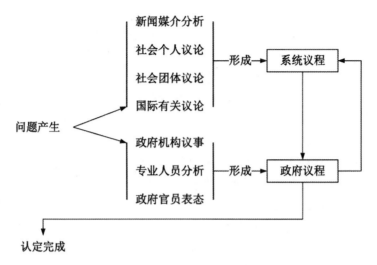

图 4-1 问题认定中的政策议程

裂性,以至于通常引起公众和公共政策制定者之间的严重争议,甚至引发一定的社会冲突。实质性议程的特征包括:一是大量公共资源的分配必须是利害攸关的;二是迟迟未解决的议题会引发普通公民和政府决策者的高度重视和激烈争论;三是议题必须包含重大变化的可能性。实质性议程讨论的往往是对公众和组织的利益或生存具有实际影响的问题,例如资源分配、环境污染、突发性事件等。由于实质性议程的范围很广且与人们的利益或生存息息相关,因此它迫切要求政策制定者对这些政策问题进行具体分析和界定,并提出具体解决的方案。

2. 象征性议程

象征性议程(symbolic agenda)是指具有符号意义或抽象意义的政策议程,多涉及观念导向、公共伦理、价值体系,特点是对公众利益不会产生实质影响,一般不要求短期内形成具体的实质性的解决方案。与实质性议程相对,象征性议程注重的是价值而不是资源,它牵动的是社会共同体的共同意识。然而,虽然象征性议程涉及公共伦理和公共价值等领域,能够引起政府的广泛关注,但并不会对人们的利益或生存产生实际的影响,因而象征性议程只是简单地对这些政策问题进行讨论,号召人们改变某些观念或行为,而一般不会立即提出实质性的解决方案。

(三) 公开的议程与隐蔽的议程

1. **公开的议程**

公开的议程是指那些进入公众视野、在社会层面受到广泛讨论,或者在政府层面受到应有关注的社会问题。比如之前提到的系统议程与政府议程,以及实质性议程与象征性议程,实际上就是谈论的公开议程。

2. **隐蔽的议程**

隐蔽的议程与公开的议程相反,是指那些虽然存在但未能进入政府视线的社会问题。

如果一个问题公众很少注意到,或者由弱势群体所主张,而恰巧又落在所有政府单位管辖范围之外,则很可能不会被公开讨论,因此成为一个隐蔽的议程。

三、公共政策议程的基本功能

(一) 综合功能

社会上的每一个人都是独立的个体,也会相互组成不同的利益集团,这些不同的个体及不同的利益集团之间的利益要求各不相同,因此,总会发生这样或那样的利益冲突。利益综合就是把个人或利益集团之间那些分散的、零碎的利益要求进行概括和归纳,使之成为整体的、全面的利益要求,并与社会主导性群体的利益紧密相连,以便通过制定、实施公共政策予以满足。很显然,公共政策问题提出的过程就是利益表达和利益综合的过程,而公共政策议程的实质正是社会公众反映和表达自己的愿望与要求,促使决策者制定政策予以满足的过程,也是决策者综合与平衡不同阶层和集团的利益,并通过政策制定予以确认的过程。

(二) 过滤功能

在现实中,作为政策主体的政府由于资源和能力的限度,不可能对社会公众提出的所有问题都做出及时回应,因此,需要构建一整套的制度对复杂化和多样化的利益诉求进行过滤和筛选,以便提高政府回应的效率。从公共政策的视角来看,公共政策议程在一定程度上起到了"过滤器"的作用,一方面为政策制定者和多元化的利益主体提供了对话机会,确保公共权威机构能够及时对重要社会问题进行回应,并及时输出政策产品。另一方面,也为决策者过滤和筛选各种利益诉求创造条件,防止因社会需求的过量和无序而导致政治系统运行紊乱。

(三) 引导功能

引导功能指公共政策通过公共政策议程强调其所具有的特定的强制性规范,具有对社会公众的行为和社会发展的引导作用。公共政策问题是尚未被实现的社会价值或需求,这些价值和需求需要通过公共活动来加以实现,而公共政策议程恰恰就是公共活动的起点。一方面,公共政策议程决定了一个社会问题被关注的程度和被提上讨论日程的概率,以及在未来的政策过程中能走多远。另一方面,公共政策议程对于发挥公共政策引导社会发展和公众行动的功能起到十分重要的作用。与传统公共政策的形成不同,随着社会治理过程开放程度的提高,公共政策议程为多种利益主体提供了可以发言的平台,提高了社会公众的参与能力,对于整个社会生活的引导功能也越发明显。

(四) 优化功能

从问题确认、政策形成,再到政策执行、评估以及政策终结的整个政策过程,就是政策主体与政策客体两股力量交融和互动的过程。因此,从公共政策形成的一般逻辑来看,要想实现理想化的政策运行过程,就应当从公共政策议程的初始阶段就进行优化。公共政策议程的优化功能不仅体现在程序和技术的可操作性上,同时也可以为社会公众表达自己的意愿和诉求提供良好的制度平台,充分发挥公众参与的实际价值,改善公共政策品质,降低隐性成本,进而从整体上推进公共政策的民主化进程。

(五) 象征功能

象征功能是指公共政策议程所代表的符号意义,不在于公共政策议程的实际作用,也不产生实质性后果,仅在于影响公众的看法、观念和思想意识,主要发挥公共政策议程的象征性作用。已有的理论研究和实践经验告诉我们,在现实的政治过程中充斥着大量形式性和象征性的内容。同样的,进入公共政策议程中的问题清单也并非都具有实质内容。也就是说,在政策过程中,除了存在大量体现政府治理职能、以解决现实问题为目的而进行的公共政策议程之外,同时也存在影响人们在未来的政治实践活动中的价值偏好及行为选择但却不指向解决某一特定问题,仅仅具有象征性意义的公共政策议程。

四、公共政策议程的主要理论

(一) 阶段发展理论

公共政策议程的阶段发展理论是由罗格·科布和查尔斯·埃尔德首先提出并予以论证的。他们认为,公共政策议程的创建过程至少应包括系统议程和政府议程两个发展阶段。在科布和埃尔德看来,系统议程实际上是一种讨论性的议程,在开放的体制环境中一般是公共政策议程创建的初始阶段。政府议程是议程创建的第二个发展阶段,与系统议程主要处于讨论阶段不同,政府议程是政府部门按特定程序行动的过程,政府的制度性因素在其中有着十分重要的影响。

其实,科布和埃尔德提出这两个公共政策议程阶段的另一个意义在于为公共政策议程创建过程做一个描述。他们认为公共问题首先要进入一般性的系统议程,经过新闻媒体的放大与社会公众、利益集团的预测性发动之后再进入机构议程,经过政治家、行政官僚及其智囊人物体察、认定和推动,进而导出政策议程,引发公共政策的产生。所以,在正常情况下,一个公共政策议程的提出过程是某一社会问题进入系统议程,然后进入政府议程,最后形成政策议程。因此,系统议程是政府议程的前提和基础,政府议程是系统议程的升华,两者相辅相成,缺一不可。

(二) 议程设置理论

议程设置理论是 20 世纪 70 年代在美国风行的一种有关大众传播效果的理论。该理论最早可以追溯到 1972 年,由美国传播学家马克斯韦尔·麦库姆斯和唐纳德·肖首先提出。他们在《舆论季刊》上发表了一篇题为《大众传播的议程设置功能》的论文,标志着议程设置理论的诞生。议程设置理论认为传播媒介有助于赋予各种议题不同程度"重要性"的方式,影响着公众关注的热点和价值观念。也就是说,大众传播虽然不能决定人们对某一事件或意见的具体看法,但可以通过提供信息和设定相关议题的方式来有效地左右人们关注哪些事实以及人们谈论的先后顺序。

二维码 4-1
一分钟了解
议程设置理论

议程设置理论是传播学经典学派的重要理论成果之一,实质是媒体议程影响公众议程进而影响公共政策议程的一系列发展过程。议程设置的功能包括以下三个方面:第一,媒体议程阶段必须确定媒体中被关注的问题的重要性;第二,媒体议程造成的对公众观念的影响,或者在媒体与公众的关系上产生的影响,形成了公众议程;第三,公众议程对政府行为和政策制定产生的影响,或公众与政府的关系上产生的影响,形成了政策议程。该理论的提出具有重要的理论和实践意义。它从考察大众传播对人们的环境认知作用入手,重新揭示了大众传媒议程设置的有力影响,为有关公共政策议程问题的研究提供了重要的参考。

(三) 多源流理论

在公共政策议程的研究中,最具影响力的要数金登的多源流理论。金登认为,议程的设立和备选方案的产生由三个相互独立的活动流组成,即问题源流、政策源流和政治源流。三者按照各自的机制运行,当三大源流耦合时,就能开启"政策之窗",从而使一些问题得以进入公共政策议程。[1]

问题源流由需要政府采取行动并努力加以解决的公共问题组成。为什么政策制定者对一些问题给予关注,却对其他问题视而不见呢?这主要取决于官员了解实际情况的方法,更重要的是取决于这些实际情况是怎样被定义为问题的。政策源流是政策建议产生、讨论、重新设计及受到重视的过程。该过程通常是在一个由某一特定政策领域的专业人员组成的政策共同体中产生的。政治源流与问题源流、政策源流不同,它具有自身的特性,流动规则也是相对独特的,主要由国民情绪、立法或立法上的换届、压力集团争夺行动等要素组成。

在一个关键的时间节点上,当上述三大源流汇合在一起时,问题就会进入政策议程,这样的时间点被称为"政策之窗"。有时"政策之窗"的开放时间是可以预测的,而有时"政策之窗"会因不可预测的政治或社会事件打开。当"政策之窗"被打开时,那些愿意投入时间、精力、信誉、金钱以在可以预见的未来获得物质的、有意追寻重大回报的人,必须迅速抓住机会开始行动,否则就会失去机会,而只能等待下一次机会的来临。

(四) 触发机制理论

特定的社会问题要想进入公共政策议程就必须有问题察觉机制,但是在现实生活中,经常出现一个问题存在已久但却一直未被人们重视,或者虽然被人们察觉却没有引起广大群众和政策制定者的注意,从而不能进入公共政策议程的现象。此时,如果有与该问题相关的重要事件发生,就能促使问题显性化,有利于问题更快进入公共政策议程中。美国著名政策学家安德森把这种问题察觉机制形象地称作政策问题的"扳机触发器",并将其分为内在触发器和外在触发器两种。其中,内在触发器主要包括自然灾害、经济灾难、技术突破、生态变迁和社会变迁等。而外在触发器主要包括战争行动、地区与国际冲突、经济对抗和新式武器与力量失衡等。

拉里·格斯顿认为触发机制是压力的催化剂,它与公共政策议程紧密相连,而压力又

---

[1] 约翰·W.金登.议程、备选方案与公共政策[M].丁煌,方兴,译.北京:中国人民大学出版社,2004:209-218.

反过来引导人们提出新的公共政策或改变现有的公共政策。作为触发机制中的触发事件需要具备以下几个条件：第一，已经达到危机程度，而且不容忽视；第二，具备独特性；第三，具有情感因素或者已经引起了媒体的关注；第四，具备广泛的影响；第五，对社会的权力和合法性的质疑。也就是说，一个问题越是能从范围、强度和触发时间上体现出其重要性和紧迫性，该问题就越有可能得到政策制定者的重视和回应。

第二节 公共政策议程的触发

一、公共政策议程触发的时机

结合公共政策过程的实际情况，下列因素对政策问题进入公共政策议程的时机具有重要的影响和作用。

（一）大众媒体的强烈反应

大众媒体具有信息量大、涉及面广、影响力强和传播迅速等特点，被称为"第四种力量"。在现代社会中，报纸、电视、广播已经相当普及，再加上电脑和网络的普及，公众和决策者很容易从大众媒体中知晓发生的公共问题。一旦大众媒体对社会中爆发的矛盾、冲突和问题进行大规模、持续性的报道，就会形成强大的舆论压力，进而促使公共政策议程的建立。例如，贫困地区儿童失学的问题，通过新闻媒介的披露，引起了强烈的社会反响和政府的高度重视，从而促进了"希望工程"的出台和实施。

二维码 4-2
议程设置：大众传播的重要社会功能和效果之一

（二）政策问题的日益凸显

由于不同组织和个人在社会中的利益诉求和价值取向的差异，因此对于公共政策的要求也并不相同。当某种政策问题刚刚发生，社会状况和秩序刚刚出现变化时，一些信息灵通或对政策问题较为敏感的公众就会立即产生强烈的政策诉求，但这并没有引起另外一部分公众的关注。随着政策问题的日益凸显，社会状态与秩序发生了更大的改变，影响了更多公众的切身利益，这时候多数公众对政策问题会逐步达成共识，由此触发了公共政策议程。

（三）利益群体的广泛诉求

任何利益群体都有自己的利益诉求，并使之保持在较平衡的状态。政策问题与特定公众的利益息息相关，当社会状况和秩序发生改变，即出现政策问题时，原来的利益结构就会发生变化，进而失去平衡。在政策问题刚刚形成时，这种利益结构的变动不大，可能只是损害少数公众的利益。但当政策问题进一步恶化，利益受损的群体就会利用各种合法的方式向政府提出改变社会状况和秩序的呼吁、申诉和请求。

(四)专家学者的现实判断

大众媒体、利益群体对政策问题的强烈反应,固然可以触发政策问题进入公共政策议程,但带有被动的性质。要使社会正常发展,必须依靠人们对社会发展中可能发生的政策问题进行主动的、超前性的研究,赶在问题爆发之前加以积极引导。在科研机构、高等院校中工作的专家学者凭借自己的专业优势和技术特长,既能及时捕捉到社会运行中的现实问题,又能科学地预见到社会发展中的潜在问题,并能够凭借自己的特殊地位和重要影响,进行问题分析和政策发动,从而为社会问题进入公共政策议程创造条件。

(五)危机事件的突然发生

某种危机事件的突然发生会加快触发公共政策议程,如煤矿事故、自然灾害等。尽管社会上有大量的问题已被人们觉察,并引起了广泛关注与议论,但由于发生频率、覆盖面积、资源储备等因素,政府一般不会立刻采取行动。但当突发事件发生时,会使与事件相关的问题进一步凸显,促使这一问题被迅速提上公共政策议程。

二、公共政策议程触发的动力机制

触发机制作为公共政策的潜在先导,产生于内部(国内)和外部(国外)两种不同的环境,因此可以分为内在触发机制和外在触发机制两种类型。

(一)内在触发机制

1. 自然灾害

自然灾害的发生不受个人或政府从事活动的影响。虽然在自然界里不存在政治,但自然事件及其结果却可以极大地影响政治,如政治价值观的改变、政治活动优先顺序的改变等。一般来说,自然灾害难以在现代社会起到触发机制的作用,环境的一般性破坏太多不需要政府做出公共政策方面的迅速反应。许多自然灾害发生的频率很高,但就其影响范围和持续时间而言,都不足以构成公共政策议程。但是,较为严重的自然灾害还是会导致政府迅速采取应急政策,帮助灾民摆脱困境。

2. 经济灾难

经济事件并非只会对经济领域构成影响,它同样会给社会生活和政治生活带来影响。如果一个国家经济持续下行,一家银行倒闭,会直接或间接地诱发另几家银行也关门,从而导致投资者的恐慌,挤兑成风,造成银行倒闭的连锁反应。这样经济的萧条就触发了政策变革的社会要求,迫使政府及时出台救市政策。

3. 技术突破

技术创新为社会带来了源源不断的发展动力,它可以实实在在地改变人们的日常生活和社会关系。如:汽车的发明及其批量的生产带来能源的巨大需求,引起公路的大规模建设,也造成环境污染和交通事故等问题;电脑的激增和互联网技术的出现,开创了历史的新纪元,不仅改变了普通人的生活方式,而且改变了政府的治理方式。

4. 生态变迁

人类生存中最为必要的一些资源，大多是不可再生性的资源，这类资源仅以一定数量存在。生态的改变并不完全由生态自身的推动力所引发，其中涉及许多人为因素的影响。生态问题一旦形成就可能产生公众过去从未考虑过的政策问题，造成公众极大的震惊，导致公众迅速反应，如水污染、臭氧层的破坏、酸雨的影响、沙尘暴现象等。

5. 社会变迁

随着社会中大多数人对社会价值、行为规范、政治理念和政府责任等方面态度的转变，社会的方方面面都会随之产生很大的变化。

（二）外在触发机制

1. 战争行动

受到他国的武力侵犯是公共政策议程外在触发机制最为典型的例子。即使本国并没有直接卷入冲突，也会受到间接的影响，可能会成为与冲突有关的活动参与者。如乌克兰危机造成的战争后果就是如此。

2. 地区与国际冲突

除了战争行动这种国家间的大规模冲突之外，在全世界多个地方都有小规模冲突出现，这类冲突同样会对公共政策议程的触发产生重要的影响。

3. 经济对抗

各国间在经济领域存在博弈是一个不争的事实。当一个国家以损害他国的方式制定公共政策时，就不可避免地会引发经济对抗，从而引发经济报复行动，导致双边关系的恶化。如中美经济摩擦，美国全面制衡中国，自身也必然遭受巨大的经济损失。

4. 新式武器与力量失衡

许多国家已经掌握了生产大规模杀伤性武器的方法，新式武器的出现，不仅对国家间的关系具有显著影响，而且也会对整个国际政治体系带来冲击。

三、公共政策议程触发的主体

（一）政治领袖

政治领袖在政治生活和政治进程中担任主要角色，是决定公共政策议程的一个重要因素。"无论是出于政治优先权的考虑，还是因为对公众利益的关切，或者两者兼而有之，政治领导人可能会密切关注某些特定的问题，将它们告之于公众，并提出解决这些问题的方案。"[1]需要注意的是，政治领袖对社会问题的关注和认定往往受多种个人因素的制约，在构建公共政策问题、建立公共政策议程的过程中，这些个人因素往往会与公共问题交织在一起，并以国家和公众的名义体现出来。

---

[1] 詹姆斯·E.安德森.公共决策[M].唐亮,译.北京：华夏出版社,1990:72.

(二) 政治组织

政治组织是公共政策议程形成的基本条件。政策问题能够影响国家发展和社会全局,关系到每个人的切身利益,因而其形成往往是一个复杂的过程。在这种情况下,单靠个人的力量很难实现,必须借助一定的组织形式将公共问题进行呈现,争取政府和全社会的共同关注,增加被列入公共政策议程的概率。在我国,这些政治组织主要包括政府、政党、工会、妇联和共青团等。

(三) 利益集团

利益集团是基于某种共同价值、共同利益、共同态度、共同事业等形成的正式或非正式的社会组织。在政治生活中,利益集团会为了实现自己的目的和主张,采用多种手段影响决策过程。各利益集团在问题构建和政策制定过程中发挥着重要作用,它们基于自身利益,或单独或联合起来向政府提出要求,并通过游说、宣传、助选、抗议和施加压力等手段,迫使政府将它们主张的问题列入公共政策议程,以最大限度地维护本团体成员的利益。

(四) 行政人员

行政机关的工作人员在执行政策以及处理公务的过程中,因其接触范围较广,掌握信息较多,对群众在生产和生活中遇到的实际问题也就比较了解。他们常常能在无意中发现与原有政策相关的新问题,从而将之列入公共政策议程。

(五) 社会公众

从某种意义上讲,很多具有公共性质的问题都是由私人问题引发的。公众在生产和日常生活中,对于某些影响或损害自身权益的问题感到不满,一般会通过各种渠道向政府反映,以求得到解决。在某些情况下,如果问题得不到解决,群众还会采取一些威胁性的、激进的方式,如游行、示威、抗议、罢工等,向政府施加压力,迫使政府采取行动来解决问题。

四、公共政策议程与突发事件

(一) 突发事件触发公共政策议程的现实意义

第一,突发事件的发生有助于把一些长期被搁置或忽视的社会问题迅速提上政府的公共政策议程。突发事件时有爆发,这些偶然发生的突发事件虽然给社会发展带来一定的负面影响,却也能引发社会公众的强烈关注和政策诉求,人们能够就某些政策问题迅速达成共识,从而把一些长期被搁置或忽视的社会问题迅速提上政府的公共政策议程。

第二,突发事件触发公共政策议程有助于政府应急管理能力的提升。大多数的突发事件往往是政府以往从来没有遇到过的新情况,没有现成的经验可以借鉴,是对政府应急管理能力的极大挑战。突发事件触发公共政策议程有助于政府对应对突发事件中带有规律性的做法进行总结、概括和提炼,把非常态事件中隐形的常态因素显性化,形成有约束力的制度性条文,提高政府应急管理的能力。

第三,突发事件触发公共政策议程设置有助于社会的和谐稳定。近几年,随着我国进入改革开放和发展的关键时期,各地突发事件的规模、频率、影响程度有所升级和扩大。在这种情势下,一些长期被搁置或忽视的社会问题引发了政府的关注,有效防止事态进一步扩大,从而减轻了公众的紧张与焦虑,有助于社会的和谐稳定。

(二) 突发事件触发公共政策议程的现实困境

突发事件或意外事件对于公共政策议程而言可以作为一种重要的触发机制。突发事件具有时间和空间上的紧张性,在突发事件的影响下,人们会将社会上与之相关的事件都同这一事件联系起来,使政策问题迅速引起公众广泛而深切的关注,从而迫使政府做出反应,并加速某些政策问题进入公共政策议程。但并非所有的触发机制都能导致公共政策议程的设置,触发机制要真正有效地发挥作用,还取决于三个相互作用的因素——范围、强度和时机。因此,突发事件作为触发机制存在有限性,并非所有的突发事件都会顺利进入公共政策的议程。

第三节 公共政策议程的建构

一、公共政策议程建构的策略

政府在大量的社会问题中进行选择,并将选中的问题提上议事日程。能够引起政府注意,并让政府试图去解决的策略主要有以下四种。

(一) 政府主动介入,非政府主体有限介入

政府作为公共权力的主要载体和公共管理的核心主体,比其他社会组织有更多的机会了解社会各方面的动态,更有可能从社会的整体利益方面去推动社会矛盾的解决。与之相比,社会团体或个人的介入能力十分有限,甚至可以说很微弱。基于现实情况,政府主动发现并解决问题有以下四种情况:一是对于全局性问题,政府会从更高的层次上关心并加以解决,部分社会团体或个人等非政府主体则更多关心的是眼前利益与局部利益;二是对于弱势群体,政府会主动进行关心,政府的政策制定者可能会主动发现问题,也有可能基于一些偶然的机会主动关心相关问题;三是对于在各种利益冲突中有重要影响的那一类人,为了防止他们歪曲事实,或是蓄意制造混乱,政府需要主动干预,保护冲突中的受害者;四是出于保护自身利益的需要,政府需要主动发现问题。

(二) 非政府主体主动介入,政府有限介入

不少团体会从各自的利益出发,力图谋求在社会中获得所期望的平衡位置。当平衡被打破,或者利益受到了威胁,就会产生被剥离感,从而千方百计地要求政府采取行动来保护其利益。政府在强大压力的作用下,会采取行动解决影响较大的公共问题。

对于社会团体或个人认为很重要的社会问题,政府进行有限介入的原因大致可以分为四个方面:一是政府基本上不知道这些问题的存在,尽管现代政府承担的职能在不断膨

胀,政府管辖的范围在扩大,政府也力图通过各种现代科学技术手段及时获取社会的各种信息,但毕竟这一努力的结果是十分有限的;二是政府知道问题的存在,但没有权力去处理,现代政府都是有限政府,不是具有处理一切问题的权力的万能政府,特别是对一级地方政府来说,因上下、左右各种关系的制约,更难以及时处理被认为应该解决的问题;三是政府知道问题的存在,也有权力去处理,但无能力处理,政府的一切介入行为都需要消耗资源,而要彻底解决这些问题,消耗的公共资源就会更多;四是政府知道问题的存在,也有权力与能力处理,但政府处理问题有轻重缓急的安排,没办法马上将其列入政府的议事日程上。

(三)政府与非政府主体均主动介入

在大多数情况下,社会问题转变为公共政策问题是政府与非政府主体共同作用的结果。双方均主动介入的情况大致可以分为以下两种:一是政府希望解决的问题与公众要求解决的问题完全一致或基本一致,这时能相当迅速地进行公共政策问题的构建并使其顺利地列入议程;二是政府希望解决的问题与公众要求解决的问题完全相反或基本相反,双方在对事件与环境的理解上产生的差异,派生出其他问题,进一步加深了矛盾与冲突。

(四)政府与非政府主体均有限介入

这种类型从理论上说似乎是存在的,但在实践中并不多见。"可能是由于受某一事件影响的人没有可利用的方法,也可能由于缺少能向政府提出请求的组织,或者干脆是由于和其他公共问题相比较,缺乏引起政府注意的竞争力。也可能私人团体或政策制定者都尽力避免确认这种问题。"①

二、公共政策议程构建的逻辑过程

(一)问题情境与一般议程

按照斯图亚特·内格尔的观点,公共政策是为解决各种问题而做出的决定,除了少数因不可抗力引发的突发性事件之外,绝大多数社会问题的生成都是一个逐步显现的过程。公共问题在发展初期作为社会生活中出现的一种"异常"现象,影响的仅仅是小部分社会公众的生存境况,且这种影响力相对较小,并未触动广大受众。但随着事态的发展,问题的影响逐渐向外围扩散,涉及的对象群体也不断增多。当越来越多的社会公众认为这种生存情境已经或者即将对其现实生活产生消极或不利影响时,公共问题就产生了。从议程发展的一般逻辑来看,这种被公众认定为公共问题的过程就是一般议程形成的过程,即公众觉察到某种问题的存在,并围绕这一问题进行一般性评价,最终将其发展为社会问题。

(二)一般议程发展为系统议程

如果说一般议程是"发现"问题的过程,那么系统议程就是形成"意见共鸣"的过程,因而也被称为公众议程。从一般议程向系统议程的发展体现了事物演进和人类认识过程的

---

① 斯图亚特·S.那格尔.政策研究百科全书[M].林明,龚裕,鲍克,等译.北京:科学技术文献出版社,1990:96.

一般规律。虽然经历了一般议程，社会公众对问题的体验更加深刻，对其发展态势的关注度也持续上升，但在这个阶段，问题仍然处于一种广泛而分散的讨论当中，由于普通民众在专业知识等方面的缺乏，所以对问题的性质、影响因素及复杂性的认识和分析也是相对片面的。从本质上来讲，系统议程的构建是一种非正式的制度安排，它体现了社会公众参与政策过程的权利能力和行为能力，因而系统议程的作用就显得尤为重要：一方面，通过这一过程，问题的"公共性"进一步彰显，进入正式议程的概率大大提高；另一方面，当公众就某些社会问题发出呼吁时，实际上也就开启了与体制内决策者的对话平台，大幅提升了公众的参与感。

（三）系统议程提升为政府议程

系统议程的形成和发展是社会公众借助多种表达方式参与问题讨论，并逐渐在公共领域内形成"民意"的过程。一旦以政府为代表的权力主体认定问题属于其合法权限范围内，并且认为有义务采取政策行动予以解决时，处在公众"讨论"下的系统议程就会逐步提升为执政当局可能采取"行动"的政府议程。与系统议程主要表现为抽象议程不同，政府议程的主旨在于认定与政策问题有关的种种事实，因而其构成的事项多是具体的社会公共问题。处在政府议程的阶段，体制内的行为主体会围绕着问题的界定、解决的急缓程度以及采取的对策选择等展开专业化、系统化的讨论，并得出整体化的解决对策。从公共政策议程建构的发展过程来看，特定社会问题经过一定工作程序的筛选被提升为政府议程是其有望获得解决的关键一步。

（四）政府议程转变为决策议程

某一社会问题从一般化的公众讨论上升到政府议程意味着它获得了进入决策流程资格，有了形成政策产品的可能。但是在现实的政策过程中会出现这种情况，一个引起社会公众普遍关注的社会问题经过了认定并进行了深入讨论，甚至提出了可行性的解决方案，但是并未被列入最终的政策问题清单。这是因为政府议程虽然体现了体制内主体的价值偏好和行为选择，但仅仅是为决策主体最终确定政策问题清单提供依据，并非公共政策议程创建活动的终止，还需要将其转化为决策议程。决策议程是"决定"的议程，讨论的不再是怎么做的问题，而是值不值得做的问题，对一个社会问题能否导出政策产品具有最终的决定性意义。

三、公共政策议程建构的主要模式

（一）西方常见的公共政策议程建构模式

美国学者罗杰·科布以政策诉求的主体为标准，根据主体在议程中的不同作用及其影响力的范围、方向和程序提出了公共政策议程建构的三种模式，即外在提出模式、政治动员模式和内在推动模式。

1. 外在提出模式

外在提出模式指的是政策问题由政府公共系统之外的个人或社会团体提出，通过问题的阐释和扩散等环节引起社会的广泛关注,进而通过公众诉求或压力等方式引起政府注意,最终进入政府议程。外在提出模式主要适用于以下情况:① 政策问题的察觉和提出者是执政党和政府系统以外的个人或社会团体;② 能够准确表达或提出某个要求;③ 企图把问题扩散到社会上的其他团体之中,使该问题进入系统议程;④ 施加足够的影响力,使问题能够进入政府议程,以引起决策者的慎重考虑。

根据这种模式建立的公共政策议程一般需要经历较长的时间,但需要说明的是,即使政策问题被列入了政府议程中,也并不意味着这是政府的最终决定,更不能说明最后被实际执行的政策与提出者最初要求的完全一致。相反,提出者的要求可能会被完全否定,或者会被大幅度修改。

2. 政治动员模式

政治动员模式指的是具有权威作用的政治领袖主动提出政策问题,并通过政治动员把这些问题列入公共政策议程的过程。一般情况下,当政府宣布一个新政策时,就意味着这个问题已经被列入了政府议程,并且极有可能是政府最终的决定。那么,在政策问题已经被纳入决策视野的情况下仍要建立公共政策议程的目的,主要是为了寻求社会大众的理解和支持,以便更好地贯彻和实施公共政策。政治动员模式以政府议程为基点,旨在推广公共政策议程,让公众接受并支持。

3. 内在推动模式

内在推动模式的主要内容是:① 政策建议或政策方案起源于执政党和政府内部机构,或者起源于接近执政党和政府的某个社会团体;② 问题扩散的对象是与这个团体或单位有关的团体或单位,而不是一般公众;③ 问题扩散的目的是形成足够的压力或影响,促使政策制定者将问题列入政府议程。① 在整个议程建立和政策形成的过程中,政治系统之外的社会组织和公众参与得很少,这是因为作为问题提出者的执政党或政府内部机构不希望把问题列入公众议程中,而是希望可以凭借自身的力量直接将问题纳入政府议程。

(二)中国特色的公共政策议程设置模式

学者王绍光结合中国的实际,提出了公共政策议程构建的六种模式。其中,外压模式、动员模式、内参模式对应着科布等人提出的外在提出模式、政治动员模式和内在推动模式。②

1. 关门模式

关门模式是传统政策议程模式,议程产生于政府内部,且不需要争取公众支持,政策议程完全由政府决定。

2. 动员模式

动员模式的政策议题也由决策者提出,不过与关门模式的区别在于动员模式存在争取公众理解和支持的过程,动员模式的实施也与公众意识觉醒、政策问题自身特征等存在相关性。

---

① 徐晨.公共政策[M].北京:对外经济贸易大学出版社,2008:113.
② 王绍光.中国公共政策议程设置的模式[J].中国社会科学,2006(5):88-99,207.

3. 内参模式

内参模式中,政策议题提出者是接近决策权力的智囊团,他们更重视与决策者之间的互动。

4. 借力模式

借力模式是指智囊团将政策建议公之于众,借助公众和舆论的力量,通过迂回方式使决策者接受自己的建议,采取此策略的原因是虽然方案具有民意基础,但政府内部存在反对的声音。

5. 上书模式

上书模式是指给决策者直接呈送意见,由于上书者主要是体制外的力量,或人微言轻,或渠道不畅,所以成功率不高。随着网络社会的发展,这种模式的应用逐渐有上升态势。

6. 外压模式

外压模式中,议程发展动力主要来自政治系统外部,议题提出者更倾向于通过社会舆论等方式给决策者施加压力,这也是网络时代议程设置越来越常见的模式之一。

四、公共政策议程建构的主要影响因素

(一) 政治原则的偏移

任何国家都有其视为立国之本的基本政治原则,坚持基本的政治原则是政府义不容辞的职责。因此,政策诉求一旦偏离了这些原则,政府就会通过各种方法将其排斥在政策制定系统或制度化程序之外。有时政治领袖或政治组织为了稳定起见,会设法使可能威胁到稳定的问题无法进入公共政策议程。

(二) 价值体系的排斥

价值体系涉及社会的基本观念及其信仰倾向,是人们思考的依据和行为的准则。任何社会都有其占主导地位的价值体系,如果提出的政策诉求与社会价值体系存在冲突,那么就难以形成系统议程,更不可能转化为政府议程。

(三) 政府体系的封闭

如果出现政府体系保守、决策过程封闭、民选代表不能代表选举人的利益等问题,那么公众与政府联系的渠道就会出现障碍,公众的利益偏好和政策意愿就很难为决策者所知。普通公众不仅无法与决策者进行必要的沟通,而且不能通过问题讨论等形式参与公共政策的制定过程。在这种情况下,公众认定的社会问题将很难进入公共政策议程。

(四) 承受能力的不足

任何一种政策问题的提出,如果超出了决策者的承受能力,就会受到他们的排斥或回避。尽管这种问题的提出有时对社会有利,也符合时代潮流,却难以进入公共政策议程。

(五) 表达方式的失当

有时问题本可以通过法定的正常渠道提出,却偏偏选择了非正常渠道;明明可以在正常场合上讲,却偏偏要进行地下活动;明明可以采用平和方式提出政策诉求,却偏偏要采取过激的方式。这种表达方式的失当,很多时候会导致本该列入公共政策议程的问题最终没有被列入,本该受到重视的问题不能及时列入议程。

第四节 公共政策的合法化

一、政策合法化的概念与作用

要想更好地了解政策合法化的主体、途径和程序等问题,就要首先从合法、合法性和政策合法化的概念开始谈起。

(一) 合法与合法性的概念

概念及其内涵的解读是研究工作开展的第一步。合法与合法性两个概念相伴而生,相似而不相同。通过对二者的概念进行界定,从而厘清二者的区别和联系。

"合法"可从广义和狭义两个角度去理解。广义的合法,即法治意义上的合法行为,指不为法律所禁止的一切行为,实际上就是法律宽容的、不加追究的行为。从这个意义上说,只要不是违法行为,就是合法行为。狭义的合法行为,即法律调整意义上的合法行为,指主体在自己意志支配下实施的,符合法律规范的,对社会有益或至少无害,从而受法律保护的行为。

"合法性"概念源自英文"legitimacy"一词,也有学者将其翻译成"合理性"或者"正统性"。"合法性"这一概念很容易与法律意义上的"合法"相混淆。实际上"合法性"并非法律意义上的"合乎法律规定"的意思,其中的"法"具有"标准、规范"以及"正义"的含义,"合法性"一词也可表述为"合乎某种正当标准"。[①] "合法性"是社会科学领域的一个重要概念,在不同的学科归属中具有不同的含义。政治学意义上的"合法性"概念相对而言具有更深刻的内涵,在时代变迁和社会结构调整过程中发挥着重要作用,也是公共政策的一项基本特征。

(二) 政策合法化的概念

尽管政策合法化问题是公共政策家讨论政策制定的一个重要方面,但却很少有较为严格的定义。国内外学者对于政策合法化问题的不同理解对深入和丰富公共政策合法化研究提供了宝贵的学理依据。

德国著名学者哈贝马斯认为,"只有政治秩序才拥有着或丧失着合法性,只有它们才

---

① 张星久.论合法性研究的依据、学术价值及其存在的问题[J].法学评论,2000(3):26-35.

需要合法化"①。他认为公共政策作为国家治理的重要工具,其合法化问题必然根植于政治合法化之中。

在任何一个政治系统中,至少存在两种层次的政策合法化:第一种是为政治系统取得政治正当性的过程;第二种是为政策取得法定地位的过程。前者可称为合法化,后者可称为批准。

陈振明将政策合法化理解为法定的政策主体为了使特定的政策方案拥有合法地位,而开展的一种"审查—通过—审批—签署—颁布政策"的系列活动过程。② 伍启元则认为,政策合法化作为由法律或习惯所规定的程序,目的是使政策在具有约束性或合法性的同时能够被大多数人接受和遵照执行,并指出只有经过合法化程序的政策,才是有效的政策。③

综合上述学者的观点可以看出,虽然学者们对公共政策合法化概念的理解各有不同,但总体上都认为政策合法化是一个动态过程。笔者认为,所谓政策合法化是指法定的政策主体为使特定的政策方案获得合法地位并被公众认可和接受,而依照法定权限和程序所实施的一系列审查、通过、批准、签署和颁布政策的行为过程。具体内涵包括以下四个方面。

1. 所有政策均具有其合法化过程

政策合法化并不局限于中央政策或全国性政策的合法化,地方政策以及其他形式的政策也需要合法化过程。另外,政策合法化并不等同于政策法律化,政策法律化只不过是政策合法化的一种重要而又特殊的形式。

2. 政策合法化是有目的的活动

政策合法化的目的就是使政策方案获得合法地位,从而获得人们的认可、接受和遵照执行的效力。具有合法性、权威性和约束性的政策方案能够更加有效地发挥规范和指导人们行为的作用,最终实现政策目标,解决政策问题。

3. 政策合法化是法定主体依照法定权限所实施的活动

公共政策与企业、个人等所做出的决策不同,它具有法定的权威性,体现的是统治阶级的意志,对社会具有普遍约束力,只能由法定的国家机关依照法定的权限来制定。任何不具有公共政策法定制定权力或者超越法定权限的主体,都不能使政策合法化。

4. 政策合法化是主体依照法定程序所实施的一系列行为过程

受公共政策的内容、形式和效力范围等因素的影响,政策合法化的主体和程序并不会完全相同。如:立法机关强调公平、民主,其政策合法化的程序就表现得烦琐、复杂;而行政机关更强调效率,其政策合法化程序就比较简单。虽然存在差异,但是政策合法化有着共同的标准和步骤,即符合法律规定,且包括审查、通过、批准、签署和颁布政策等一系列过程。

---

① 哈贝马斯. 交往与社会进化[M],张博树,译. 重庆:重庆出版社,1989:184-185.
② 陈振明. 政策科学——公共政策分析导论[M]. 2 版. 北京:中国人民大学出版社,2003:243.
③ 伍启元. 公共政策[M]. 香港:商务印书馆,1989:6.

(三) 政策合法化的地位与作用

任何一项公共政策都需要经过合法化的过程才能够进入政策执行阶段,公共政策的合法化在政策过程中占有举足轻重的地位,对于公共政策的产生和发展具有重要作用,其作用主要表现在以下三个方面。

第一,政策合法化是政策制定过程的重要阶段,也是公共政策顺利执行的重要前提。在法治社会,对于政策合法化问题的研究成为政策制定的关键环节,无论是何种公共政策的制定,都需要建立在合法化的基础上。首先,政策方案的提出是否符合法律法规的规定,能否得到社会大众的认同,需要进行充分的论证和研究。其次,政策制定的程序是否公开、公正,能否让社会大众承认其制定过程的合法性,也是重要的合法化环节。最后,政策执行的环节是否以合法性为前提,能否保证政策的顺利实施,对于解决政策问题具有重要作用。对于社会大众而言,没有经过合法化过程的公共政策可能会损害民众的权益,因而很难得到认可。相反,只有合法化的公共政策才值得被接受和维护。因此,政策合法化对于政策制定和制定执行都具有重要作用。

第二,政策合法化是代表公众利益,实现公共政策科学化、民主化的重要保障。一般来说,政策合法化是一个吸收民众参与决策、加强政治沟通与协调的过程,也是一个决策选优,对决策方案不断修改和完善,对不良方案进行过滤和淘汰的过程,更是一个坚持由法定的决策主体依照法定权限和程序进行决策,并对决策行为实施法制监督的过程。在这个过程中,问题提出、政策方案选择、政策制定、政策执行、政策评估等环节都需要遵循合法化的重要标准。在以实现治理体系与治理能力现代化为目标的新时代中国,科学化和民主化的公共政策是政策活动开展的基础和保障,也是现代民众社会的必然要求。

第三,政策合法化是我国依法治国的需要。习近平总书记强调:"坚持全面依法治国,建设社会主义法治国家,切实保障社会公平正义和人民权利的显著优势"。依法治国是现代国家的基本标志,体现在行政、社会、文化、生态、经济等各个方面。在公共政策活动中,强调政策合法化正是在强调依法治国,其中政策制定、政策执行、政策评估乃至政策终结等阶段的合法化都是对依法治国理念的贯彻和落实,是对新时代我国国家治理体系和治理能力现代化的重要推进,也是化解我国社会矛盾与冲突的关键一环。

二、政策合法化的途径与类型

(一) 政策合法化的类型

1. 立法机关的政策合法化

立法机关并不是指专门从事立法的机关,除了立法职能外,还能够行使其他职能,如批准或通过政府提出的计划、预算、决算、质询、罢免以及弹劾有关人员等。在我国,国家权力机关包括最高国家权力机关(全国人民代表大会)和地方国家权力机关(地方各级人民代表大会)。立法机关的政策合法化过程不能局限于立法过程(甚至中央立法机关或最高国家权力机关的立法过程),应包括提出议案、审议议案、表决和通过议案、公布政策等方面。① 提出议案。根据立法机关的议事规则,提出议案的同时不一定要提出法律或政策等的具体草案,但政策合法化是将已经通过政策规划而获得的政策方案提交审议批准,提出议案的同时也就提出了相应的政策方案。② 审议议案。相关权力机关对议案运用审议权,来决定议案能否被列入议事议程。③ 表决和通过议案。经过表决,政策方案如果获得法定数目以上人员的赞成即为通过。④ 公布政策。政策方案经表决获通过后不能立即执行,需要经过公布程序。

2. 行政机关的政策合法化

政策合法化过程与政策决策的领导体制密切相关,领导体制的不同往往会影响政策的合法化过程。领导体制可以从不同的角度进行划分,如首长制与委员会制、职能制与层级制、集权制与分权制、一体制与分离制等,其中首长制与委员会制是一种较为常见的类型划分。首长制也叫首长负责制或一长制,指法定最高决策权由行政首长一人执掌,其他成员只有建议权,没有决定权。委员会制则是指最高决策权由委员会各成员共同执掌,各成员权力平等,采取少数服从多数的原则决定公共政策。结合我国的领导体制,我国行政机关的政策合法化应注意以下几个方面。① 法制工作机构的审查。有关部门拟订政策方案后,一般先由法制工作机构审查,审查通过后再报领导审批或领导决策会议讨论决定。法制工作机构对政策方案进行审查,结果具有参谋和咨询的性质,对保证政府政策的合法性有着重要作用。② 领导决策会议的讨论决定。根据法律规定,县级以上各级人民政府工作中的"重大问题",须由行政首长召集和主持政府常务会议或全体会议讨论决定。③ 行政首长签署发布政策。行政首长负责制的最主要内容是行政首长在各级政府机关中处于核心地位,拥有最高决策权和领导权。本级政府制定的政策,由行政首长签署发布;根据规定需要上报审批的政策,则应上报审批后发布。

3. 执政党的政策合法化

执政党的政策合法化包括两个方面:一是整个政策过程的合法化;二是政策结果要规范,要合乎宪法和法律的要求。后者又包括两个方面:一是有些政策需要上升为法律;二是那些没必要上升为法律的政策不能与宪法和法律相抵触。执政党政策合法化的原因一方面在于执政党是一定的政治秩序的倡导者或捍卫者,其政策行为必须服从、服务于政治秩序的要求。另一方面在于合法化直接关系到执政党作为治理者能否维护自己的地位、实现长期执政及其能否以较低的成本实现有效的治理。

4. 半官方机构的政策合法化

半官方机构在特定条件下,通过授权或委托,也可获得使某些公共政策合法化的权力。但是这样合法化后的政策,较之前三者的效力层次更低一些。

(二) 政策合法化的途径

1. 信息公开

信息公开是指凡涉及相关人的权利、义务等行政信息资料,除法律规定应予保密的以外,有关机构应依法向社会公开,组织或公民均可依法查阅或复制任何行政决策。建立信息公开制度,有利于方便群众和企业、事业单位办事,提高工作效率,有利于强化对行政权力运行的监督,有效遏制消极腐败现象,有利于提高依法行政水平,严格依法管理,有利于进一步落实民主决策、民主管理、民主监督制度,有利于保障政策执行的合法化。

2. 公众参与

在公共政策的形成过程中,公众参与是确保公共政策符合民意及政策合法化的根本途径。在公共政策的制定过程中,只有扩大公众参与政策制定的途径,倾听公众的意见,了解民心所向,才能在政策执行过程中得到民众的拥护,促使政策被顺利执行,保障政策的合法地位。

3. 听证

立法听证是发扬民主、确保政策立法符合民意的重要途径,是政策制定民主化、科学化、合法化的要求。建立相应的立法听证制度,以便在制定解决问题的相关政策方案时,可以避免政策制定主体的随意性和主观性,使政策制定更加科学化、合法化。

4. 民意调查

政府的重大政策出台前都应该进行民意调查,以保证公共政策符合民意。通过民意调查,还可以宣传政府的公共政策,获取民众的理解和支持,掌握民众对政府服务的满意程度。

5. 沟通协商

在当代的政策制定过程中已形成了多种形式的协商谈判制度,其中党派协商制衡制度和谈判协商制度最为重要。在民主化、法治化度高的国家,非执政党在政策制定方面的作用表现在它们对政府政策通常保持挑剔的态度,并及时提出自己的政策主张。

三、政策法律化

政策法律化又称政策立法,是政策向法律进行转化的立法活动。具体来说,就是指享有立法权的国家机关依照立法权限和程序,将成熟稳定而有立法必要的政策转化为法律。

(一) 政策法律化的主体

政策法律化的主体就是依法有权把政策转化为法律的国家机关,即享有立法权的国家机关。

三权分立政体的国家在传统上只能由议会行使立法权,政府并没有立法的权力。随着形势的巨大改变,政府职能逐渐扩张,政府获得了一定的立法权,这是对三权分立政体的一个重大突破。我国过去实行的基本上是一种高度中央集权的立法体制。自1982年的宪法颁布后,立法体制取得了突破性的发展,行政机关被赋予明确的立法权,地方立法权也不断得到发展。从现行的立法体制上看,享有立法权的国家机关包括全国人大及其常务委员会,国务院及其各部、各委员会,特定的地方人大及其常务委员会和人民政府。此外,特别行政区的立法体制还有特别规定。①

(二) 政策法律化的条件

政策法律化并不是将所有政策都转化为法律,只有具备一定条件的政策才可以转化为法律。

有立法必要的政策可以被转化。政策与法律的调整范围不完全相同,一般而言,政策对社会生活的调整范围要大于法律。有些政策对社会不具有普遍适用性,没有必要转化为法律,如执政党调整党内各种关系的政策等。有些领域的问题宜用政策加以引导,不适于利用法律进行硬性约束,如民族、宗教等领域。因此,只有属于法律调整范围的社会关系的政策,才有必要转化为法律。

成熟、稳定的政策可以被转化。就政策与法律本身特点而言:政策较能适应客观情况的发展变化,易于在实践中不断地修改和完善;法律则比较定型化和规范化,其制定、修改、补充或废止都要经过严格的程序,并受到法定的时间限制。法律的稳定性和政策的灵活性决定了只有经过实践检验是成熟的且具有长期稳定性的政策才能转化为法律。

(三) 政策法律化是政策合法化的一种重要而又特殊的形式

当政策转化为法律时,不仅获得了合法地位,而且具备了执行权力,同时又有强制力保证实施。政策法律化是政策合法化的一种重要形式。但从政策过程来讲,政策合法化属于政策制定的范畴,是经政策规划得到的政策方案获得合法地位的过程,未经过合法化的政策方案不具有执行效力。而政策法律化是将成熟、稳定的政策转化为法律,此时政策已经处于执行阶段而不是制定阶段。从这一点上来讲,政策法律化又是政策合法化的一种特殊形式。

本章小结

从公共政策问题的确认到正式启动制定公共政策,中间存在一个很重要的环节,就是需要把公共政策问题列入政府的公共政策议程。公共政策议程指公共政策制定者对公共政策问题表现出密切关注并认为其必须予以解决,且将其纳入商讨、规划、研究的议事程序中,以决定政府是否需要对其采取行动、何时采取行动、采取什么行动的政策过程。公共政策议程通常可以区分为系统议程和政府议程。任何公共政策议程的建立都是系统议程与政府议程交互作用和影响的结果。

政策合法化与政策法律化具有一定区别,政策法律化是政策合法化的一种重要而又特殊的形式。政策合法化在政策过程中占有举足轻重的地位,任何一项公共政策都需要经过合法化的过程才能够进入政策执行阶段。

---

① 徐晨.公共政策[M].北京:对外经济贸易大学出版社,2008:120.

本章重要概念

政策问题(policy issue)　　多源流分析模型(multi-source flow analysis model)
政策议程(policy agenda)　　系统议程(system agenda)
政府议程(governmental agenda)
政策议程触发机制(policy agenda trigger mechanism)
政策合法化(policy legitimization)

本章思考题

1. 系统议程与政府议程有哪些区别？
2. 试简述社会问题进入公共政策议程的途径。
3. 试分析影响社会问题进入公共政策议程的阻碍因素。
4. 试辨析政策合法化与政策法律化。

本章推荐阅读书目

1. 陶学荣.公共政策学[M].大连:东北财经大学出版社,2006.
2. 胡宁生.现代公共政策研究[M].北京:中国社会科学出版社,2000.
3. 陈振明.政策科学——公共政策分析导论[M].2版.北京:中国人民大学出版社,2003.

二维码 4-3
本章重要概念及思考题答案

第五章

公共决策

本章导言

正如日常的社会生活中个体需要进行各种各样的选择一样,公共政策过程也离不开方案选择。这种对备选方案进行分析判断,最后做出选择的过程就是公共决策。当公共事务进入公共政策议程过后,便要进行公共决策。公共决策在公共政策系统中起着重要的承前启后的作用。政府要对输入政策系统的信息进行处理,再通过一系列决策活动输出公共政策。公共决策是一项复杂的政治活动,不仅对整个政策过程影响深刻,对现代国家治理也会产生深刻的影响。高质量的公共政策往往要建立在科学化、民主化的公共决策的基础上。因此,全方位系统地学习公共决策至关重要。本章主要阐释公共决策的概念、特征、类型及公共决策体制,并重点介绍公共决策的技术和艺术。

第一节 公共决策的概念

要理解公共决策的概念,需要先了解决策的概念。决策是广泛的普遍的组织管理活动,而公共决策则是公共组织的政治活动。本节在对决策概念进行介绍的基础上,阐释了公共决策的定义、特征,以及其与公共政策之间的关系。

一、决策的概念

决策活动大量存在于个体的社会行动和组织的管理活动中,它是行动的前提。把握决策的概念、特征及类型是理解公共决策的知识铺垫。

(一) 决策的定义

决策作为人的主观意识活动,是影响个体和组织行为的关键。决策这一说法自古以来便有之。《韩非子·孤愤》云:"智者决策于愚人,贤士程行于不肖,则贤智之士羞而人主之论悖矣。"决策的意思就是,决定某种策略或计谋。作为现代管理学的专业术语,决策(decision making)一词最早出现在20世纪30年代美国的管理学文献中,由巴纳德和斯恩特从组织研究的视角提出决策这一概念。学界对于决策的定义不尽相同,但大体上有狭义和广义、静态和动态之分。

狭义的决策是一种行为,主要强调在几种行动方案中做出选择。如学者斯蒂芬·罗宾斯认为决策是从两个或多个备选方案中择定一个。① 而广义的决策是一个过程,包括在做出最终决策之前必须进行的一切活动,如制订备选方案之前的准备活动、备选方案出台、分析备选方案、选择行动方案、执行行动方案、修正行动方案等系列活动。理查德·施奈德将决策界定为:决策是一个过程,它是指决策者为达到想象中未来事务的状态,从社会所限制的各种途径中,选择一个行动计划的过程。②

静态的决策强调结果,主要指决策主体做出的各类决定,即对特定问题采取的最终对策方案;而动态的决策强调过程,泛指决策主体在决策之前对决策目标与手段的探索、判断与抉择的过程。

总体来看,决策是指为实现一定的目标,决策主体从多种备选方案中最终选择一个方案的判断抉择过程,其中包含问题的明确、备选方案的制订、行动方案的选择、行动方案的落实及修正等系列过程。

(二)决策的特征

对决策的概念进行进一步剖析解读,发现决策具有目标性、选择性、过程性、可行性、动态性的特点。

1. 目标性

决策实际上是为实现组织目标而开展的管理活动,决策目标是决策活动开展的前提。决策目标一方面体现着组织的期望结果和价值追求,另一方面是评价行动方案和实施效果的重要标准。决策的目标可以是一个,也可以是相互关联的多个目标。决策目标作为决策活动的根本指南,需要满足一些要求:① 决策目标是在对决策问题进行充分明确和界定基础之上制定的,只有目标与问题相匹配,才能促进有效决策;② 决策目标应与组织目标和价值相匹配,同时具有一定的先进性,由此才能引导组织不断向好的方向发展;③ 决策的目标应是可衡量、可检验的,由此才能用决策目标评估备选方案。

2. 选择性

决策较为显著的特点之一就是具有选择性,即要从多个备选方案中选择一个行动方案。选择是决策中最重要也是最关键的步骤,决策实质上是选择行动方案的过程。如果只有一个备选方案,就根本不存在决策问题。因此,决策必须要有多个备选方案,多方案抉择是科学决策的基本原则。通过分析比较多个备选方案,才能选出相对最满意的方案,促进决策的科学性。

3. 过程性

决策是一个过程,而不仅是一个静态结果或瞬间行动,其包含界定问题、制订备选方案、选择行动方案、修正行动方案等系列过程。决策也并非只是单个的决策,而是一系列决策的综合。最终决策的形成往往需要通过若干更小的决策构成,层层递进。比

---

① 斯蒂芬·P.罗宾斯.组织行为学[M].北京:中国人民大学出版社,1997:114.
② Richard C. Snyder, H. W. Bruck and Sapin(eds.). Foreign Policy Decision-making: An Approach to the Study of International politics[M]. New York: Free Press of Glencoe, 1963.

如对每个备选方案,都需要进行分析判断,这一过程实际上也是对每个备选方案的决策。

4. 可行性

任何决策方案都不是在理想的"真空"环境中进行的,都会受到现实约束条件的限制,因此,决策必须具有可行性,不能实施的决策是没有意义的。决策的可行性重点体现在要与组织的资源、能力、环境相匹配,这样才能确保组织有足够的资源、足够的能力去支撑决策方案的实施,并且决策方案是符合当下环境的,否则决策在实践中必然会受到阻滞。比如东汉末年的王莽改制,在面对土地兼并的乱象时,王莽首次提出将土地国有化的"王田制",但在当时土地私有制已实施数百年之久,王莽的改革明显与现实情况不符,因此在实践中受到地主豪强的极力反对。

5. 动态性

从权变理论来看,由于组织及组织成员的复杂性、环境的复杂性及变化性,不可能存在一成不变的、普遍适用的有效管理方法,应当根据具体情况选择适当的管理方法。决策亦然,由于组织外部和组织内部环境的变化,决策具有动态性。组织的外部环境在不断变化,决策者应当关注外部环境的变化,及时灵活调整决策方案,顺应环境发展变化的规律。组织的内部环境也随着外部环境和组织成员的变化而变化。因此,决策要充分注重组织内外环境和情境的变化,及时动态调整决策思路和标准,确保决策与变化的现实环境相适应。

(三)决策的类型

管理活动中包含着大大小小、各种各样、难度不一的决策,通过采用不同的标准,可以将决策划分为不同的类型。

1. 根据决策环境划分:确定型决策、风险型决策和不确定型决策

决策是在一定的环境中进行的,根据决策环境的可控程度,可以将决策分为三种类型:确定型决策、风险型决策和不确定型决策。

确定型决策是在较为可控的决策环境中,决策主体能够充分掌握准确、可靠的信息,能够预测未来某种状态发生的概率,能够对备选方案做出合理的估计和判断。由于决策问题是确定的,决策过程的结果完全由行动者采取的行动决定,因而常采用最优化、动态规划等方法选择备选方案。

风险型决策是指决策主体拥有充分的信息,决策目标也较为明确,并且能够估计各备选方案及结果发生的可能性,但无法准确地预测出每个备选方案的结果。通常情况下,每个备选方案产生的结果不是固定的,而是会产生不同的情况,但可以估计每种情况发生的概率。因此,决策需要对备选方案不同情况发生的概率进行合理的估计、选择,但无论选择哪个方案,都要承担一定的风险。

不确定型决策是指由于环境的不可预测或者难以获取充足信息,导致决策主体无法对备选方案及其结果进行确切估计。在复杂多变的现实状况中,组织常面临不确定型决策和风险型决策,对此可以运用科学决策方法将其转变为确定型决策。

2. 根据决策问题划分：程序化决策、非程序化决策

根据决策问题，决策可以划分为程序化决策和非程序化决策两种类型。

程序化决策是指面对重复出现或常规性的问题时，能够按照既定的程序和规则进行结构化决策。程序化决策主要是针对例行问题，这类问题经常出现，因此往往会形成固定的流程或方案从而进行解决，比如职工的工资确定，往往有一系列的薪酬确定程序。程序化决策大量存在于各类组织之中，属于组织的常规活动。

非程序化决策是指面对新的、少见的、特别复杂的、极为重要的问题时，决策主体往往无规可循的决策过程。这类问题往往属于组织的例外问题，由于发生频率低、复杂程度高，因此难以采用固定化的程序进行决策，比如面对突发公共事件时的应急管理决策等。非程序化决策考验决策主体的决策能力。管理者的级别越高，非程序化决策的数量和重要性也越能得到提升。

3. 根据决策主体划分：个体决策、群体决策

根据决策主体的多寡，决策可分为个体决策和群体决策。两者的决策效果不尽相同，各有优劣。

个体决策是指主要决策者通过个人决定的方式，按照自身的判断、智识、价值和经验等进行的决策。个体决策具有简单高效、交易成本低、责任明确的优点，并且有利于决策者创造力的发挥。但需要明确的是，个体决策不是专断独行的"一言堂"，而是在决策者集中多数人正确意见的基础上做出的。个体决策的弊端在于其过度依赖于决策者的决策能力，难免会受到个人智识、经验等的限制。

群体决策是指由多人共同参与决策过程的决策。随着管理实践的发展，决策问题日益呈现出复杂化趋势，仅靠个人的决策能力难以驾驭，需要发挥群体的智慧。群体决策的优点在于能够集思广益，发挥来自不同领域决策者的智慧，克服个体决策的局限性，促进对决策问题的全面考虑。而且由于是多人参与做出的决策，更容易受到普遍认同，利于决策的顺利实施。然而，群体决策也存在一些弊端。群体决策的速度效率更容易低下，需要通过反复的商讨达成共识，交易成本较高。而当群体决策耗时过长时，决策者为了能够尽快得到决策结果，可能会选择支持一个自己并不太认同的决策，导致最终决策的"平庸"。此外，如果群体决策被个人或子群体所左右，则容易导致群体决策偏离组织目标而转向个体目标。因此，要确保群体决策中每个成员都处于平等的地位，充分地表达个人意见。

4. 根据决策目标划分：战略性决策、战术性决策、业务性决策

根据决策目标的层次及其影响程度，决策可以分为战略性决策、战术性决策和业务性决策。

战略性决策是关系到组织生存发展的全局性、长远性、顶层性问题的决策。战略性决策一般由高层管理者做出，其事关组织的生死存亡，是引导组织前进的根本指南，如组织的发展目标、产品市场的布局等。战略性决策的成功能促进组织的蓬勃发展，而失误也会给组织带来巨大损失，甚至陷入生存僵局。

战术性决策又称策略决策或管理决策，是为了实现顶层战略目标而做出的决策，多为解决组织局部性、具体性的问题，如部门年度工作计划的确定。战术性决策往往由中层管理者做出，是管理者实施管理职能的重要工作。

业务性决策又称操作性决策,是指在日常业务工作中为提高组织效率而做出的决策。这类决策具有局部性、可操作性、短期性的特点,在组织的业务活动中较为常见,如每日生产工作的安排和分配等,通常由基层管理者做出。

二、公共决策的概念

在认识决策概念的基础上,通过对公共概念的考察,进一步理解公共决策的概念,从多维度把握其特征,并辨析公共决策与公共政策的关系。

(一)公共决策的概念界定

1. 公共概念的考察

公共(public)的概念最早可以追溯到古希腊,其一是来自"pubes"或"maturity"(成熟);二是来源于希腊语"Koinon"(关心)。这种"公共"强调个体在身心、情感上的成熟状态,表现为不再只关心自我利益,而是能够理解、关心、考虑他人的利益。

随着现代化进程的加快,"公共"的学术概念不断完善,成为政治领域常用的学术性概念,与本义相比早已产生较大变化。英国学者戴维·毕瑟姆在《官僚制》一书认为"公共具有三层含义":第一,公共的概念涉及全体公民,以及整个社会在任何可能方面的安排,任何东西如果涉及大众,或者可以满足公认的社会需要,都可以成为公共行动的合理对象;第二,公共不仅意指是人们普遍关心的,而且意味着应该在公众的注视下公开进行,公共需要满足一个原则,即以大众的名义进行的事情,应该接受公众的监督,并担负起公共责任;第三,公共的概念意味着一种行政管理方式,即它秉持"公共服务"的规范或精神,"为了公众"而实施行政管理。① 总体而言,公共的概念包括如下内涵:公共涉及的范围是全体公民及公共事务;公共意味着代表公众并受其监督,担负公共责任。公共意味着一种具有公共服务精神的管理活动。概括而言,公共的概念既包含内容实质层面,涉及的范围是全体公民及公共事务,又包含形式价值层面,意味着对公众的代表性意义和公共精神的价值取向。在把握公共概念的基础上,才能超越原有的决策概念,深入了解公共决策。

2. 公共决策的概念阐释

公共决策是享有公共权力的主体为履行公共管理职能,实现公共管理目标,通过提供公共物品或准公共物品来解决公共问题而制定和选择行动方案的活动;是动态的公共政策。② 该定义包含主体、目标、途径等多种要素,并且指出了公共决策与公共政策的关系,突出了公共决策的动态性。

如果说决策是组织普遍的管理活动,则公共决策就是公共组织普遍的政治活动,是现代国家治理中不可或缺的环节。从决策到公共决策意味着管理活动上升为政治活动,决策主体往往是具有公共权力的公共组织,决策客体是社会公共事务,决策价值取向则需要以公共利益为导向。本书从公共决策作为政治活动的基点出发,认为公共决策是具有公

---

① 戴维·毕瑟姆.官僚制[M].2版.韩志明,张毅,译.长春:吉林人民出版社,2005:29.
② 应松年,马庆钰.公共行政学[M].北京:中国方正出版社,2004:145.

共权力的公共组织以公共利益为导向,针对社会公共事务制订和选择行动方案的政治活动。学习公共政策的特征将更深入地把握对公共决策概念的理解。

(二) 公共决策的特征

作为一项政治活动,公共决策的复杂性远甚于普通决策。因此,公共决策既有决策的共性特征,又具有其自身的独特特点。

1. 决策目标的公共性

决策目标是决策活动实施开展的指向标,公共决策目标具有显著的公共性特征,即以追求公共利益、增进公共福祉为导向。这也是作为政治活动的公共决策与作为管理活动的普通决策之间最根本的区别。一方面,公共决策主体的性质决定了决策目标的公共性。公共组织本质上是公众的代言人,公共决策做出的决策活动必须代表和实现公共利益,由此才能保证公共组织存在的合法性。另一方面,公共政策的性质要求作为政策过程核心环节的公共决策要与之相匹配。现代公共政策是追求公共利益的,因此公共决策也要一以贯之,如此方能保证通过决策制定出来的公共政策是符合公共价值导向的。

2. 决策主体的多元性

随着现代社会的高度个性化和差异化不断增强,现代社会公共政策系统逐渐开放化,公共决策主体呈现出多元化的趋势。从广义上来讲,公共决策主体主要是以国家行政机关为主的社会公共组织,包括政府行政机关、准行政组织、非营利性社会组织、社会民间团体等。不同的公共决策主体根据自身的行为特点,在公共决策整体运作中发挥各自的作用。

3. 决策对象和内容的广泛性

随着社会现代化进程的加快,社会公共事务呈现出多样化和复杂化趋势,由此产生的大量公共问题都是公共决策的对象和内容。公共决策的对象和内容涉及政治、经济、文化、生态等多个社会生活领域,包括长期、中期和短期等不同时段的公共问题,涉及对内对外、中央地方等多个层次。一言以蔽之,公共决策的对象和内容涉及整个国家和社会的一切公共事务,范围极为广泛。

4. 决策过程的博弈性

公共决策本质上是一种政治活动过程,因此其具有博弈的特征。社会结构不断分化和利益主体的多元化,使得公共决策面临着复杂的利益格局和利益群体。公共决策过程不是一蹴而就的,行动方案的制订和选择实际上是各种利益之间博弈的过程,是在持续的利益博弈中寻找一个相对满意的妥协结果。在实践中,要保障公共决策的利益博弈不偏离公共利益的中心,这也是一大难点。

(三) 公共决策与公共政策的关系

与公共决策密切相关的一个概念是公共政策,二者之间既有关联又有区别。公共政策是政策主体运用公共权力对社会利益和价值进行权威性分配的手段和工具。公共政策也有静态和动态之分,从这两种角度出发可以得到公共决策与公共政策的关系。

1. 公共政策是公共决策的产物

从公共政策静态的角度来看，公共政策是公共决策的产物。静态的公共政策往往表现为一系列法律法规、办法方法、措施方案等结果性行动方案。而这些公共政策既不是先天存在的，也不是凭空产生的，而是通过公共决策形成的。公共决策在明晰政策问题的基础上，制订并分析判断备选方案，通过一系列决策方法选择出最终的行动方案。如果没有经过公共决策这一步骤，公共政策只能停留在备选方案的阶段，无法成为以公共权力为背书、具有普遍约束力的公共政策。现代国家公共决策要秉持科学民主的程序，由此才能生成合法化的公共政策。

2. 公共决策是公共政策过程的核心环节

从公共政策动态的角度来看，公共决策是公共政策过程的核心环节。动态的公共政策不再是结果性的文本表征，而是包含政策制定、政策执行、政策监控、政策评估、政策监控等的动态过程。而在公共政策的一系列过程中，公共决策又是最重要的核心环节。公共决策起着承前启后的关键作用，公共决策和选择出的方案既是对公共问题的回应和解决，又是下一阶段政策出台和政策执行的必要前提。因此，公共决策对整个公共政策过程的影响重大，是重要的核心环节，直接决定了公共政策的质量。

第二节 公共决策体制

制度是一个社会的游戏规则，是人为设计的、形塑人们互动关系的约束。同样地，为降低公共决策的交易费用，增强公共决策的规范性，也需要一些人为设定的决策程序、规则和制度，即公共决策体制。公共决策体制不仅是公共决策的重要制度设计，也是一个国家政治体制的有机组成部分。本节主要介绍公共决策体制的概念与内涵、构成、类型和择案规则。

一、公共决策体制的概念与内涵

公共决策体制是公共决策开展的重要制度支撑，了解公共决策体制的概念内涵是学习公共决策体制的第一步。公共决策权力是公共决策体制的核心要素，是开启公共决策过程运转的"动力之匙"。

（一）公共决策体制的概念

公共决策体制是指围绕着公共决策权力的权威性分配，经过人为设计形成的公共决策程序、规则和方式等的总称。具体而言，公共决策体制包含三大要素：一是公共决策权力，公共决策作为一个政治过程，需要以合法的公共决策权力作为支撑，公共决策权力是公共决策体制的核心要素；二是公共决策程序，指公共决策活动应遵循的流程和步骤，为公共决策合理有序地开展提供了规范遵循；三是公共决策规则和方式，这是决策主体在进行公共决策时应遵循的原则和采取的投票方式，为公共决策活动明确具体的行动指南。

公共决策体制是公共决策活动重要的组织保证和制度支撑。合理的公共决策体制有利于促进决策主体的良性协作，保证决策过程的科学规范，提升公共决策的质量，是公共决策科学性和民主性的重要来源。在中国式现代化的进程中,应当不断优化公共决策体制以推进国家治理体系和治理能力的现代化。

(二)公共决策权力:公共决策体制的核心要素

公共决策本质上是一种政治过程,而公共决策体制作为这一政治活动过程的基本程序也是一个国家政治体制的重要组成部分。权力是政治最基础的资源,因此公共决策体制必然需要权力的支撑才能有效运作。在某种程度上,公共决策过程就是公共决策权力使用和运行的过程,权力是决策的基础,决策是权力的产物。因此,公共决策权力是公共决策体制的核心要素。公共决策权力是根据公共决策目的,将政府意志施加于他人意志之上,影响他人,并使其服从的能力,是决策主体对他人或客体的约束力、影响力和控制力。公共决策权力拥有正式和非正式的权力来源基础:一是来自正式的法定职权;二是来自非正式的专业知识和人格权威。公共决策权力往往是这二者的结合。为了使公共决策权力能够对权力客体产生有效影响,决策者要运用适当的手段来巩固自己的控制权,常见的手段包括说服、威胁、交换、施用权威等。在现实中,各国最高公共决策权力的构成及配置不尽相同,由此导致公共决策体制的性质和类型有所差异,在很大程度上反映了各国政治制度的特征。

二、公共决策体制的构成

目前世界各国的公共决策体制虽然不尽相同,但都随着国家治理的发展进步不断臻于完善。完整的公共决策体制大多由五个子系统构成:信息子系统、咨询子系统、决断子系统、执行子系统、监控子系统。

(一)信息子系统

信息是公共决策活动的必备要素,实际上公共决策过程就是对决策信息进行收集、整理、加工和分析的过程。公共决策的有效性在一定程度上依赖于决策信息的真实性和完整性。信息子系统是公共决策体制的第一个环节。通过对内源信息和外源信息的广泛搜集、加工和分析,可为咨询子系统和决断子系统提供信息服务。在政府部门,一般都设置专门的信息部门,负责信息收集等工作。随着信息社会迅速发展,政府数字化转型是国家治理现代化的必然趋势,应以数字政府建设推动决策信息子系统的优化升级。2022年6月我国国务院出台的《关于加强数字政府建设的指导性意见》中便强调:"建立健全大数据辅助科学决策机制,统筹推进决策信息资源系统建设,充分汇聚整合多源数据资源,扩展动态监测、统计分析、趋势研判、效果评估、风险防控等应用场景,全面提升政府决策科学化水平。"

(二)咨询子系统

公共决策的咨询子系统也叫"思想库""智库",它由多元化的专家学者、专业人员、咨询机构组成,通过提供决策信息、科学知识与备选方案等,辅助决断子系统进行科学决策。随着治理现代化的不断转型,公共决策也日趋复杂,仅依赖政府主体的信息和知识进行科学决策无疑是不现实的。因此,为了解决更加复杂的政策问题,弥补政府决策主体信息、知识、时间的不足，就要发挥由专家学者、专业人员等组成的咨询子系统的辅助作用。现代公共决策体制越来越表现出咨询建议权与决策选择权的相对分离和有机结合的特征，国家和政府也越来越重视咨询子系统的建设。2013年4月，习近平总书记首次提出建设"中国特色新型智库"的目标，这为我国智库发展明确了目标定位。经过近十年的发展，体现中国道路、中国立场和中国模式的新型智库在服务公共决策、积极建言献策上发挥了卓越的智慧贡献。

（三）决断子系统

决断子系统是公共决策体制的核心部分，因而又叫中枢子系统。决断子系统在公共决策中发挥着最为重要的功能，负责决策目标的确定和决策方案的选择，对公共决策过程具有举足轻重的影响。决断子系统通常由掌握公共决策权力的组织和个人组成，在公共决策体制中处于最高领导者和掌舵者的地位，并承担着公共决策的主要职责。因此，掌握公共决策权力的决策者的素质对公共决策质量具有至关重要的影响，应加强对决策者素质的提升。针对决策者个体而言，应不断提升自身的政治素质、文化素质和心理素质，加强学习公共决策的先进知识、方法和经验，培养对公共问题的洞见力、思考力，树立正确的公共决策价值观，提升公共决策的责任意识。针对决策者整体而言，应当注重优化决策班子的整体素质结构，如性别结构、年龄结构、知识结构、智能结构、气质结构等，打造出具有高能力、高素质、善协作的现代化公共决策班子。

（四）执行子系统

公共决策最终要落脚到决策执行上，方能真正实现决策目标。公共决策的执行子系统便是由以落实决策方案为主要目标的组织和个人构成的。通过对决策方案的贯彻执行，最终实现公共决策目标。具体而言，执行子系统需要在全面理解决策方案的基础上，根据现实情况进一步细化决策方案，有计划、有步骤地予以落实。同时，由于在实践中决策与执行的难以分割，执行子系统还承担着补充公共决策、追踪公共决策的功能，在一定程度上也拥有部分公共决策权力，以实现公共决策与现实的精准匹配。但也要杜绝在政策执行中不严不实、变相执行等现象，以实干的态度做到敢落实、真落实。

（五）监控子系统

为了避免决策活动出现重大失误，设置有监控子系统对整个公共决策过程进行监控。监控子系统主要负责监控公共决策主体的权力及使用是否合法、公共决策的内容和程序是否合法，由此保证公共决策活动的规范化与科学性。尽管各国的监控子系统设置因国情、国体、政体不同而有所差异，但常见的监控子系统主体有立法机关、司法机关、政党（特别是执政党）、新闻媒体、利益集团和民众等。其中，民众是决策监控子系统基础性的监控力量。任何现代国家的公共政策都不能将民众排除在公共决策过程之外，应当建立并完善公民监督公共决策的制度和渠道，将民众监督贯穿于公共决策的全过程，保障民众的知情权、参与权、表达权和监督权。

三、公共决策体制的类型

了解公共决策体制的类型是进一步学习公共决策体制的应有之义。按照公共决策权力的配置,公共决策体制可以简单分为首长制和委员会制、集权制和分权制。目前主要存在议会制、总统制、人民代表大会制、独裁制等公共决策体制类型。

(一)公共决策体制的分类

最高决策权力的配置决定公共决策体制的类型,因此可以其为标准来划分公共决策体制的类型。根据掌握最高决策权力的人数多寡,可以划分为首长制和委员会制;根据最高决策权力的集中程度,可以划分为集权制和分权制。

1. 首长制和委员会制

首长制,又称一长制、独任制,是指最高决策权力归某个人单独掌握,并由其承担决策责任的决策体制。在首长制下,其他领导可以对决策问题提出建议供行政首长参考,但决策的最终权始终掌握在行政首长手中,并且对决策行为负有实际责任。首长制的优点在于权责明晰、决策高效、迅速果断,因而在如今各国的行政系统中得到普遍实施。然而,首长制也容易出现由于个人的知识能力有限而导致决策失误,以及个人专断独行导致决策权力滥用。

委员会制,又称合议制、会议制,是指最高决策权由多人组成的委员会集体行使,并对决策行为集体负责的决策体制。如瑞士联邦政府就是实施的委员会制,瑞士联邦委员会由七名委员组成,委员会主席、副主席之间地位平等,实行集体决策。委员会制的优点在于能够集思广益,促进利益协调,发挥集体智慧进行公共决策,增进决策的科学化和民主化。但如果流于形式、配合不当,也容易导致决策迟缓、效率低下、推诿扯皮、决策成本过高。

2. 集权制和分权制

集权制是指决策权高度集中于上级机关,下级机关很少或没有决策自主权,只能依靠上级机关的决策和指令行事的决策体制。集权制有利于公共决策统筹协调、整体谋划、政令统一,决策制定和决策执行之间分工清晰。然而上级决策机关如果专断独行也容易导致政策与实际脱节,决策实行"一刀切",抑制下级机关的积极性。

分权制是指下级机关在其管辖范围内拥有相对独立自主的决策权,上级无权对其进行干涉的决策体制。分权制的好处在于,下级机关熟悉自己的管辖领域,能够因地制宜地进行公共决策;同时也能够调动下级机关的积极性。然而缺点也显而易见,那就是各决策机关之间容易自行其是,协调难度和成本较高,也容易导致政出多门的现象,削弱公共政策的整体性和系统性。

(二)主要的公共决策体制

公共决策体制作为人为设计的产物,必然要受到政治、经济、文化等宏观结构性因素的影响,与该国的治理情境相适应。因此,世界各国呈现出各具特色的公共决策体制。就目前来看,主要的公共决策体制包括议会制、总统制、人民代表大会制、独裁制等类型。

1. 议会制

议会制最初发轫于英国,随着资产阶级革命的胜利,开始在世界多国相继建立。议会制是建立在西方的"人民主权论"和代议制理论基础之上的,基本模式是由人民选举出支持的议员,再由议员代表人民做出公共决策,实现公共利益。在大多数议会民主制国家中,国家元首(君主或总统)是仪式性职位,不具有实际意义上的决策权。政府由议会选举产生,向议会负责,因此政府的决策最终取决于议会的决策。而议会的决策规则基本是多数原则,获得议会的多数支持是公共决策制定的关键。议会制对公共决策的有利影响在于能够防止国家元首的权力独大,通过制度规范去减少决策失误。但其消极影响在于议会制下的政党竞争激烈,容易导致决策效率低下,决策的成本较高。更为关键是,由于代议制的固有弊端,议员可能成为利益集团的代言人,而不是公共利益的代言人,并未真正实现主权在民。

2. 总统制

总统制是指由总统担任国家元首和政府首脑并独揽国家最高行政权力的制度。在总统制下,总统是国家权力的中心,独立于议会之外,由选民间接选举产生,只向选民负责。而政府由当选总统组织产生,向总统负责。在这种情况下,作为立法机关的议会和作为行政机关的政府是相对分离的。在美国式总统制的国家中,立法机关、行政机关、司法机关的决策权各自分立而又相互制衡,总统在三权分立的体制之外享有超然的决策权。总统制的弊端在于,立法机关与行政机关之间容易形成僵局,进而影响公共决策的效率。总统拥有强大权力容易使得行政权膨胀,出现总统决策的专断独行。此外,有些国家虽然也设总统,但总统只是民选的国家元首,是国家的权力中心,不兼任政府首脑。内阁由议会产生,对议会负责,但总统有权解散议会和内阁。这种同时兼具总统制和议会制特点的公共决策体制被称为半总统制,也称双首长制,世界上首创而且至今仍在实行这一体制的代表是法国。

3. 人民代表大会制

人民代表大会制度是中国特色公共决策体制,也是我国的根本政治制度。人民代表大会制度的主要内容包括五个方面。第一,各级人大都由民主选举产生,对人民负责,受人民监督。第二,各级人大及其常委会集体行使国家或地方的权力,集体决定问题,严格按照民主集中制的原则办事。第三,各级行政机关、监察机关、审判机关、检察机关都由人民代表大会产生,对它负责,受它监督。第四,中央和地方国家机构职能的划分,遵循在中央统一领导下,充分发挥地方的主动性、积极性的原则。第五,各少数民族聚居的地方实行民族区域自治。中国共产党的执政地位是通过对人大的领导来实现的。一方面,党的主张需要经过作为国家权力机关的人民代表大会上升为国家的政策方针;另一方面,党向国家机关推荐干部,并由人民代表大会表决。人民代表大会制度对公共决策的优势在于:能够坚持民主集中制原则,始终坚持群众路线,有利于保障公共决策代表公共利益;坚持"少数服从多数"原则,相较于西方国家的代议制,决策效率更高。实践证明,人民代表大会制度是符合我国国情、具有巨大制度优势的公共决策体制。因此,人民代表大会制度是符合我国国情和实际、体现社会主义国家性质、保证人民当家作主、保障实现中华民族伟大复兴的好制度。

二维码 5-1
人大代表这样
代表人民

4. 独裁制

纵观世界发展史,整个世界发展的趋势就是从专制独裁不断向民主过渡,最终完成现代国家的建构。然而,在当今世界上仍然存在实施独裁制的国家。在独裁制的国家,决策权力由君主、宗教领袖或其他权威人物掌握。国家领袖拥有至高无上的绝对权威,其权力是不可分割的,国家领导集团的其他成员要对他绝对服从。国家领袖不是由民众或议会选出的,而是通过世袭、政变的方式产生。独裁制虽然凭借领袖至高无上的权威可以促进决策效率和决策贯彻执行,但无论如何这一制度违反了世界政治文明的发展潮流。

四、公共决策的择案规则

公共决策体制不仅涉及决策权力的配置,还涉及决策方案选择的规则。决策规则对决策方案选择具有决定性的影响。对于同一个决策问题,决策规则的改变也将影响决策结果的改变。大体来看,公共决策的择案规则可以分为全体一致规则和多数规则。

(一) 全体一致规则

全体一致规则(unanimity rule),又称一票否决规则、一致同意规则,是指所有拥有决策权力的直接决策者都赞同,或者没有任何一人反对的情况下,政策方案才能通过表决转化为公共政策。全体一致规则有如下特点:第一,决策者的地位平等,平等地共享决策权力,任何决策者投了反对票,决策方案都不能通过,拥有对决策结果同等的影响力;第二,决策过程往往是不断讨价还价、协商博弈的过程,因为各决策者拥有不同的利益偏好,决策结果必须充分照顾各方的利益偏好和要求;第三,决策结果要达到"帕累托最优"。经过反复多次协商妥协出来的决策方案应该确保各方决策者都能从中受益,不会因此而产生利益受损。

全体一致规则是相对公平的决策规则,赋予每个决策主体相同的决策权,利于平衡各方的利益冲突,实现共赢的局面。然而,在实践运行中的难度却很大。一方面,不同决策者的利益结构、价值偏好、预期收益均有差异,要达到一个一致同意的政策方案需要耗费大量的时间、金钱、精力,使得决策成本过高,决策效率低下。另一方面,容易助长决策者的策略性行动。决策者会利用自己的否决权而采取策略性行动来争取自己偏好的政策,还有的决策者会以弃权的形式进行"搭便车"。因此,在实践中全体一致规则的运用相对较少,主要适用于委员会制,要求参与决策的人数有限,且决策议题往往属于重大决策问题。如联合国安理会在决议时需要五个常任理事国的一致同意。

(二) 多数规则

由于全体一致规则实现难度大,因此在实践中只能退而求其次,选择少数服从多数以最大限度地照顾多数的利益。多数规则(majority rule)就是采取少数服从多数的原则,选择得票数最多的方案作为最终政策方案的择案规则。多数规则又可分为简单多数规则和绝对多数规则。

□ **1. 简单多数规则**

简单多数规则,又称相对多数规则,指在备选方案中获得赞成票最多的方案就能通过,只需得票数最多,而不需要得票数过半。简单多数规则是现代公共决策中程序最简单、操作性最强、使用最广泛的择案规则。但简单多数规则单纯以票数最高获胜,可能存在得票最多的方案实际上可能只代表"少数人"的意愿,是许多少数派中最大的少数派,这样容易形成少数控制多数的局面,因此在实践中绝对多数规则逐渐受到青睐。

□ **2. 绝对多数规则及其变异形式**

绝对多数规则要求投票结果必须反映大多数人的意愿,明确规定了赞成票必须超过特定的比例,如 1/2、2/3、3/4 等,根据具体的决策实践确定。因此,绝对多数规则也叫过半数规则、比例多数制。在实践中,若遇到第一轮投票没有任何方案达到规定的赞成比例,则选取得票数最多的两个备选方案进行第二轮投票,票数高者胜出。绝对多数规则不要求每位决策者都投赞成票,降低了决策成本,决策效率较高。而且决策结果能够实现代表多数人的利益,更加科学合理,因此在实践中运用广泛。然而绝对多数规则也并非完美,容易出现"投票悖论"现象,影响决策效果的可靠性。

"投票悖论"(the paradox of voting),又称孔多塞悖论(Condorcet's paradox),是指当决策方案为三个及以上时,决策结果会因投票次序的不同而变化,各种决策方案都有可能通过,极大地影响公共决策的可信度。下面将以案例进行简单说明。

例如,甲、乙、丙三人对 A、B、C 三个政策方案进行选择。三人各自的选择偏好如下(符号">"表示"偏好大于"):

甲:A>B>C;乙:B>C>A;丙:C>A>B

按照绝对多数规则,三人中只要有两人选择某方案,某方案便胜出。如果假定投票次序为先从 A、B 方案中选择一个,再将其与 C 进行比较,看孰更优。那么,就以先比较 A、B 而言,三人的偏好可简化为:

甲:A>B;乙:B>A;丙:A>B

根据规则,A 被选中,那么再将 A 与 C 进行比较。就二者而言,三人的偏好如下:

甲:A>C;乙:C>A;丙:C>A

那么最终选择的方案是 C。

如果我们改变投票次序,要求先在 A、C 中选择一个,再将其与 B 比较,那么按照上述推演步骤,最终应选方案 B。同理,如要求先在 B、C 中选择一个,再与 A 比较,那么最终应选方案 A。

因此可以发现,当面临三个及以上备选方案时,不同的投票次序会影响决策结果,最终选定的方案并不是因为优于其他两个方案,而是投票次序所致。那么,是否存在一种投票规则能够消除投票悖论呢?阿罗不可能性定理对此给出的回答是否定的。阿罗不可能性定理(Arrow's impossible theorem),也称阿罗悖论(Arrow paradox),由美国斯坦福大学教授肯尼斯·约瑟夫·阿罗提出,认为不可能存在一种能够把个人偏好总合为理想的社会偏好的政治机制或集体决策体制。

既然完美的决策规则是不存在的,人们便尝试对原有的决策规则进行修正和改良,以弥补其缺憾。因此,多年来,绝对多数规则作为应用最为广泛的决策规则,衍生出了诸多的变异形式。

孔多塞标准(Condert criterion),又称两两对比规则,由法国数学家孔多塞提出,指运用过半数规则对所有的备选方案进行成对比较,即先表决两个方案,获得群体成员过半数赞成票的方案再同余下的方案进行成对比较,依次表决直到得出最终结果。

博尔达计数(Borda rule),又称偏好次序表决法,由法国数学家博尔达提出。基本操作是:决策者按照自己偏好程度的排序给 N 个备选方案打分,分值为 1 到 N,投票者给排在第一的方案打 N 分,给排在第二位的方案打 $N-1$ 分,以此类推,给排在最后一位的方案打 1 分,把所有的投票者对每个备选方案的打分分别加总,分数最高的提案胜出。

赞成投票(approval voting),也称同意表决法,由布拉姆斯和菲什伯恩提出。该方法主张由所有决策者对自己赞同的方案投赞成票,最后得票最多的备选方案获胜。

淘汰投票(exhaustive voting),先由决策者选出是认为最差的方案,把最多决策者认为最差的方案剔除,不断重复此步骤,直至最后只剩下一个备选方案。

投否决票(voting by veto),让所有决策者都提出自己认可的方案,汇总后将这些方案进行随机排序,让投票者从中否决一个,最后剩下的方案获胜。

第三节 公共决策技术

公共决策是复杂的政治活动,要做出令民众满意的公共决策是极其困难的,需要公共决策技术作为重要支撑。本节在介绍公共决策技术概念的基础上,将介绍决策模型、决策方法、信息技术、决策制度层面的公共决策技术。

一、公共决策技术的概念

技术一词在现实生活中极为常见,如工业技术、生产技术、管理技术、销售技术等。现代社会的发展和知识时代的到来,使得人们的社会生活和实践行动难以脱离技术。在学习公共决策技术之前,需要了解技术和公共决策技术的概念。

(一)技术的概念

《辞海》中对技术的解释是:"根据生产实践经验和自然科学原理而发展成的各种工艺操作方法与技能。"具体来看,技术具有规律性特征,是通过经验和科学对特定事物规律进行总结深化而形成的。技术具有工具性特征,技术是实现更好的实践行动的工具,目的在于为使用主体带来实践效用。技术具有操作性特征,技术一定是能够为使用主体所理解,在现实中可行的可实践的方法和技能。此外,技术应当带有一定的先进性特征,因为技术永远在追求达到更好的实践效果。随着实践的发展,技术处在不断的更新之中,落后的技术注定被现实所淘汰。

(二)公共决策技术的概念

与现实中工人需要利用生产技术来提高生产效率以期在市场中获得更多收益一样,

作为公共决策主体也同样需要一定的公共决策技术来做出更好的决策选择，提升公共政策的质量，以期获得更多社会行为主体的认同与服从。因为公共决策本质上是一种政治活动，故需要从政治技术的角度来理解公共决策技术。公共决策技术不仅仅是管理科学和决策科学范畴内的技术，也包含在政治技术的范畴之内。

周平教授认为，政治技术是运用政治权力解决复杂政治问题，尤其是政治问题的设置、经验、方法和技能。[①]在政治文明体系中，政治技术、政治制度、政治理念是三个不可或缺的组成部分。国家善治的实现离不开政治技术的支撑。公共政策是对全社会利益进行权威性分配的政治活动，也必然存在着方法、技巧、规则和程序等政治活动中的技术。因此，本书认为，作为政治技术的公共决策技术是公共决策主体进行决策活动、制定和选择政策方案时运用的政治资源、方法技巧、程序规则和经验规律等的总称。公共决策作为政策过程的核心环节，包含着诸多公共决策技术的运用。具体而言，公共决策的技术包含决策模型的设定、决策方法的使用、信息技术的辅助、正式制度的支持等。

二、基于模型的公共决策技术

基于模型的公共决策技术是对公共决策技巧方式的抽象化和系统化总结，为公共决策提供了指导性的技术路线。决策模型中理性和渐进模型分庭抗礼，随着公共政策研究的进步，又涌现出超越这二者之争的混合扫描模型、最优化模型、垃圾桶模型和循证决策模型。

（一）全面理性模型

全面理性模型是指决策者满足理性人的假设，能够获取完整而综合全面的信息，从而做出使社会效益最大化的决策。全面理性模型是在一种决策者完全理性的条件下做出的最优化决策的理想决策程序，在经济学、管理学、公共行政学等学科中运用广泛。

全面理性模型的决策者具有完全理性的特征，拥有充分的知识掌握能力、信息获取能力和计算能力，因而能够获得充足的政策信息，在所有可能的政策方案中都能进行后果预测、收益分析、排序比较，最终做出最优的政策选择。全面理性模型的要点是：① 决策者面对一个既定的明确的问题；② 首先应清楚决策的目标、价值或要点，并且能够进行排序；③ 能够列出所有达成其目标的备选方案；④ 预测每个备选方案所有可能的结果；⑤ 比较每个备选方案的可能结果；⑥ 选择最能达成目标的备选方案。

全面理性模型是一种理想状态下科学合理的完美决策，但在现实中想要实现则难度较大。首先，决策者面临的问题往往不是既定的，大多呈现出复杂、模糊的结构态势。其次，决策目标和价值往往是难以排序的，在现实中存在大量的决策价值冲突。再次，决策者基本上难以达到完全理性，其认识能力和计算能力是有限的。最后，理想化状态下所选择出的最优的决策方案在现实中可能难以实现。针对全面理性模型的弊端，诸多学者在对其进行辩证批判的基础上发展出了新的决策模式。

---

① 周平.政治文明建设应该重视政治技术的创新和设计[J].中共南京市委党校南京市行政学院学报，2004(5)：37-39.

(二) 有限理性模型

美国学者西蒙和马奇在对完全理性的批判基础上提出了有限理性这一具有进步意义的概念,进而提出了决策的有限理性模型。有限理性模型的概念是:决策者在决策过程中是有限理性的,对备选方案的选择不是追求最优的方案,而是选择较优或令人满意的方案。

有限理性模型的决策步骤简单如下:① 确定需要解决的问题和要实现的目标;② 确定一个能够达到令人满意效果的最低标准;③ 选择一个行动方案,对其进行评估,判断是否达到最低标准;④ 如果达到最低标准的方案是可行的,则立即开始行动,反之重新选择其他方案进行评估;⑤ 根据方案执行的效果,如果从中发现问题,则进行重新调整。这实际上是一个不断循环的过程。

总体而言,有限理性模型是对完全理性模式的进一步修正,使得决策模型更加符合决策实际。但有限理性模型更多是一种理论上的学术构想,并非为政策分析的实践服务。此外,有限理性决策往往只适用于结构良好,目的明确的组织决策行为,而在现实情境中决策问题往往结构复杂、目的模糊。

(三) 渐进模型

渐进模型是林德布洛姆在对传统的理性模型进行批判的基础上提出的,它在决策的理性模型之外开辟了一条新的基于渐进主义的决策路径。渐进模型的要义是决策者制定政策时以过去的经验为依据,对现行政策进行局部的、边际性的修改或调适。

渐进模型认为,采取渐进决策是因为技术上的困难,没有绝对先进的技术方法可以实现对备选方案的充分评估和预测,而且在现实中现行政策已经付出了巨大的行政成本,因此进行渐进性的补充修正是更加符合实际的,也与渐进性政治相适应。渐进模型具有六大基本内容:① 目的或目标的选择不能离开对相关行动的经验分析;② 决策者只需要考虑同现行政策在局部上稍有不同的备选方案;③ 不必考虑每种备选方案产生的所有可能的结果,需要考虑可能产生的少数重要结果;④ 决策者所面临的问题是可以被重新界定的,可以对决策方案与问题之间的匹配度进行调适;⑤ 对政策方案的选择,不需要各种各样的分析者一致认为这是解决问题的最有效决策,而是只需要获得与会者的同意即可;⑥ 渐进决策从本质上来说是对社会问题的补救和社会现状的改善,而不是追求实现未来的社会目标。

渐进模型考虑到了时间、信息、资源等现实要素的约束,降低了决策活动的复杂性,具有较强的务实性,在实践中具有较强的适用性。然而,这一模型也存在缺憾之处。一是渐进模型带有明显的保守主义特征,使得政策容易被既得利益者所裹挟而难以产生有效变革。二是渐进模型主张的决策是对现状的改良,而非着眼于未来。换言之,渐进模型重视短期目标,而忽视长期目标。三是渐进模型无法解释一切突发性的政策变革,如战争、革命等。而在不确定性逐渐增加的现代社会,决策问题的性质和特点也在不断变化,在这种情况下,仅进行边际性调整的渐进决策显然是不恰当的。

(四) 混合扫描模型

不少学者试图在理性模型和渐进模型两条路径的争论之外找到公共决策技术的第三

条路径。理性模型过于理想化,虽然提供了一种科学全面的决策引导,但适用性较差,更适合在宏观层面思考政策问题。渐进模型过于微观,着眼于对政策局部的边际调整,忽视了全局性的社会变革,且往往只考虑社会上层及最有权势群体的利益。面对两种模型突出的弊端,埃齐奥尼教授主张将这两种模型结合起来,从而提出了混合扫描模型。

混合扫描模型将决策划分为基本决策和渐进决策两种类型。基本决策是设计基本方向的决策,应采用全面理性模型进行分析;渐进决策重点在于对基本决策的修改和完善,应采用渐进模型进行分析。埃齐奥尼以"摄像机"来解释混合扫描模型,决策者应该综合运用广角和微距两台"摄像机"来扫描决策问题:广角摄像机旨在对决策问题进行全景式的粗略扫描,获得对决策问题的整体认知;微距摄像机则聚焦于值得深入观察的地方进行细致探索,获得对关键信息的充分掌握。而扫描层次的确定则有赖于决策者的能力,能力越强,扫描的层次越高,扫描的范围也更广,获取的信息也更为全面。

总体而言,混合扫描模型吸收了理性模型和渐进模型之长,是两者相结合的产物,统筹了宏观层面的决策和微观层面的决策,也增强了其对现实决策的适用性和解释力。然而,混合扫描模型在提出结合使用理性决策方式和渐进决策方式之外,实质上并未提出一种新的决策方式,同时在实践中到底如何操作也不甚明晰。

(五)最优化模型

德洛尔在全面批判理性模型和渐进模型的基础上,吸收这两种模型的要素,提出了带有综合性质的最优化模型。

最优化模型有四大基本假设:一是增加合理性内容以优化政策制定,如更详细地说明决策目标,更广泛地追求备选方案,更清晰地明确决策标准等;二是重视超理性在复杂的最优化政策制定中的作用,政策制定应当适当利用直觉、判断、总体印象和创造性思维;三是超理性和理性的政策制定阶段都应该辅以各种手段,前者可以使用头脑风暴法、敏感性分析、案例讨论等,后者可以通过增加输入(尤其是时间)、增加知识和提升决策者的能力等进行改善;四是现代国家因循守旧、安于现状、惯于维持的政策制定实践已经滞后于政策问题、政策知识、公众期望等变化的速度,这种情况能够而且应该得到改善。德洛尔将最优化模型的分析过程分为元政策制定阶段、政策制定阶段和后政策制定阶段,共有十八个步骤。

德洛尔的最优化模型试图提出一个更加综合和全面的决策模型,将超理性的因素也纳入其中,但这也使得其带有明显的折中色彩,比如其在结合超理性因素的同时,也强调了全面理性的诸多因素。更重要的是,最优化模型旨在实现更好的政策制定,但什么算更好、如何实现更好,则不甚明晰,这使其在实践中的运用面临困难。

(六)垃圾桶模型

要真正摆脱理性与渐进之争,仅试图建立覆盖这两种模型优点的第三条路径被实践证明是不可行的,必须在政策分析与社会实践密切联系的基础上开辟一条超越化的路径。实际上,无论是理性模型还是渐进模型都是在理性主义范式主导下的。随着后实证主义的兴起,部分学者开始探索决策的非理性主义进路。1972年,科恩、马奇和奥尔森在《组织选择的垃圾桶模型》一文中正式提出了垃圾桶模型。

垃圾桶模型关注的是组织无序化状态下的决策问题,具有问题偏好模糊、技术手段不明确、决策人员流动的特征。该模型假设在组织无序化的状态之下,问题、解决方案、参与者和决策机会四大源流独立地流入组织结构,而组织结构又受到净能量承载量、进入组织结构、决策结构和能量分布四大变量的影响。四大源流在四大变量的影响下,生成最终的决策结果。该模型以"垃圾桶"来比喻组织决策过程:组织就像一个垃圾桶,问题、解决方案、参与者和决策机会四大源流被分别随意地丢进垃圾桶里并混合在一起,四大源流在四大变量的影响下相互作用,最终从垃圾桶里倒出来的东西就是公共政策。该模型强调组织决策并非经过理性计算,而是在机会使然的情况下四大源流耦合作用的偶然结果。

总体而言,垃圾桶模型在理性模型和渐进模型之外发展了一条超越化路径,并且重点专注于组织无序下的决策行为,能够处理模糊状态下的公共决策,更加符合决策现实。然而,它的缺陷在于缺乏因果机制的解释,四大源流和四大变量是如何混合、如何影响决策的这些问题都没有给予回答。在现实中,四大源流也不像模型所假设的那般相互独立,这使得垃圾桶模型遭到了质疑。

(七)循证决策模型

循证决策简言之就是基于证据的决策。循证决策于 20 世纪末 21 世纪初兴起于英国。为促进政府现代化和决策有效性,1999 年英国政府内阁办公室发布的《21 世纪的专业政策制定》白皮书中明确使用了"循证决策"这一概念。在近一二十年,循证决策成为一种兴起的决策模型,被广泛运用于医疗、教育和社会福利等领域。

循证决策的要义是以证据支撑决策来保障政府决策行动的理性化,即决策者必须从实际的政策效果中仔细挑选能够支撑政策的证据。循证决策有两大基本原则:一是任何决策都要以证据为基础,强调政策制定的"效果导向",要求严格区分"政策产出"与"政策效果";二是强调社会科学知识在公共政策中的运用,要求决策者知识化,政府成为研究型政府。此外,要求循证决策要有完善的"知识管理"步骤进行支撑,即信息平台—政策网络—专家参与—政策学习。

总体而言,循证决策模型遵循了理性主义的思想,却超越了理性决策模型。循证决策模型没有局限于对理性的盲从和全面理性的理想化状态中,而是强调从现实中寻找证据,并强调知识对于决策的重要性,促进了现代公共决策的民主化、科学化和知识化。然而,循证决策也有其固有的弊端。当证据难以寻找或无法获取时,循证决策便陷入窘境。当选取的证据有误时,会导致用科学的程序最终得到错误决策的局面。

三、基于方法的公共决策技术

实现公共决策的科学化和民主化,不仅需要系统模型层面的技术支撑,还需要操作方法层面的技术指引。基于方法的公共决策技术是决策主体在决策时可运用的微观具体方法,其主要包括定量决策方法和定性决策方法。

(一)定量决策方法

定量决策方法是决策的"硬技术",其主要是运用数理计算来解决决策问题,大致思路是通过数学建模,分析变量间关系,进而求解出最佳决策方案。决策问题的类型将影响定量决策方法的选择,定量决策方法一般可分为确定型决策方法、风险型决策方法和不确定型决策方法三类。

1. 确定型决策方法

对于确定型决策,决策环境是可控的,决策主体能够充分掌握信息,并且对各个备选方案都能做出合理的预测和估计。在这种情况下,决策环境是确定的,只要决策选择行为确定,决策结果也是确定的。因而,决策主体只需要通过对备选方案进行比较,挑选出产生最优结果的方案即可。常用的确定型决策方法有线性规划、盈亏平衡分析、净现值决策法等。

线性规划是在一些线性等式或不等式的约束条件下,通过建立数学模型求解线性目标函数极值的方法。步骤主要包括:① 确定影响目标变量大小的变量,根据与目标变量的关系,建构出目标函数方程;② 明晰目标变量和影响变量的约束条件;③ 找出使目标函数达到最优的可行解,即为线性规划的最优解。

盈亏平衡分析又称保本点法或量本利法,简言之就是通过对业务量、成本、利润之间相互关系的综合分析,以此估计总收益和总成本之间的关系,当总收益等于总成本时即盈亏平衡。盈亏平衡分析在私营部门生产活动中极为常用,企业经营的最低标准就是保证盈亏平衡。而公共部门虽然不以营利为目的,但盈亏平衡分析对公共产品的定价仍然具有一定的参考价值。

净现值决策法是指根据整个项目周期内净现值的大小来作为方案取舍的决策方法。就一个公共管理项目而言,其现金流量(即收入与支出之差)在不同时点具有差异。因此,为了保证决策的科学性,需要将不同时点的现金流量折算成相同时点的有可比价值的现值,才能科学地判断方案的优劣。所谓净现值,就是在整个项目周期内,按照行业基准折现率或其他设定折现率来计算未来资金流入(收入)现值与未来资金流出(支出)现值的差额。若净现值大于或等于 0,说明项目是合理的,反之则是不经济的。

2. 风险型决策方法

风险型决策是指拥有明确的决策目标,但决策面临一些随机因素的影响,但决策者可以估计出这些随机因素的概率分布,从而进一步估计出各个备选方案在各种不同的随机因素下的收益值。对于风险型决策,常采用的方法是最大期望收益准则、最大可能收益准则、最大期望效用准则等。

最大期望收益准则是根据不同自然状态出现的概率,计算出每个备选方案的期望值并进行比较,选取一个收益值最大的行动方案作为最优方案。

最大可能收益准则是选择发生概率最大的自然状态进行决策,比较在该自然状态下各备选方案的收益。

无论是最大期望效益准则还是最大可能收益准则,都是根据概率计算的期望值来确定决策方案。但在现实决策中,由于决策主体对风险、损失等的态度不同,在决策时可能会出现背离方案的期望值进行决策的情况。因此,需要用效用来衡量备选方案,即最大期望效用准则。它的优点在于可以将决策者对待诸如风险、利润、损失等各种因素的态度考虑在内。利用最大期望效用准则进行决策时,应将决策者对待风险的态度折合成效用值,乘以相应的概率,再求和,选出期望效用值最大的方案为最优方案。

3. 不确定型决策方法

在不确定型决策中,决策主体无法预测各种自然状态发生的概率,因此也无法估计每个备选方案产生不同结果的概率,难以通过数理计算预测决策结果。在这种情况下,主要依赖于决策者的主观倾向进行选择。具体的决策准则包括乐观主义准则、悲观主义准则、折中主义准则、等可能性准则、后悔值准则等。

乐观主义准则是指决策主体从最有利的结果考虑问题,假定各方案都能产生其最好的结果,选取其中收益最大的那个备选方案。

悲观主义准则是指决策主体从最不利的角度考虑问题,假定各方案都只能产生其最坏的结果,选取其中收益最大或损失最小的备选方案。

折中主义准则是决策主体给最好的自然状态设定一个乐观系数,给最坏的自然状态设定一个悲观系数,两者之和为1,然后用各方案在最好状态下的效益乘乐观系数,在最坏状态下的效益乘悲观系数,得到两个乘积相加即可得出各方案的期望效益值,选择期望效益值最大的备选方案即可。

等可能性准则是指假定各种自然状态出现的概率都相等,以此来计算各备选方案的期望值并进行选择。

后悔值准则又称最小机会损失准则,是指在决策实施后,决策者没有选择收益最大的方案但损失的收益最少。决策时,决策者将比较各决策方案在各种自然状态下的最大后悔值,从中选择后悔值最小的决策方案作为最优方案。

(二) 定性决策方法

定性决策方法又称主观决策方法,是决策的"软技术",主要是决策主体利用自身所掌握的信息,结合自身的知识和经验,通过主观地判断分析来选择最佳方案。定性决策方法主要包括但不限于头脑风暴法、名义群体法、德尔菲法、哥顿法等。

1. 头脑风暴法

头脑风暴法又称智力激励法、BS法、自由思考法,是由美国创造学家亚历克斯·奥斯本提出的一种激发性思维方法。头脑风暴法旨在克服"群体思维",促进群体决策的创造性,提高决策质量。它主要通过小型会议的组织形式,让参与者在自由愉快、畅所欲言的氛围中相互交流和启发,诱发集体智慧,最终产生创造性思维。头脑风暴法成功运用的关键在于营造出宽松包容的研讨氛围,因此需要遵循四条原则:一是禁止对现有观点的批评;二是追求观点的数量而不是质量;三是鼓励狂热的和夸张的观点;四是提倡在他人提出的观点之上建立新观点。

2. 名义群体法

名义群体法(nominal group technique)又称NGT法、名义团体技术,适用于对问题不完全了解,同时意见分歧严重的组织决策。采用名义群体法,首先,由管理者召集群体成员,告知决策问题,并让他们进行独立思考,拟出自己的方案。其次,各成员向其他成员介绍自己的方案,确保每个人都理解到位。由记录员记录下各成员的方案,并要求方案相似或相同的成员进行整合。再次,由记录员公布不同类型的方案,各成员在进行思考和比较后对所有方案按最佳到最差的顺序进行排序。最后,主持人统计各方案得到评价的情况，选出最佳方案。名义群体法最大的特色在于不限制个体的独立思考，避免群体互动对个体思维的影响。决策中，群体成员之间不进行沟通交流，进而保证每个群体成员都能独立思考和个体决策，因而群体只是名义上的。

3. 德尔菲法

德尔菲法，也称专家调查法，1946年由美国兰德公司创立，是一种利用函询形式进行的集体匿名决策方法。对所要决策的问题向专家进行意见调查，专家以匿名的形式进行意见反馈。在整理、归纳、统计所有专家的意见后，再匿名反馈给专家，并再次征求意见，再集中，再反馈。在几轮反复后，专家意见趋于一致，最后供决策者参考。德尔菲法的特点在于匿名性、反馈性、统计性，这些特点使其在诸多决策方法中脱颖而出。最后得到的方案选择也是根据各位专家经过多次反馈后的意见综合而成，是集体智慧的结晶。但这种方法也存在一定的缺陷，其主要根据各专家的主观判断，缺乏客观标准，而且会有强求专家意见趋于一致的嫌疑。

4. 哥顿法

哥顿法（Gordon method）又称戈登法、提喻法，这一方法的原理与头脑风暴法相似，特点是主持人并不让与会者直接讨论问题本身，而是先让其讨论问题的某一局部或侧面，或与之相似的某一问题，然后由与会者自由地进行讨论。当会议进行到适当时机，主持人再向与会者展示具体的决策问题，进一步深化讨论。最后吸收与会者的讨论成果，进行决策。

■ 四、基于信息技术的公共决策技术

以互联网、物联网、大数据等为代表的现代信息技术推动着工业社会向信息社会的转变，推动着人类治理走向数智时代，也为公共决策的发展提供了更加先进的技术支撑。从动态的角度来看，公共决策过程本质上就是信息不断输入、转化、输出和修订的过程。现代信息技术为决策者对信息进行科学分析与合理选择提供了必要的条件，近年来大数据技术、人工智能技术和区块链技术的飞速发展极大地推动了公共决策的技术进步。

二维码 5-2
江苏启东市城市
内涝智慧决策平台

■（一）大数据技术

数据是信息社会重要的资源要素，是国家基础性战略资源。大数据是相对传统小数据而言的，其具有显著的"4V"特征：更大的数据体量（volume）；更复杂多变的数据结构（variety）；更快的生成速率（velocity）；更高的价值储量（value）。《"十四五"大数据产业发展规划》中提出用数据说话、用数据决策、用数据管理、用数据创新的大数据思维。而大数据技术不仅是推动经济社会高质量发展的新途径，而且是促进公共决策科学化、提升公共决策能力的利器。

一是大数据技术有利于推动公共决策全过程的科学智能优化。就问题界定而言，大数据通过多元传感技术能够多途径、全方位地记录与决策客体相关的信息，有利于对决策问题的全面感知和精准界定。就政策制定而言，方案设计是基于海量数据科学分析的循证设计，方案评估可以用先进的虚拟、仿真技术等进行精准预测，方案选择可以通过智能决策系统生

成。就政策监控而言,大数据技术有利于实现对决策效果的全方面客观记录,便捷高效地反馈政策结果,实现对政策的科学评估和即时优化。二是大数据技术推动了公共决策的开放化。数据开放是大数据技术运用于公共决策的基本前提,决策数据不再仅仅掌握在政府手中,而是需要向社会公众开放,有利于让公众了解决策信息,提出决策建议。三是大数据技术增强了公共决策的预见性。通过大数据技术能够全面、即时地获取社会信息,通过数据挖掘能够预测研判社会问题发展趋势,从而有利于政府主动地开展预见性决策。

总体而言,大数据技术驱动公共决策的智能化发展,使其从传统的经验决策向科学的数据决策转变,使公共决策不断地趋向完全理性。然而,大数据技术应用于公共决策也应注意防范有关数据安全的风险性问题。

(二) 人工智能技术

人工智能技术(artificial intelligence)作为计算机科学的一个分支,肇始于 20 世纪四五十年代,进入 21 世纪以来,这一领域的发展突飞猛进,并在自然语言处理、专家系统、视觉系统等技术领域应用广泛。通俗地来讲,人工智能技术就是制造一种具有智能行为的机器的技术。人工智能不是人的智能,而是通过模仿人类的思考方式使计算机能够像人脑一样智能思考。因此,机器学习算法是人工智能核心的技术基础,进而使得人工智能具有强大的预测能力,在公共决策领域拥有巨大的应用潜力。

人工智能技术凭借机器学习及其高级形式,通过文本挖掘、图像识别、自然语言处理等技术能够将大规模的复杂的非结构化信息转化为结构化数据。在海量数据的基础上,人工智能技术能够从中提取预测因子,构建非线性和高度交互的预测模型,准确地进行结果预测。人工智能算法相较于经验判断、专家决策和数理统计模型等在准确性上具有不可超越的优势,能够更加真实地复现变量间的交互关系,提高模型拟合的准确度。早期的人工智能技术更多地运用在政策实践上,主要用于简化服务流程,辅助政策主体提升工作效率,如自动识别信息、业务信息记录与处理等。随着人工智能技术的不断发展,人工智能开始介入更加复杂的政策制定之中,如智慧交通、司法判决、公共卫生、应急管理等诸多领域。

总体而言,人工智能技术为公共决策提供了一种基于算法决策的技术赋能,其强大的预测能力有力地补充了决策者智识的缺陷。但人工智能技术也不是万能的,它虽然能够保障决策的客观、理性、中立,但难以实现对伦理和价值的考量。在伦理和价值色彩浓厚的公共决策领域,如司法、医疗和社会福利领域的政策决策,适用性会大打折扣。

(三) 区块链技术

作为比特币及其他数字货币的核心技术,区块链的概念在 2008 年首次提出。简单来说,区块链实际上就是一种去中心化的分布式账本。交易者可以在任意节点上直接且安全地进行点对点交易,每一组交易信息数据的载体就是一个区块,无数区块按照产生的先后顺序相互连接起来就形成了区块链。区块链具有两大核心特点:一是数据难以篡改,通过哈希函数、密码学算法等对数据进行了严格的加密处理;二是去中心化,交易不必借助任何中介或者依赖监管者及信用担保者。区块链技术的本质就是利用互联网的开放性和加密技术的安全性来解决信任问题。区块链技术有利于克服大数据时代公共决策信息安全、责任机制落后等问题,实现公共决策机制的创新。

一是区块链技术有利于保证决策信息的真实性和安全性。区块链数据不可篡改的特性能保证决策信息的真实性,而通过各种算法加密能避免信息泄露的风险。二是区块链技术有利于促进决策主体之间的数据共享。区块链是一种分布式账本,包含一种数据需要得到大家信任的共识机制。区块链在公共决策中的应用,不仅有利于打破政府部门之间数据割裂的状态,还有利于促进政府与公众之间的信息共享,促进多元主体形成对决策的共识。三是区块链技术有利于推动公共决策责任机制创新。区块链技术可以记录下任何交易信息,信息的真实性和可溯性意味它能够实现对公共决策的全方位监控,降低对决策的监管成本,提升对决策的监管效率。

总体而言,区块链技术有利于解决公共决策的信任问题,保障决策数据的可信度,构建对决策主体的信任。在实践中,区块链技术往往与大数据等技术结合起来,汇聚成各自的优势来推动公共决策的进步。

五、基于制度的公共决策技术

实现公共决策的科学化和民主化,制度建设是根本。只有建章立制,发挥制度的导向和约束作用,才能推动科学化民主化的公共决策理念转变成科学化民主化的公共决策行为。

(一) 专家咨询制度

随着社会利益结构的日趋复杂,政府面临更加复杂多变的决策环境,而政府本身的决策能力是有限的,这使其所做的公共决策不可避免地面临挑战。引入专家咨询制度是降低公共决策随意性、提升公共决策质量的重要制度安排。决策专家咨询制度的渊源是德军总参谋部[1],在国家军事决策体制中占据重要地位。二战后,战时德军总参谋部的这种决策咨询组织及制度形式受到诸多西方国家的效仿,美国、日本等国家已形成成熟的决策专家咨询制度。随着我国公共决策的进步和发展,专家咨询也成为公共决策中的经常性步骤,专家咨询制度有效促进公共决策的科学化和民主化。一方面,专家咨询制度有利于提升公共决策的质量和水平。专家作为高层次人才,可以利用其专业知识和研究成果为公共决策提供信息和智力支持,促进对决策问题的诊断,助力方案选择和决策动议。另一方面,专家咨询制度还具有规范和制约决策权力的功能。专家咨询作为公共决策的重要程序,有利于防止政府主观随意决策,这也赋予了专家咨询制度以现代的民主政治意义,推动了公共决策的民主化。

(二) 社情民意反映制度

人心是最大的政治,人民是最大的底气。公共决策必须根植于真实、全面的社情民意,这样制定出的公共政策才能真正地代表和反映民众的根本利益。这要求决策主体在做出决策前,应该通过多种渠道了解社情民意,由此形成了社情民意反映制度。在决策主体做出决策之前,公民可通过电话、信函、传真、大众媒体等方式,自下而上地向决策机关反映意见、提出建议,这些社情民意将成为重要的公共决策依据。随着网络理政的发展,

---

[1] 张颖春.发达国家政府决策专家咨询制度特征及启示[M].天津行政学院学报,2015,17(5):105-111.

政务网站、问政平台和领导留言板的发展为反映社情民意提供了更加便捷化的渠道。通过网上问计、网络问政,密切关注网民声音,更好地问政于民、问需于民、问计于民。

(三) 社会听证制度

听证来源于英美普通法系上的"自然公正"理念,即任何人或团体不能成为自己案件的法官,任何人或团体在行使权力而可能使别人受到不利影响时必须听取对方的意见。听证最开始主要用于司法领域,即司法听证,而后扩展至公共决策领域。现代公共决策的科学化和民主化要求必须广泛听取利益相关方的意见,因此社会听证制度应运而生。在公共决策时进行社会听证在西方由来已久,我国在改革开放后引入公共决策的社会听证制度。如今公共决策的社会听证制度广泛应用于关系国计民生和公共利益的重大审批项目、重大立法、行政许可、价格、社区社会事务、社会治安综合治理等方面。公共决策的社会听证制度保障了公众的知情权和陈述权,有利于加强政府与公众之间的交流,有利于及时调整和完善决策方案的不足,有利于保障公共决策的代表性和合法性,真正实现决策为民。

(四) 重大事项社会公示制度

民众享有对公共决策的知情权,这是民主决策的重要前提和基础,与之密切相关的是重大事项社会公示制度。重大事项社会公示制度一般是决策机关将公共决策成文(或草案)进行公示,公民在了解决策内容后发表意见、提出建议。不同于社情民意反映制度,重大事项社会公示制度往往是在决策之后,通过决策主体自上而下地发布草案或征集意见的方式进行,旨在完善决策方案,便于公民监督,有利于提高决策的透明度和公众的参与度。公示的重大事项范围主要包括方针政策性的大事,全局性的问题,重要的干部推荐、任免和奖惩,重大经济目标确定,重大资金,重大项目,重大活动,等等。公示方式根据内容确定,可分别或连续采用事先公示、事中公示、事后公示等方式在新闻媒体、政务网站、政府公告栏上进行。

二维码 5-3
2018 年个人所得税法修正草案面向社会征求意见

第四节 公共决策艺术

正如一件事怎样做对是科学,怎样做好则是艺术。要实现公共决策的科学化和民主化,光凭决策技术远远不够。公共决策实际上也是一种政治审美,不仅需要决策者采用规范性的决策技术,还需要学会运用创造性的决策艺术,以使由决策生成的公共政策成为富有美感的政治作品。

一、公共决策艺术的概念

相比于公共决策技术,公共决策技术的概念则更为模糊和抽象,其原因在于艺术的概念本身就极其抽象。因此,先了解艺术的概念有利于领会体认公共决策艺术的概念。

(一) 艺术的概念

毋庸置疑,艺术是一个模糊性极强的概念,学界对其的定义纷繁复杂,也彰显出艺术定义的模糊性,甚至艺术能否被定义都是一个富有争论性的话题。艺术一词(art)来自古拉丁文 ars,类似希腊语中的"技艺",主要指技能或技艺。这种技能或技艺上的艺术与我们今天所理解的现代意义上的艺术可谓大相径庭。简单追溯艺术概念的发展历程,大致可分为艺术概念的"技艺时代"和"美的艺术时代"。两个时代的分水岭是 18 世纪中期法国学者巴托在《统一原则下的美的艺术》中用"美的艺术"重新定义了艺术概念,将艺术从繁芜的"技能""技艺"领域独立出来。巴托建立了艺术的价值尺度——"美的",艺术普遍的、主要的特征即"美的艺术"。而后,由于美学的审美经验的介入,艺术概念的内涵得到深化,艺术不仅具有了技术的经验性,还展现出哲学和审美的经验性。

尽管美的艺术占据主流,但也有学者认为艺术不能用单一的"美"来框定。美国哲学家杜卡斯认为,一是艺术不能仅用美来概括,二是艺术不单以"美"为创造目标,它实际上就是一种人表现自我的创造性活动。同时,人们发现美的艺术和技艺艺术并非完全割裂和对立的,美的艺术的发展能够促进技艺艺术的提升,而现代社会中美的艺术发展往往需要以科学技术作为支撑,实际上艺术的高美和高技术往往是融为一体的。因此,综合来看,艺术首先是美的艺术,其次是技艺的艺术,最后是艺术的艺术。"艺术的艺术"表达的是艺术总是具有某种独立性质的,要将艺术概念置于人类的生活中来理解。艺术不仅仅是某种特性或功能,艺术是人类的一项经验表现的活动。①

(二) 公共决策艺术

正如前文的分析,公共决策是一项政治活动,需要从政治艺术的角度来理解公共决策艺术。关于政治艺术的概念,第一种理解倾向于将政治艺术理解为政治活动中的技巧或谋略,这种对政治艺术的理解还仅停留在"术"的层面,远未上升到"艺"的层面。第二种理解认为政治艺术是政治领域的审美活动。这种美感,体现于政治活动开展后实现的良好社会反响和人民的信任认同,是政治活动的起点和归属。当然,在人类历史上,存在着诸多以艺术形式开展的政治活动,但更多地表现为一般的形式,即以各种政治手段、方式、经验和技巧开展的政治活动,因此需要将政治艺术的概念置于普遍意义上的政治活动中来理解。政治艺术就是在能够有效实现政治效能的前提下,政治行为主体努力实现政治过程的稳定有序,实现各政治活动主体的和谐发展而进行的政治活动。它以政治技术为载体,在政治活动当中不断地对政治技术进行优化和提升,从而创造出更好的、更优秀的政治作品。②

按照对政治艺术的理解,本书认为公共决策艺术是公共决策主体为实现公共决策的科学化和民主化,在决策活动中对公共决策技术进行不断优化,以创造更高质量公共决策的决策活动。公共决策的过程既是决策主体借助政治技术制定、实施和完善公共政策的过程,也是公共决策主体在公共权力机关的主导和协调下,在公共领域的监督与批判中运

---

① 李新.艺术的概念及其本质——关于艺术概念史的一个经验性说明[J].艺术百家,2020,36(2):37-46.
② 蒋兰慧,史云贵.论现代执政党执政的政治技术与政治艺术[J].天府新论,2009(5):1-4.

用政治艺术引导和规范不同利益主体相互博弈,最终实现公共利益、公共精神和走向公共理性的过程。

(三)公共决策技术与艺术的统一

公共决策的技术和艺术伴随着公共决策活动产生和发展,二者之间有着复杂的关系。厘清二者的关系,有利于我们有效发展和利用公共决策的技术和艺术,实现更高质量的公共决策。

就公共决策技术而言,它是应决策活动的开展、决策问题的解决而产生的,带有一定的工具性、规律性和科学性。就公共决策艺术而言,它是决策主体智慧的结晶,蕴含着决策主体的气质修养和价值追求,具有社会性、人文性和个体性。公共决策技术还处于技术层面,而公共决策艺术是对公共决策技术的"艺"化,是对公共决策技术的优化和超越。然而,正如技术与艺术是密不可分的一样,公共决策的技术和艺术也是密切联系、相互渗透而不断发展的,公共决策是技术与艺术的统一。

从产生来看,公共决策艺术以公共决策技术为产生基础和运行载体,没有公共决策技术就无所谓公共决策艺术。公共决策艺术包含对公共决策技术的"艺"化,能够更好地提升决策质量的新颖的、巧妙的公共决策技术便是公共决策艺术。从发展过程来看,由于科技的贫瘠,早期的公共决策技术主要基于人类的决策经验,处于相同历史条件下的公共决策艺术更是使人类的智慧大放异彩,是对决策经验的优化和升华。从发展趋势来看,随着科技的发展和公共决策的现代化,公共决策技术也不再只是冰冷的工具,而是具有科学性和人文性,能够产生更高的政策效能,能够更好地体现出公共决策的"美感",出现了公共决策技术艺术化的趋势。而公共决策艺术经过决策主体的反复运用和发展,也具备了一定的规范化和程式化特征,往往会将其固化为公共决策的技术,因而也体现出技术化的倾向。从目的旨归来看,运用二者的本质目的在于实现公共决策的科学性与民主性。公共决策不是完全依靠技术的冰冷过程,而是包含决策主体智慧的创造性活动,因此公共决策既需要技术,也需要艺术。公共决策技术以固定化、规范化的形式来实现公共决策的科学性和民主性,而公共决策艺术则以一种非正式的、弹性的形式来弥补技术的不足,两者结合则能更好地实现公共决策的科学性和民主性。

概而言之,公共决策的技术和艺术是基于决策实践而紧密联系、相互渗透的,公共决策是决策技术和决策艺术的统一。

二、公共决策的妥协艺术

阿克顿曾说:"妥协是政治的灵魂。"中国古代也有"和而不同"的政治智慧。面对现代社会多元化和复杂化的利益冲突,暴力解决已不适应现代民主政治的发展要求,追求互利共存的妥协政治成为解决冲突的重要调节方式。公共决策作为政治活动同样需要运用妥协的艺术,如妥协是政治的灵魂一样,妥协是公共决策最大的艺术。

(一)坚持原则性和灵活性的统一

妥协不是无限度地退让或逃避责任,而是决策各方在真实意愿下的共同让步以达成共识。因此,在公共决策中运用妥协艺术,必须始终坚持原则性和灵活性的统一。所谓原则性,是指决策参与者要秉持自己的根本价值和立场,具有底线思维,不能随意进行改变或妥协。列宁曾把妥协分为两种:一种是为客观条件所迫而做的妥协,这种妥协丝毫不会削弱斗争决心和对革命的忠诚;另一种是叛徒的妥协,因为贪图私利、怯懦畏缩,而屈从于资本家的威胁、利诱、劝说、捧场。两种妥协之间存在着根本性的区别,前者是有原则的妥协,是顺应形势以最终实现目标;而后者是无原则的妥协,是机会主义地选择局部利益而放弃根本利益。所谓灵活性,是指决策参与者要顺应形势变化,具有权变思维,在坚定立场的前提下相机调整决策方案。公共决策的妥协艺术必须要坚持原则性和灵活性的统一,既要杜绝无底线地妥协让步,又要防范死板的教条僵化。

(二)通过适度妥协寻求利益平衡

不同的决策参与者持有不同的立场,代表不同的利益,因而利益冲突不可避免,持续的冲突僵持将导致决策迟滞。在公共决策的过程中,"许多要求能完美地实现都是在长时期中经过一系列的妥协而后取得的,并不是在每一步上都顽固地坚持按自己的方式才取得的"①。对于民主政治之下的公共决策,适度妥协是解决利益冲突的重要调节机制,是实现利益多元性共存的必要手段。首先,适度的妥协是决策参与者之间有序的、平等的博弈。各决策参与者应遵循公平、公正的博弈原则和秩序,秉持公共理性,追求公共利益。各决策参与者之间应以平等的身份进行对话协商,而不是某些阶级、政党和利益集团进行强势主导。再次,适度的妥协要以围绕利益平衡为中心,寻求解决利益冲突的有效路径。应当找准利益冲突的根源,决策参与者在坚守自身原则的基础上,尊重他者的合理利益,求同存异,做出合理的妥协和让步。最后,利益主体经过妥协达成决策共识,因此会对决策结果产生自觉认同和自愿服从。

三、公共决策的沟通艺术

政治沟通理论是在20世纪50年代以来西方行为主义政治学兴起的浪潮中产生的。所谓政治沟通(political communication),简单来说就是政治过程中信息在不同政治主体之间的传播、流动与交换,是政治系统赖以存续的基础要件。卡尔·多伊奇认为政治沟通之于政治系统系统就像"神经"之于人体;阿尔蒙德认为,政治沟通之于政府就像"血流流动"之于人体。而在政治系统中,政治沟通的核心在于政治决策过程。公共决策实际上就是一种政治活动,因而需要掌握政治沟通的艺术。广义上的政治沟通包含了政府系统内部的沟通、社会系统内部的沟通以及政府系统与社会系统之间针对特定的公共事务进行沟通和协商。

(一)实现政府系统内部的有效沟通

在金字塔式的科层制层级体系内,沟通往往采取层级式的传导,容易出现信息不准确、沟通不到位的情况,进而导致决策失误。因此实现政府内部的有效沟通,需要确保"三个向度"的有效沟通。一是上行沟通,需要将决策内容和决策方案的简要情况向上级部门进行反映和传递,与上级部门"通气",寻求上级部门的意见反馈并及时调整方案,有利于

---

① 科恩.论民主[M].聂崇信,朱秀贤,译.北京:商务印书馆,1988:186.

减少政策方案通过的阻力。二是平行沟通，政府各同级的职能部门之间应破除信息壁垒，实现信息之间的互联互通、共享共容，为公共决策提供更加全面的信息。在当今数字政府的建设中，应当通过网络平台、政务云等形式整合各部门的数据资源。同时，这种沟通也是一种利益整合的过程，有利于汇聚部门之间割裂化的利益进而达成共识。三是下行沟通，是指上级部门要将路线、方针、政策等全面、真实地传达给下级部门以促进其贯彻落实，还要使其充分理解领会决策方案的内容和意义。

（二）保障社会系统内部的合理沟通

公共政策要具有公共性和合法性，就必须代表民意，而民意往往是在社会系统内部沟通中形成的，因此，保障社会系统内部的合理沟通确有必要。在社会系统中，公众、媒体、企业、社会组织等之间往往会就特定公共事务或公共问题进行讨论沟通，这是社会系统对政治生活的关注。因此，需要保障他们之间信息流动的通道顺畅，保障相关主体之间进行合理沟通的空间和权利，而不能一味地阻塞。推动社会系统内部各主体在公共领域中合理互动、交往与沟通，为民意的形成和表达提供开放、包容的环境。

（三）促进政府系统与社会系统间的良性沟通

政府系统与社会系统之间的沟通是民主政治的基本要求，是政治沟通最重要的内容。只有通过二者之间双向的沟通，政府系统才能了解社会系统的需求，社会系统才能获取政治系统的信息。要实现政府系统与社会系统之间的良性沟通，应重点把握以下三点：一是政府主体应树立一种协商意识，对社会主体要做到平等、尊重，要将与社会系统的沟通内化为公共责任和自律行为；二是着重拓宽二者之间的沟通通道，采取丰富多样的沟通方式，如座谈、听证、咨询、信访、民意调查、政务公开等，更要注重基于现代信息技术的网络沟通通道，及时地倾听、回应民意；三是要将这种政治沟通制度化和规范化，用法律法规予以明确的保障和规范。

四、公共决策的用人艺术

古往今来，无论是政治家，还是军事家，但凡作为领导者，最关键的就在于决策和用人。墨子曾言："尚贤者，政之本也。"公共决策归根结底是由作为人的决策参与者做出的，因而在公共决策中善识人、用对人、用好人也是一门关键的公共决策艺术。

（一）识人善用，合理搭配

古语言："世有伯乐，然后有千里马。"刘邦善识英才成就丰功伟业，李世民广招贤士成就一代明君，历史上关于领导者识人善用的佳话不可胜数。作为公共决策主体，应当慧眼识才、识人善用：善于观察人才，挖掘真才实干的人才；巧用人才，将人才配置到合理的位置；大胆起用人才，充分发挥人才的潜能。而如今的公共决策普遍是由决策团队做出的，要打造一支高素质的决策团队还需要合理搭配决策参与者。公共决策主体应当充分了解各决策参与者的年龄、知识、能力、性格、气质等个体特征，摸清其所处的社会阶层、所代表的利益，以公共决策问题为导向，有机组合决策参与者，组成决策团队。正如刘禹锡一诗所言的"桃红李白皆夸好,须得垂杨相发挥",要让决策参与者之间应形成良性互补,做到决策参与者与决策问题相匹配,才能最大限度地发挥决策团队的智慧。

(二)促进决策团队参与的积极性

除了组建决策团队之外,还要促进决策团队参与的积极性,使其真正形成合力、贡献智慧力量。一是决策团队应保持平等、包容的氛围,使决策团队成员能够平等地表达自己的意见和想法。二是决策团队应构建完善的权益表达机制,这样既能保障各成员参与决策,又能最大限度地获取决策信息。三是决策团队应根据决策问题制定科学明确的决策流程,避免决策陷入低效的决策困局,耗费决策成员的精力而导致参与倦怠。四是决策团队应形成良好的激励机制,根据决策成员在决策中发挥的作用进行奖励,由此调动决策成员参与的积极性。

五、公共决策模型的艺术化

随着公共决策实践的发展,越来越多的学者在理性模式和渐进模式的纷争之外另辟蹊径,或考虑决策的情境性,或关注决策中的公民参与,创造性地提出了具有艺术性的公共决策模型。

(一)公民参与的有效决策模型

20世纪60年代以来,美国的约翰逊政府开始推行所谓"伟大社会"计划,"新公民"参与运动随之兴起。随着它的蓬勃发展,公民参与公共决策的呼声与日俱增。但公民参与的形式、质量与公共决策质量之间的矛盾却始终是一个难题。一方面,诸多学者强调公民参与的价值和意义,但缺乏对参与途径的研究,对在什么时候、以什么方式进行公民参与这一问题的回答甚少;另一方面,让公民参与公共决策是民主决策的应有之义,但可能会影响决策效率和政策质量。而托马斯试图创立一个公民参与的可操作性理论,构建出协调决策效率和决策民主、融合决策技术和决策艺术为一体的公民参与的有效决策模型(如图5-1所示)。

因为不同的决策议题对公民参与的要求不同,要实现公民参与的可操作性,首先就要明确公民参与的适宜范围,再选取恰当的公民参与决策的形式。为了界定公民参与的适宜范围,托马斯引入了政策质量和政策公民可接受性两个核心变量。界定公民参与的适宜度主要取决于这两个变量之间的相互限制。对政策质量的要求越高,公民参与决策的限制就会越大。而对政策公民可接受性的要求越高,公民参与决策的需求就越大。如果对政策质量和政策公民可接受性要求都很高的时候,就会存在要求增强公民参与和要求限制公民参与之间的争议和平衡问题。

在确定了公民参与的适宜范围之后,应该选择什么样的参与方式呢?托马斯认为应通过对下面七个问题的依次回答来明确公共决策的要求,从而选择与之相适应的参与方式。这七个问题是:① 在任何决策中,管理者都明确决策的质量要求是什么? ② 我有充分的信息做出高质量的决策吗? ③ 政策问题是否被结构化了,以致不再需要人们重新界定其他替代方案? ④ 公民对决策的接受程度是否对决策的有效执行至关重要?如果是这样的话,管理者单独制定决策,他有相当的把握来认定公民会接受政策吗? ⑤ 谁是相

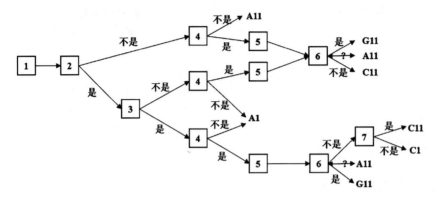

注：A1=自主式管理决策；A11=改良式自主管理决策；C1=分散式公民协商决策；C11=整体式公民协商决策；G11=公共决策

图 5-1 公民参与的有效决策模式

资料来源：约翰·克莱顿·托马斯．公共决策中的公民参与：公共管理者的新技能与新策略［M］．北京：中国人民大学出版社，2005：60．

关的公民？公民是一个有组织的团体，多个有组织的团体，无组织的公民，还是这三种形式的混合体呢？⑥ 在解决决策问题时，相关的公民能分享公共管理机构欲达成的决策目标吗？⑦ 在选择优先解决问题的方案时，公民内部会产生争议吗？

根据对上述问题的逐步回答，公共决策者可以根据自身的需求，从五类不同程度的公民参与决策类型中选择与之匹配的类型。① 自主管理决策。对政策质量的要求处于支配地位，决策者既不需要从公民那里获得信息，也不需要公民参与促进政策执行。决策者可通过自主管理的途径独自解决问题或制定政策。② 改良式自主管理决策。决策者在单独做出决策的同时，引入有限的公民参与，这适用于决策者需要从公民那里获得信息，而不必获取公民接受的情况。③ 分散式公民协商决策。决策者分别与不同的公民团体探讨问题，听取其观点和建议，然后制定反映这些团体要求的决策。这适用于决策者在面临最困难的决策情境时，即某一个结构化的问题需要公民支持，公民的意见却与公共决策机构的目标相悖，并且在公民内部形成了一致的反对意见。于此，决策者既需要公民参与决策，又需要限制公民参与影响力的发挥空间，所以可以选择将其分散成不同团体，再分别与之协商。④ 整体式公民协商决策。决策者在进行决策前与作为一个单一集合体的公民探讨问题，听取其观点和意见，然后制定反映公民团体要求的决策。这适用于有部分公民不赞成公共决策机构的决策目标，而决策又需要公民接受以保证可执行的情况。⑤ 公共决策。决策者同整合起来的公民探讨问题，并且决策由二者在达成共识的基础上共同做出。这适用于公民对公共决策机构的目标没有异议的情况，公民参与不会对政策质量产生影响，而且能够促进对政策的理解和认同。

在上述五种公民参与决策的类型中,公民参与的程度是从无到有逐步递增的。前两种实质上都是公共决策者的自主决策,并不考虑公民对政策的接受性。后三种是与公民共同决策的方式,需要根据实际情况进行选用。托马斯认为要实现有效决策模型的效用最大化,就需要灵活运用公民参与决策类型。决策者在信息比较匮乏的情况下,可以采取有限的公民参与以了解公民的需求偏好及利益结构,在掌握足够信息后,可以采用更深入的公民参与形式,这样有可能同时实现决策的高质量和高接受性的目标。

(二) 子系统决策模型

对于理性的公共决策者而言,决策要与具体的情境相符合才是有效的。因此,有必要厘清决策方式和具体情境的关系,明晰在何种情境下应采取何种决策方式。由豪利特和拉米什提出的子系统决策模型是对该问题的有益探索。

子系统决策模型是建立在对福里斯特决策参数模型的改进基础之上的。福里斯特提出公共决策受到五大情境参数的影响:行为者、环境、问题、信息、时间,并且这些参数的范围是可变的(见表5-1)。他将决策可能的类型总结为五类:最佳、满意、搜寻、谈判(协商)和组织性的决策。在不同的决策参数组合下,决策者会选择不同的决策类型。最佳决策类型只有在具备完全理性模型的条件下才能发生,即要求:决策行为者人数很少;决策环境简单;决策问题清楚;信息完备且易于理解;决策时间足够充分。相应地,当认知受到限制时,会采取满意决策的类型;当决策问题不清晰时,应采取搜寻的决策类型;当存在多个行为者,而信息和时间又不充分,此时适合采取谈判决策类型;当有多个环境和多个行为者,同时信息和实践资源充分,但存在多重问题时,可采用组织性决策类型。

表 5-1 决策的参数

变量	范围
行为者	单个——多个
环境	单个、封闭的——多个/开放的
问题	清楚的——多重的/模糊的
信息	完全的——竞争的
时间	无限的——控制的

资料来源:迈克尔·豪利特,M.拉米什.公共政策研究:政策循环与政策子系统.庞诗,等译.北京:生活·读书·新知三联书店,2006:254.

豪利特和拉米什认为福里斯特的分类为改进决策模型迈出了第一步,然而其分类的很多情况在实践中难以区分。因此,二人通过重新计算变量对上述决策模型进行改进,对"行为者"和"环境"的研究可以通过聚焦政策子系统来完成,而"问题""信息"和"时间"资源概念可被视为与决策者受限制的种类有关。这样决策活动中最重要的两个变量就被汇集为:一是处理问题的政策子系统的复杂程度;二是政策子系统所面临限制的严格程度。政策子系统的复杂程度会影响对于子系统的某种选择达成一致共识的可能性,而信息的多寡、时间的长短和问题清晰度等会限制其决策行为。在政策子系统复杂的程度和限制条件严格程度的同时约束下,决策模式可以划分为四种类型(见表5-2)。

表 5-2　基本决策模型

	政策子系统的复杂程度	
	高	低
政策子系统限制的严格程度　高	渐进调整	充分探求
政策子系统限制的严格程度　低	优化调整	理性探求

资料来源：迈克尔·豪利特，M.拉米什.公共政策研究：政策循环与政策子系统.庞诗，等译.北京：生活·读书·新知三联书店，2006：256.

一是渐进调整型决策。政策子系统的复杂程度高而限制的严格程度也高时，不要期待大范围、高风险的决策，而适合采取林德布洛姆的渐进调整式样。二是理性探求型决策。其面临的政策子系统较为简单，受到的限制条件少，具有充分的条件进行更加正统的理性探求，以期新的、可能的重大变革。三是优化调整型决策。当政策子系统复杂程度高而限制严格程度低的情况下，倾向于对决策进行最优化调整。四是充分探求型决策。在政策子系统复杂程度低而限制严格程度高的情况下，就要寻求令人满意的决策。

（三）共识型决策模型

共识型决策是近年来西方公共行政和"民主理论"界提出的一种理想类型的决策模型。共识型决策最早的经验来自20世纪80年代荷兰的"浮地模式"。该模式是荷兰工党为应对经济低增长和高失业率所建立的劳（工会）、资（雇佣者联盟）以及政府三方的共识协商谈判机制。随着荷兰模式的成功，共识型决策作为解决单一政治体系内部多元族群和文化共融问题的解决方案，在瑞士、黎巴嫩、比利时以及包括瑞典、挪威在内的部分北欧国家得到运用。近年来，我国部分学者也开始基于本土案例研究中国式共识型决策模型。比较典型的有王绍光和樊鹏（2013）基于新医改政策制定的案例提出的中国式共识型决策模型和共识型政治体系。

共识型决策模型的特点是相较于传统决策模型而言的。为了便于理解共识型决策模型，学者王绍光采用两个向度来划分不同的决策模型：一是决策的参与结构是"开门"还是"关门"（即开放还是封闭）；二是决策的互动机制是"制衡"还是"磨合"。

表 5-3　决策模式的对比

		互动机制	
		制衡	磨合
参与结构	关门	2 科层模式	1 集体领导模式
参与结构	开门	3 多元模式	4 共识模式

资料来源：王绍光，樊鹏.中国式共识型决策："开门"与"磨合"[M].北京：中国人民大学出版社，2013：274.

共识型决策，就是各决策主体、社会团体和大众寻求广泛参与和一致同意的决策过程。其内涵和原则主要包括五大要点。① 包容性：允许尽可能多的利益相关者商讨政策，大到社会团体，小到个人。② 参与性：不仅需要广泛参与，更重要的是在商讨过程中所有参与者都有平等机会反映诉求、贡献意见和智慧。③ 协作性：各决策主体和参与团体通过商讨、协作、集思广益研究可行的政策，政策的产生是各方参与者协作贡献力量的结果。④ 共识构建性：协作制定政策的过程，目标在于尽量减少分歧、积累共识，以寻求各方面的同意。⑤ 合作性：鼓励所有参与者保持整体利益的观念和思维，决策过程还要对每一个决策党员或单个团体的偏好进行一定程度的限制，以保证所有参与者的关切都能得到较好的平衡与满足。

综合各方面的理论研究，理想类型的共识型决策过程可以划分为六大基本步骤：第一，有待制定的政策议题的讨论，确定政策制定的目标和主要的决策点；第二，确定可能的政策选项，实际上是通过广泛参与集中汇集政策提案、建议，然后形成政策预案的过程；第三，确定可能存在的分歧，实际上是检测参与决策的各方对预案的共识程度，集中产生各方关切的问题；第四，围绕各方关切的问题，集体协作对预案进行修订；第五，针对将要出台的政策方案，检测社会支持度；第六，政策的出台。①

综合来看，共识型决策反对决策程序和过程的封闭性、非协作性及以"简单多数决"方式进行决策。共识型决策通过参与结构的开放和互动机制的磨合，既可以克服封闭型决策的盲目性，又可以避免竞争型决策的拖而不决。共识型决策所拥有的开放性、协商性等特点，使其更能促进公共决策的民主性。

六、公共决策方法的艺术化

随着公共决策实践的发展和决策环境复杂性、不确定性的加深，基于精密计算的定量决策方法或既定套路的定性决策方法的有效性下降。此时便不能再"墨守成规"，而是需要寻找激发决策者创造性思维和智慧的决策方法，即公共决策方法的艺术化。

（一）适度运用模糊决策方法

模糊决策方法是模糊集合论与决策理论相结合的产物，指的是运用模糊数学原理对具有模糊性特征的对象系统做出定量决策的方法。在现实决策中，由于问题的复杂性和信息的不完备性，公共决策的决策问题、决策目标、决策环境、条件约束及后果往往都具有一定的模糊性特征。具有模糊性的决策问题，难以采用常规的精确的数学方法，而只能采用模糊决策方法。模糊决策方法的基本思路是运用模糊结合论删繁就简，把不易量化的因素和信息进行量化处理，变非量化形式为量化形式，再通过模糊运算转化为定量的数学语言，最终将非定量决策转化为定量决策。常用的模糊决策方法有模糊排序、模糊寻优和模糊对策等。

（二）适度运用直觉决策方法

决策者作为具有能动性的人类主体，是决策系统中最活跃的要素。随着决策环境复杂性的提升，单靠理性推理进行决策俨然困难重重，这时候就需要发挥决策者的直觉进行决策。顾名思义，直觉就是没有经过理性分析推理的直观感觉，是人的一种本能意识。直觉决策方法就是决策者基于自身的经验、认知、能力等主观因素对决策问题进行分析判断，本质上是一种潜意识的思维过程。直觉可以理解为一种基于过往经验形成的算法，虽然缺乏解释机制，但是能够快速反应。当决策问题非常紧急而时间又极其紧迫，或决策问题穷尽所有可能的理性决策方法都难以解决时，可以适度使用直觉决策方法。而且，直觉决策的能力并不完全是天赋，也是可以通过后天的决策实践所习得的，决策者可以通过长期的经验积累以及感觉磨炼有意识地培养自己的直觉决策能力。

---

① 樊鹏.论中国的"共识型"体制[J].开放时代,2013(3):45-59.

本章小结

公共决策不仅是公共政策过程的关键环节,还是现代国家政治活动的重要内容。从决策上升为公共决策意味着从普遍意义的管理活动上升为带有政治色彩的政治活动。因而,公共政策是具有公共权力的公共组织以公共利益为导向,针对社会公共事务制订和选择行动方案的政治活动。公共政策具有决策目标的公共性、决策主体的多元性、决策对象和内容的广泛性、决策过程的博弈性等特征。关于公共决策与公共政策的关系,一方面,公共决策是公共政策过程的核心环节;另一方面,公共政策是公共决策的产物。

公共决策需要遵循一定的程序、规则和方式,即公共决策体制。公共决策体制是现代国家政治体制的重要内容,公共决策权力是其核心要素。公共决策体制包含信息子系统、咨询子系统、决断子系统、执行子系统、监控子系统。公共决策体制可以简单分为首长制和委员会制、集权制和分权制。目前,世界上主要存在议会制、总统制、人民代表大会制、独裁制等公共决策体制。公共决策的择案规则包括全体一致规则和多数规则,而多数规则主要分为简单多数规则和绝对多数规则两种形式。由于多数规则会产生投票悖论的风险,又衍生出孔多塞标准、博尔达计数等变异形式。

公共决策作为一项政治活动,是公共决策技术和公共决策艺术的有机结合体,最终是为了实现公共决策的科学性和民主性。公共决策技术是公共决策主体进行决策活动、制订和选择政策方案时运用的政治资源、方法技巧、程序规则和经验规律等的总称。具体而言,其包含决策模型的设定、决策方法的使用、信息技术的辅助、正式制度的支持等。公共决策艺术是公共决策主体为实现公共决策的科学化和民主化,在决策活动中对公共决策技术进行不断优化,以创造更高质量公共政策的决策活动。公共决策艺术包含妥协艺术、沟通艺术、用人艺术、决策模型的艺术化、决策方法的艺术化等内容。

本章重要概念

公共决策(public decision-making)
公共决策体制(public decision-making system)
公共决策技术(public decision-making technology)
公共决策艺术(art of public decision-making)

本章思考题

1. 简述公共决策的概念及特征。
2. 简述公共决策体制的概念、构成及类型。
3. 简述公共决策技术的概念及内容。
4. 简述公共决策艺术的概念及内容。

本章推荐阅读书目

1. 詹姆斯·E.安德森.公共政策制定[M].5版.谢明,等译.北京:中国人民大学出版社,2009.
2. 约翰·克莱顿·托马斯.公共决策中的公民参与:公共管理者的新技能与新策略[M].北京:中国人民大学出版社,2005.
3. 布赖恩·琼斯.再思民主政治中的决策制定:注意力、选择和公共政策[M].李丹阳,译.北京:北京大学出版社,2010.
4. 查尔斯·林德布洛姆.决策过程[M].竺乾威,胡君芳,译.上海:上海译文出版社,1988.
5. 迈克尔·豪利特,M.拉米什.公共政策研究:政策循环与政策子系统[M].庞诗,等译.北京:生活·读书·新知三联书店,2006.
6. 德博拉·斯通.政策悖论——政治决策中的艺术[M].顾建光,译.北京:中国人民大学出版社,2006.
7. 王绍光,樊鹏.中国式共识型决策:"开门"与"磨合"[M].北京:中国人民大学出版社,2013.

二维码5-4
本章重要概念及思考题答案

第六章
公共政策执行

——本章导言——

公共政策的执行是政策过程的重要环节,是将政策目标转化为政策现实的途径。政策执行的有效与否直接关系到政策的成败。本章系统梳理了政策执行的一系列基本概念、原理、方法等问题,并对我国当前公共政策执行的问题深入思考。

第一节 公共政策执行的概念与内涵

一、公共政策执行的研究背景与发展路径

(一)研究背景

公共政策的实施或执行是政策过程的重要环节,是实现政策目标和解决政策问题的直接途径。然而在公共政策学发展的早期阶段,人们更多关注的是政策的制定而忽略了政策的执行。随着政策制定与现实执行层面之间的巨大反差引起人们的关注,从20世纪70年代开始,发达国家的学者将公共政策研究的主题和重心从政策制定转移到了政策执行。

20世纪七八十年代,西方尤其是美国公共政策研究领域出现了一场研究政策执行的热潮,形成了声势颇大的"执行运动"。政策执行研究的学者们写下了大量的论著,提出了各种关于政策执行研究的途径、理论及模式,拓展了政策科学的研究范围,丰富了政策科学的理论内容。

在政策科学或公共政策研究中,政策执行是构成政策过程的中介环节,是将政策理想或目标转化为政策现实的唯一途径,因而具有十分重要的地位。

政策执行研究是一种相对新的现象,它的兴起以1973年普雷斯曼和韦达夫斯基对美国联邦政府创造就业机会的政策项目——"奥克兰计划"执行的跟踪研究而写成的《执行》(*Implementation*)一书的出版作为标志。[①] 尽管在20世纪60年代,有一些组织理论家

---

① T. L. Pressman, A. Wildavsky. Implementation[M]. Berkeley:University of California Press,1973.

如考夫曼、德西克、贝利和莫舍的著作已涉及公共机构如何运作政策的问题,但是真正以政策执行作为主题,并进行全面案例跟踪研究的开创性著作则是《执行》这本书。普雷斯曼和韦达夫斯基的研究表明,"奥克兰计划"并不是按政策制定者所设想的那样被执行的,它并没有取得预定目标,问题就出在执行方式上,尤其是"联合行动"的困难上,他们的工作引发了政策执行的热潮,导致了20世纪七八十年代所谓的"执行运动"的兴起。

政策执行研究的兴起并非偶然,而是有其深刻的理论与实践原因。从理论上看,在美国,20世纪60年代末70年代初政策科学取得突飞猛进的发展,政策科学研究视野的拓宽要求对政策系统和政策过程的各种因素和环节做全面深入研究。过去人们偏重于政策制定或规划的研究,而忽视了对政策执行、评估和终结的研究,这制约着政策科学的发展,必须加以纠正。从政策实践上看,20世纪60年代由约翰逊政府发起的"伟大社会"改革的许多政策项目并没有取得预期效果,在客观上向人们提出这样一个问题,即为什么比较理想的政策方案也不能取得预期的效果?这就促使人们评估政策,并寻找政策执行方面的原因。正是在理论与实践的双重作用下,政策执行在20世纪70年代后成为美国及西方政策科学研究的热门话题。

(二)发展路径

"执行运动"持续了近20年,西方尤其是美国公共政策研究领域对政策执行持续不断地进行了研究。这些研究在分析路径上经历了如下沿革。

1. 第一代政策执行研究路径

第一代政策执行研究路径被称为"向前推进策略"(forward mapping strategy),即所谓的"自上而下"政策执行研究路径(top-bottom approach),同时又被称为"以政策为中心的途径"或"政策制定者透视"。这一研究途径的理论来源为古典行政理论。①

(1)行政组织的结构要素为集权的、科层制的、金字塔型的概念,以马克斯·韦伯的官僚制模型为基础,强调官僚体系为严密的组织体系,上下级之间形成指挥命令的层级系统:上级官员负责政策的制定,有指挥、监督与命令之权;下属则必须依法忠实地执行上级命令。

(2)政治与行政分离,政治负责政策的制定,行政则执行政策。以威尔逊的行政理论为基础,强调行政是分立的、中立的、专业的非政治性活动,可以依据科学理性的原则加以实现。

(3)行政管理必须依照客观的科学管理原则,以提高行政效率为目的。主要以泰勒的科学管理理论为基础,强调以科学方法管理行政事务,管理阶层与员工之间的职务与责任明确分开,最重要的组织目标为追求行政效率。

具体而言,"自上而下"政策执行研究路径强调政策制定和政策执行的分立性,偏重政策执行实务与个案研究,主张政策是由上层通过集权、命令、控制来规划和制定的,然后,被转化为各种具体化的指示,由下级部门的官员或职员来执行完成。政策过程被看作一条指挥链,政策制定者与政策执行者之间形成了上令下行的执行的指挥命令关系。该研

---

① 李允杰,丘昌泰.政策执行与评估[M].台北:元照出版公司,2003:40-41.

究路径的创始者是马克斯·韦伯,他构建的官僚制模型内含着这样一个合乎理性的、科学的决策模型。按照这个决策模型,理想的决策系统就是由极少数人组成的最高层次的决策控制,由下级行政人员负责执行,政策制定与政策执行是一个自上而下单向的命令传递关系;政策执行者的方案选择要体现对政策制定者的服从和遵行,而政策行为的宗旨或目标都由政策制定者在法规或指令中事先确定。

在公共政策学的发展史上,"自上而下"政策执行研究路径的最早主要代表人物是韦达夫斯基和普雷斯曼。他们合作编著的《执行》一书,掀起了人们对于公共政策执行研究的热潮。随后,托马斯·史密斯、米特尔与霍恩、萨巴蒂尔与梅兹美尼安、乔治·爱德华三世都采取了自上而下的研究途径。其中最有代表性的是萨巴蒂尔与梅兹美尼安政策执行模式的提出,为政策执行研究提供了详明而精准的模型。

"自上而下"的政策执行研究路径的基本命题包括以下几点。① 政策制定与政策执行是有界限的、分离的、连续的。② 政策制定与政策执行之所以有界限,是因为:政策制定者设定目标,政策执行者执行目标,两者的分工相当明确;政策制定者能够明确地陈述政策,因为他们能够统一许多不同目标间的优先级;政策执行者拥有技术能力,服从与愿意执行政策制定者所设定的政策。③ 既然政策制定者与执行者双方都接受两者之间的任务界限,则执行过程必然是在政策制定之后的连续过程上。④ 涉及政策执行的决定,本质上是非政治性的与技术性的;执行者只负责执行上级的命令,其责任为中立的、客观的、理性的与科学的形式。①

这种政策执行研究的优点在于正确地指出了公共政策制定与执行之间的区分:强调了政策制定者所处的核心地位,要求政策执行者须秉承上级的意志,忠实地实现上级的意图和目的,提高行政效率;指认出了政策执行过程中多元参与者联合行动的复杂性(complexity of joint action),为后来所谓的府际关系研究视角(intergovernmental perspective)的出现奠定了基础。② 但自上而下政策执行研究也存在着以下缺点。

① 过多地关注高层决策者的目标设定和方案规划,漠视基层组织、地方执行机构在政策制定过程中的重要作用。② 追求完美的、天衣无缝的政策方案。③ 过于强调政策制定与政策执行之间存在的鸿沟。④ 过于偏爱个案研究。⑤ 过于强调层层节制的科层制,无视基层组织的积极性。⑥ 自上而下的研究路径背后所隐含的是强调科学管理的泰勒主义(Taylorism)。这种规范性的执行理论将执行者看成没有反抗意志、只会唯命是从的 X 型人;而 Y 型组织理论告诉我们:工作人员的动机、意愿与态度都是影响政策执行的关键因素。总的来说,该研究路径在一些方面存在着检讨的缺失。③

□ 2. 第二代政策执行研究路径

第二代政策执行研究路径是在对第一代政策执行研究进行批评和发展的基础上建立起来的。与第一代政策执行研究相反,第二代政策执行研究采取的是"自下而上"的研究路径(bottom-top approach),强调政策制定者与执行者之间的互动,认为政策制定者的核心任务不是设定政策执行的架构,而是提供一个充分自主的空间,给予基层官僚或地方执

---

① 李允杰,丘昌泰.政策执行与评估[M].台北:元照出版公司,2003:51-52.
② 金太军,钱再见,等.公共政策执行梗阻与消解[M].广州:广东人民出版社,2005:54.
③ 钱再见.现代公共政策学[M].南京:南京师范大学出版社,2007:350.

行机关更多的自由裁量权,使其能够采取适当的措施,建立起一个适应政策执行环境的政策执行过程。该路径又被称为"向后推进策略"(backward mapping strategy)。

"自下而上"的政策执行研究路径的基本命题包括:① 有效的政策执行在于包含多元组织的执行结构(multi-organizations implementation structure);② 政策执行结构是有共识的自我选择过程(process of consensual self-selection);③ 政策执行以计划理性(program rationales),而非以组织理性(orgizational rationales)为基础;④ 有效的政策执行取决于执行机构间的过程与产出,而非政策执行者的意图与雄心;⑤ 有效的政策执行是多元行动者的复杂的相互作用的结果,而不是单一执行机构的实现政策目标的行动结果;⑥ 有效的政策执行在于基层官僚或地方执行机构的行政裁量权,而非科层结构的指挥命令系统;⑦ 有效的政策执行必然涉及妥协、交易或联盟的活动,所以互惠性(reciprocity)远比监督性功能更重要。①

"自下而上"的路径是20世纪70年代以来为主导的政策执行研究路径,主要代表人物有理查德·爱默尔、本尼·贺杰恩、戴维·波特和迈克尔·利普斯基等。

1980年理查德·爱默尔在《政治学季刊》上发表了《向后探索:执行研究和政策决定》(Backward Mapping:Implementation Research and Policy Decisions)一文。在该文中,爱默尔认为政策执行研究存在"向前探索"(forward mapping)和"向后探索"(backward mapping)两种不同的路径。向前探索主要是从上层出发,由政策制定者陈述政策的意图,这种政策意图随着层级的降低而不断地被具体化,由下层组织和官员来执行。但在爱默尔看来,政策执行过程中有许多问题是无法通过科层制来解决的。他指出:科层等级结构的关系越紧束,为保证所需的监督和决策点(decision point)数目便越多,异变和拖延的机会便越多;下级对上级指导的依赖越大,对个人判断和解决问题能力的依赖便越小。一个巨大的讽刺是,我们越是努力运用传统的科层制控制手段,取得成就的可能性却越低。

为了解决科层制的缺陷,爱默尔提出了与"向前探索"相对立的"向后探索"政策执行路径,并把它界定为"从作为政策所要解决的问题的中心的个人和组织的选择,到与那些选择密切关联的规则、程序和结构,到用以影响那些事项的政策工具,以及可行的政策目标的'向后的推论'"。"向后探索"研究路径包括以下几个环节:① 研究出发点不是领导者的意图,而是现实生活中的具体行为——正是这种行为所形成的现象,产生了政策干预的需要;② 分析一系列被认为能够影响这种行为的组织运作过程;③ 描述这些组织运作所预期的效果;④ 明确执行过程的每一环节对实现政策目标所能发挥的作用;⑤ 如要实现各自的目标,所需要的资源是什么。

基层官僚理论也是"自下而上"政策执行研究路径的重要支脉。迈克尔·利普斯基在先后发表的《街头层次的官僚和制度创新:特殊教育改革执行》《街头官僚的理论面向》两篇文章和《街头官僚》(Street Level Bureaucracy)一书中详细地论述了基层官僚理论(the street-level bureaucrats)。他认为,基层官僚在政策执行过程中并不像"自上而下"的研究路径所描述的那样消极地、被动地执行上级的政策,相反的,基层官僚在政策执行过程中有着广泛的自由裁量权;基层官僚并不是仅仅"执行"政策选择,而是"做出"政策选择,他们的意向、态度与行为往往是影响政策执行效果的关键。

---

① 李允杰,丘昌泰.政策执行与评估[M].台北:元照出版公司,2003:66-67.

在利普斯基看来,基层官僚主要是指那些在提供服务的过程中,直接与目标群体进行互动的、享有自由裁量权的一线基层官员,包括基层政府官员、警察、教师、社会工作者、法官和卫生官员等,并且认为影响基层官僚政策执行质量的因素是多方面的,主要包括:自由裁量权的大小;抵制的资源;预算资源;机构的目标;个人的目标;评估的标准;与顾客的关系;当前的政治气候;顾客的服务需求;顾客的政治权力;顾客从服务中受益的概率估计。①

"自下而上"的政策执行路径的优点在于:一方面它纠正了"自上而下"政策执行路径忽视下级、基层和社会其他行动者的重要性的问题,强调了政策制定与政策执行的互动性,要求政策执行者参与到政策制定当中去,有利于调动政策执行者的积极性,使公共政策更符合实际;而另一方面,"自下而上"的政策执行路径要求给予基层组织和官员自由裁量权,有利于其应对复杂的政策情景。

与"自上而下"的政策执行路径一样,这种政策执行路径也存在一定的缺点。

(1)如果说"自上而下"的政策执行路径过分重视了中心而忽视了外围,那么"自下而上"路径则恰恰相反,它过分地重视了外围而忽略了中心。

(2)"自下而上"的政策执行路径过分地强调了基层官僚的角色,但基层官僚的行为对政策目标的实现方向方面并不一定都是向上的;同时,过分强调给予基层官僚和执行机构自由裁量权,而没有相应提出如何抑制基层反制力的对策及有效的监督机制,容易产生"上有政策,下有对策"的问题。

(3)放弃政策制定和执行的分界,使人们很难区分政治家和文官的相对影响,故而排除了进一步分析民主负责和官员自由裁量问题的可能性。

(4)对"自上而下"的政策执行路径的批评中过分夸大了其中的某些因素;有些政策确实具有明确的目标,弄清楚这些目标能否实现是相当重要的。

(5)行动者的认知没有得到应有的解释。互动者之间资源的拥有情况、每一个参与者可支配利用的资源等,也有待解释。

(6)将政策过程视为行动主体互动的无缝隙之网,其中没有决策点,就排除了政策评估的可能性,同时也无法进行政策变迁的分析。

3. 第三代政策执行研究的整合路径

第一代、第二代政策执行研究各有其优点也各有其缺点,学者们对两种模式孰优孰劣争论不休。诚如福克斯所指出,"自上而下"的政策执行模式可称为单边主义,民选首长为最高政策制定者,必须向选民负政策成败的责任,事务官是负责实现民选首长的意志与目标的执行者。而"自下而上"的政策执行模式则可认为是多边主义,民选精英并非唯一的政策制定者,政策目标的实现往往是多个部门、各级政府甚至与私人部门之间互动的结果。②

第三代政策执行研究的整合路径试图建立能够结合"自上而下"与"自下而上"的政策执行模式的整合性概念架构。该路径认为:成功的政策执行一方面在于"向前推进策略"

---

① Michael Lipsky. Street-level Bureaucracy:the Dilemmas of the Individual in Public Services[M]. New York:Russell Sage foundation,1980:3-25.

② C. J. Fox. Bias in Public Policy Implementation Evaluation[J]. Policy Studies Review,1987,7(1):128-141.

的运用,期望由政策制定者规划政策工具与其他资源的运用;另一方面则必须采用"向后推进策略",广泛掌握目标群体的诱因结构。整合式路径的目的是解释政策执行为何会随着时空、政策、执行机关之不同而有所差异,因而可预测未来出现的政策执行类型,其主要代表人物有麦尔科姆·高金、兰德尔·雷普利和格蕾丝·富兰克林、丹尼斯·施柏丽、索伦·温特等。

麦尔科姆·高金等人在1990年出版的《政策执行理论与实务:迈向第三代政策执行模型》(Implementation Theory and Practice: Toward a Third Generation)一书中,提出了"府际政策执行沟通模式"(the communication model of intergovernmental policy implementation)。

在高金之后,兰德尔·雷普利和格蕾丝·富兰克林也进一步丰富和发展了"府际政策执行沟通模式"。他们指出:"典型的公共政策执行是发生在一个复杂的府际关系网络上,其中多元参与者(multiple actors)经常抱持分歧而且冲突的目标与期望;基于此,各种层次的府际关系能否顺畅无碍,自然与政策执行的效果息息相关。"[①]

丹尼斯·施柏丽在对联邦制国家结构中环境政策执行的研究中得出结论,认为政策是否能够有效执行,关键在于培养正面的府际运作关系。她还根据联邦与地方官员的彼此互信程度以及上级机关监督介入情形,将府际的运作关系分为下列四种类型。

(1)合作共事型(pulling together):在彼此互信程度较高的情况下,合作共事型允许中央或联邦机构高度介入地方政策执行过程,并由此带来显著的政策执行效果。

(2)合作但维持地方自主型(cooperative but autonomous):政策执行前景存在于地方政府受到的诱因激励与条件限制中,政策执行的障碍可能会发生。

(3)逃避式各自为政型(coming apart with avoidance):由于地方政府享有相当程度的自主性,联邦与地方维持一个行礼如仪的表面关系,两者欠缺实质上的政策连带关系,必须借助于基层官员和民众的鼎力支持才能取得有效的政策执行。

(4)争斗式各自为政型(coming apart and contentious):中央政府高度介入地方事务,但彼此的互信度不高,沟通不良是府际运作关系的主要特征。因此,基层的政策执行人员习惯于阳奉阴违,时常拥有自己"桌面下的议程"。

总而言之,在高金及其追随者看来,政策执行是通过府际或组织间网络来实现政策目标的,政策执行过程充满着高度的动态性与复杂性。[②]

二、公共政策执行的概念、内涵与主要特征

(一)公共政策执行的概念与内涵

公共政策经合法化过程择定并公布之后,开始进入执行阶段。公共政策执行是政策过程的实践环节,是将政策目标转化为政策现实的唯一途径。对公共政策执行的含义,公共政策学者从不同的角度做了界定。

---

① 金太军,钱再见,等.公共政策执行梗阻与消解[M].广州:广东人民出版社,2005:72-73.
② 陈庆云.公共政策分析[M].北京:北京大学出版社,2006:180.

美国学者普雷斯曼和韦达夫斯基认为,可以把执行看作在目标的确立与适合于达到这些目标的行动之间的一种互动过程。①

美国学者查尔斯·琼斯指出:政策执行是将一项政策付诸实施的所有活动,而解释、组织和应用则是诸多活动中最重要的三种。解释,是把政策内容转化为一般人能接受的和可行的计划和指令;组织,就是设立政策执行机构,拟订使政策内容生效的措施,以期实现政策;应用,就是由执行提供日常的服务和设备,支付各项经费,从而达到既定的政策目标。

美国学者爱德华兹等的定义是:政策执行是一系列"发布命令、执行指令、拨付款项、办理货款、给予补助、订立契约、收集资料、传递信息、委派人事、雇用人员和创设组织单位"的活动过程。

美国学者米特尔认为:"政策执行就是以其他方式和途径对政治的继续。"美国政治学家戴伊在引证了这一定义之后,对政策执行做了进一步的界定:"政策执行就是旨在执行政府立法部门所制定、发布的法律而进行的一切活动。"这些活动可以包括创设新的组织机构——新的部、新的局、新的司等,以便执行新的法律,或者将新的职责和职能授给现有的组织。这些活动还可能包括制定一些特殊的法规和条令,以便对法律的真正含义做出解释,同时这些活动往往还包括制定新的预算,以及招用新的人员来执行新的职责和任务。这些活动也常常包括对许多个案的裁决。

美国学者格斯顿把政策执行界定义为"将政策义务转化为实务"。他指出:"公共政策就是对某些事物承担的义务。""为了使政策得到贯彻,适当的政府机构就必须致力于将新法律和新计划转变为实务的过程。义务代表有意识地将政策计划转变为现实。"②

综观这些定义,大致可以把它们分为两类:一类如琼斯等人,十分关注公共政策作为行动指南的指导作用,认为公共政策执行的关键问题在于政策执行机关如何采取政策行动,政策行动坚强有力、行动方法切实可行就可以较为顺利地实现政策目标,合理的公共政策执行行动甚至在一定程度上可以弥补政策决定的不足;另一类如格斯顿等人,则强调执行组织机构的作用,认为既定的政策能否得到忠实的执行,关键在于执行机构在主观上能否充分理解政策的含义,是否愿意毫无保留地支持政策决定,在客观上是否拥有足够的能力和资源。

综合以上界定,我们认为,所谓公共政策执行,就是公共政策执行主体为了实现公共政策目标,通过各种措施和手段作用于公共政策对象,使公共政策内容变为现实的行动过程。公共政策执行的本质是遵循政策指令所进行的变革,是将一种政策付诸实施的所有行动的总和。

(二) 公共政策执行的主要特征

公共政策执行是公共政策的具体实践过程,具有如下特征。

---

① Jeffrey L. Pressman, B. Widavsky. Implementation[M]. Berkeley: University of California Press, 1979:20-21.

② 宁骚.公共政策学[M].北京:高等教育出版社,2003:365.

(1) 目标的导向性。公共政策以公共政策目标为行动方向，公共政策目标是公共政策执行的出发点和归宿点。

(2) 内容的务实性。公共政策执行要面对具体的公共问题，因此其计划、步骤、措施、手段等必须务实，必须具有可操作性和实践性。

(3) 行为的能动性。公共政策执行是构筑公共政策与现实生活的桥梁和纽带，必须着眼于具体的现实社会问题的解决。执行者必须在全面领会政策内容的前提下，面对外部环境的复杂情况，能动地执行公共政策。

(4) 手段的权威性。公共政策不同于一般的道德规范，其执行具有强制性。当有人拒不执行政策时，要受到法律、行政等手段的制裁，以维护公共政策的权威性。

公共政策执行是政府公共管理活动的基本环节，是实现公共政策目标的最直接的决定因素，它在政策过程中具有的地位和作用主要表现为以下几点。

(1) 公共政策执行是实现公共政策目标的重要途径。公共政策的价值和意义只有通过公共政策执行才得以实现。

(2) 公共政策执行是检验政策质量的基本环节。毛泽东指出："判定认识或理论之是否真理，不是依主观上觉得如何而定，而是依客观上社会实践的结果如何而定。真理的标准只能是社会的实践。"公共政策经过程序化的逻辑推理和理论预设后，无论建构得多么完美，都仅仅是纸面上的东西，它的正确与否、质量优劣、效果有无都必须经过公共政策执行才能得到检验。

(3) 公共政策执行是制定后继政策的基本依据。公共政策由制定到执行再到制定，体现了理论与实践的逻辑循环过程。公共政策执行是公共政策制定的检验、完善过程，也是公共政策再制定、再决策的追踪、提高过程。公共政策执行过程中反馈过来的实践经验与政策信息，是公共政策执行再决策和制定后继政策的基本依据和重要参考。

（三）公共政策执行的基本原则

公共政策执行有一些基本要求，或者说必须遵循某些基本原则。这些原则可以概括为实践检验原则、典型性与普遍性相结合原则、追踪决策原则等。我们认为，公共政策执行中最基本的原则是如何将原则性与灵活性相统一的问题，也就是如何创造性地执行政策的问题。

在公共政策执行过程中，坚持原则性与灵活性相结合的原则，不仅是理论与实践的需要，而且也是公共政策本身提出的要求。坚持这一原则，才能使公共政策得到有效执行，才能保证公共政策目标得到顺利的实现。

所谓公共政策执行中的原则性，是指执行政策必须遵循政策的精神实质，保证政策的统一性、严肃性和权威性，严格按照政策规定的要求去做，全面地实现公共政策目标。执行政策要坚持原则性，这是由政策本身固有的属性所决定的。公共政策是党和国家为了指导社会实践，调整社会关系，实现一定的政治路线、方针而制定的行动准则。

在我国，党和政府所制定的各项方针、政策是代表广大人民群众的根本利益，是指导全国各族人民进行社会主义现代化建设的行为规范和准则。公共政策执行的首要条件就是要在精神实质上忠实地执行政策，保证政策的统一性、严肃性和权威性，严格按照政策本身所规定的政策对象、政策范围去实现政策目标，而不能随意变更、曲解政策。只有这样,才能保证社会各个方面得到持续、稳定、协调、有序的发展,避免出现混乱现象。

所谓灵活性原则,是指在不违背政策原则精神和保持政策方向的前提下,坚持从实际出发,采取灵活多样的方式方法,因时因地制宜,使政策目标得到真正实现。灵活性的核心是具体情况具体分析。执行政策坚持灵活性原则,也就是要有创造性。首先,政策总是针对特定的问题,以时间和条件为转移。我们知道,任何政策都是针对一定时空条件下的特定问题所制定的。随着时空条件的变化,政策问题会发生变化,政策也会失去效力成为过时的政策,而新政策代替旧政策很难做到十分及时,往往要有一个滞后期。在这个时期,旧政策仍以合法的形式存在着。如果受这种固有的形式约束,势必贻误时机,给事业造成损失。在这种情况下,就要求政策执行者坚持实事求是,从实际出发,敢于冲破旧政策的某些不合理条文的束缚,具体情况具体分析,审时度势,积极、灵活、主动地解决实际问题,以弥补因政策的失效而造成的损失。

第二节 公共政策执行过程

执行过程是公共政策过程的重要环节。公共政策执行过程往往由一系列执行程序构成。这些执行程序包括政策宣传、政策分解、物质准备、组织准备、政策实验、全面实施、监督检查等。

一、公共政策执行的程序

(一) 政策宣传

政策宣传是公共政策执行过程起始环节的一项重要功能活动。政策执行活动是由许多人员一起协作完成的,要使政策得到有效执行,必须首先统一人们的思想认识。政策宣传就是统一人们思想认识的一个有效手段。

执行者只有在对政策的意图和政策实施的具体措施上有一个明确认识和充分了解的情况下,才有可能积极主动地执行政策。政策对象只有知晓了政策,才能理解政策;只有理解了政策,才能自觉地接受和服从政策。因此,各级公共政策执行机构要努力运用各种手段和各种宣传工具宣传政策的意义、目标,宣传实施政策的具体方法和步骤,才能为正确有效地执行政策打下坚实的思想基础。

(二) 政策分解

政策分解就是通常所说的制订计划,它是公共政策执行过程实施初期的另一项功能活动,是实现公共政策目标的必经之途。一般说来,一项公共政策的推出,往往只是指出实现公共政策目标的基本方向。要使公共政策执行顺利进行,就必须在这些基本原则指导之下,对总体目标进行分解,编制出公共政策执行活动的"线路图",明确工作任务指向,使执行活动有条不紊地进行。

政策分解应遵循下列原则：一是客观性原则,编制计划要切实可行,积极可靠,排除主观臆断,计划的各项指标,不保守也不冒进,有关人力、物力、财力等条件,必须精确具体,切不可含糊笼统；二是适应性原则,编制的计划要有适应环境变化的弹性机制,特别是要有适应意外情况发生的防范机制；三是全面性原则,编制计划要统筹方方面面、理顺各种关系,切忌顾此失彼,计划应前后衔接,轻重缓急有层次,不同管理层次的计划各有侧重；四是一致性原则,要求政策执行机构内部各职能部门的工作目标和政策目标保持一致,上下级的政策目标保持一致,以增强组织上的统一性和方向上的一致性。

(三) 物质准备

物质准备是保证公共政策执行顺利进行的经济基础,是必不可少的环节。物质准备主要是指必需的财力(经费)和必要的物力(设备)两方面的准备。首先,执行者应根据公共政策执行活动中的各项开支,本着既能保证执行活动正常开展,又坚持勤俭节约的原则编制预算。预算必须报经有关部门批准后方能执行,才算落实了活动经费。其次,应做好必要的设备准备,包括交通工具、通信器材、机械设备、办公用品等方面的准备。只有做好充分的物质准备,才能为有效地执行政策创造有利的条件和环境。

(四) 组织准备

组织准备工作是公共政策具体贯彻落实的保障机制,组织功能的发挥情况直接决定着政策目标的实现程度。

组织准备包括建立精干高效的组织机构、配备胜任称职的领导者和一般的政策执行人员,制定必要的规章制度,使人力物力财力得到最合理的利用。

1. 确定公共政策执行机构

这是组织准备中首要的任务。常规性、例行性政策的执行,如属原机构的任务,应由原执行机构继续承担,不必另建机构,但有时也可用提高原机构地位或者改组机构的方式来保证政策顺利进行。如果遇到非常规性或者是牵涉面较广的政策,则可组建临时办公机构,以确保政策的有效执行,一旦政策目标实现后,即行撤销。

2. 选人用人

这是组织准备工作中的一项重要内容,因为人是组织中最能动、最活跃的因素,是组织行为的主体,德才兼备、"五好"标准是选人用人的基本原则。政策执行者的工作主要是抓具体落实,其素质要求:侧重于专业管理方面的知识技能和实践经验,要求具有较强的政策理解能力,具有沟通、协调能力；善用用人,做到人尽其用；具有宽广的胸怀,善于处理人际关系；讲求工作效率,善于从实际出发,采取机动灵活、随机应变的方式方法,有步骤、有次序地推行政策实施。对于一般执行者来说,应具有本职工作的业务知识和管理经验,善于领会领导意图,忠实有效地执行领导指示,保质保量完成政策任务。

3. 制定必要的管理法规制度

这可以明确政策具体执行的准则和依据,保证政策执行有一个正常的秩序。这些法规制度主要有:① 目标责任制度,它主要围绕政策目标的实现,确保每个执行者都能够明确自己在贯彻执行政策过程中落实目标；② 奖励惩罚制度,有了责任制后,有赖于认真忠实地执行,执行的效果如何,必须及时了解和恰当评判;③ 检查监督制度,是目标责任制度发生效用的联系环节,严格的检查监督制度是目标责任制度得以落实的保障机制。

目标责任制度、奖励惩罚制度和检查监督制度是一个有机整体,目标责任制是核心,检查监督制度是手段,奖励惩罚制度是杠杆,三者相辅相成,缺一不可,共同形成推动政策全面、有效实施的一套完整制度。

(五) 政策实验

政策实验是政策实施过程中的重要步骤。政策实验既可以验证政策,如发现偏差,及时反馈信息,修改和完善政策,又可以从中获取带有普遍指导意义的东西,如实施的方法、步骤、注意事项等,为政策的全面实施获取经验。那些涉及全局关系的重大政策,非常规性政策特别是带有风险性的政策,受各种因素制约、难以进行精确定量分析的政策,缺乏政策经验、结果难以预料、后果影响深远的政策,都必须经过政策实验。

政策实验一定要按照科学方法来进行,政策实验的步骤大致包括选择实验对象、设计实验方案和总结实验结果三个阶段。① 选择实验对象或"试点",要根据政策方案的要求进行。试点必须在全局情况中具有典型性条件,这些典型性条件应具有普遍性特点,所以试点也称为典型实验。② 设计实验方案要周密。用于实验的政策方案可以是一个,也可以是两个或多个。对于范围较广、变化较大的复杂问题,应有在相同条件下的对照组,以便从比较中得出科学的结论。在某些情况下,试点还可以采取不公开的方式进行,称为"盲试",这主要是为了避免各种人为因素的干扰,防止失去试点的科学性。③ 总结实验结果。分析和总结实验的结果是政策实验过程中最关键的一个阶段,因为总结阶段要根据实验的整个过程和最后结果检验、评估、修改、补充或者否定政策方案。这个阶段要注意以下几个问题。一是总结经验要实事求是,要对实施的整个过程和产生结果的所有原因进行全面系统的考察和分析,分清哪些是最根本的最重要的原因,哪些是非根本的次要的原因;哪些是必然性原因,哪些是偶然性原因。同样是成功的结果,通常可以证明政策方案是正确的,但也可能是偶然因素促成的。同样是失败的结果,可能是由于政策方案本身的错误所致,也有可能是实验过程中的人为差错而引起的。二是对成功经验要进行理性思考,要分析研究这些经验适用的范围和条件,要分清哪些经验仅仅适用于试点本身,哪些经验具有普遍意义,在运用这些经验时需要具备哪些条件,需要附加哪些条件。三是要重视失败的经验。要善于从失败的教训中得到启迪,为下一步政策实验扫清障碍。

(六) 全面实施

政策的全面实施是政策实施过程中操作性、程序性最强,涉及面最具体、最广泛的一个环节。全面实施政策要求严格遵循公共政策执行的基本原则,充分发挥政策执行的功能要素,以保证政策目标的圆满实现。

(七) 监督检查

政策的协调与监控贯穿于政策实施的全过程。协调工作做好了,才能使执行人员及其他有关人员做到思想观念上的统一和行动上的一致,才能保证执行活动的同步与和谐,才能提高工作效率,减少或杜绝人力、物力、财力、时间等方面的浪费。监控是政策实施过程的保障环节。在实际的政策实施过程中,常常由于政策执行者认识上的差异等原因,造成对政策理解的失当,或者由于政策制定者与执行者之间存在的利益差别的影响,往往会使政策执行活动偏离政策目标,因而必须对整个政策执行的实施过程加强监督和控制,以保证政策的全面贯彻和落实。

上述诸环节构成政策执行的功能活动过程。只有每个功能活动环节都做好,政策执行活动才能顺利进行,政策方案才能取得预期的政策效果。

二、公共政策执行的资源

(一)人力资源

人力资源主要是指公共政策执行人员的配置问题,包括人力资源供给的结构建设、人力输入输出和素质优化等问题。人力资源的供给应根据公共政策的具体执行情况而定,一般说来要注意从以下几个方面进行考察与分析:公共政策执行的专业技术程度,若专业性很强,就应录用专业对口的适合政策技术要求的人才;公共政策执行组织的结构要求,组织成员的年龄、性别、专业、能力、性格、气质要结构优良,能形成取长补短、相得益彰的执行队伍;公共政策执行人员的一般素质要求,包括政治态度、知识、能力、心理等方面。

(二)财物资源

公共政策执行需要投入必要的财物资源。公共政策执行的经费大多直接来自国家预算,充足的经费和适用的物资设备供给是公共政策执行的重要条件,而财物资源的调配供给必须以国民经济发展水平和国库供给能力为基础。

(三)信息资源

充足的信息资源、科学的信息加工、畅通的传播渠道、完善的信息产出是公共政策有效执行的重要保证。充足的信息资源指的是公共政策执行主体获得的政策信息,以及与执行相关的信息的充足性。准确的信息加工是指公共政策执行主体对政策认知的准确性。畅通的传播渠道指的是政策宣传的方式、手段、路径等的畅通与有效性。完善的信息产出是指公共政策执行主体对目标群体的政策信息供给的真实性与完整性。

(四)权威资源

公共政策执行是对社会资源的权威性分配。权威资源是公共政策执行的重要资源。"公共官员利用政府权力能够进行核心指导和控制,意味着能够动员有效的惩罚来阻止拒不合作策略,并执行管理规划来开发共同财产资源或者生产公益物品。"[1]在法治社会里,公共政策执行主体依法定权力执行政策,不可越权、侵权;同时公共政策执行主体也应以身作则,增加其领导魅力,树立良好的政府形象,以获得公众的信任与拥护。

---

[1] 文森特·奥斯特罗姆.美国公共行政的思想危机[M].毛寿龙,译.上海:上海三联书店,1999:67.

（五）制度资源

制度是公共政策执行程序化的基本保证，是对公共政策执行主体的权力依法予以保证和对其行为责任依法予以追究的基本依据。公共政策执行制度建设是实现科学、民主、依法治理的重要环节，它至少包括对执行者的人格保障、身份保障、职务、行政裁量等权力规定，这些保障是与执行者的政治、行政责任相联系的。

三、公共政策执行偏差及矫正

公共政策执行过程中经常会出现政策偏离目标的偏差或走样现象。这些偏差主要表现为象征式政策执行、附加式政策执行、残缺式政策执行、替代式政策执行、观望式政策执行、照搬式政策执行、规避式政策执行等。

（一）公共政策执行偏差与主要表现形式

1. 公共政策执行偏差

公共政策执行偏差是指执行者在实施政策的过程中，由于主客观因素的作用，其行为效果偏离政策目标并产生了不良后果的政策现象。有些研究者也把这种现象称为"执行不力""执行障碍"等，它的实质是政策执行结果与政策目标的背离。公共政策执行偏差是与政策执行的负面效应和不良结果相联系的。由于政策目标是针对实际进入政府议程的社会问题的解决而提出来的，然而政策的执行行为却不能使政策目标得到实现，或者说导致政策目标的偏离，这样执行的结果就与政策制定的初衷南辕北辙。公共政策执行偏差与政策执行的创造性原则不是同一范畴，因为政策执行的创造性以遵循政策目标为前提，以坚持政策的基本原则为灵魂，要求保持政策的统一性、严肃性和权威性。

2. 主要表现形式

(1) 象征式政策执行，即在执行公共政策的过程中只重视表面文章和形象包装而忽视深层问题的解决，政策目标没有落到实处。

(2) 附加式政策执行，即在执行公共政策的过程中人为地附加了与政策目标背离的其他内容，使政策执行超出了政策的基本要求，为谋取地方或个人利益提供方便。"土政策"就是这种附加式政策执行的典型表现。附加式政策执行破坏与侵蚀了原政策的功能，具有明显的危害性。

(3) 残缺式政策执行，即政策内容只有部分被执行或政策执行不及时，导致政策目标实现不全面、不充分。

(4) 替代式政策执行，即在执行政策过程中，执行者用是否符合自身利益作为标准来决定对政策执行的态度，对符合自身利益的政策就充分利用，对不符合的就予以曲解变形，用自己的一套政策取而代之。

(5) 观望式政策执行，即政策执行主体或因疲于应付具体事务，或担心目标人群的抵抗，或因自身私利难以得到满足等原因，导致行动迟缓、思想犹豫，对政策执行持观望态度。这种观望式的政策执行大大降低了政策的执行效率，损害了政府在目标人群中的形象。

(6)照搬式政策执行,即在执行政策的过程中,执行机关不经过认真的政策学习与思考,习惯于机械地照抄、照转上级文件,不能根据实际情况提出政策执行的指导性文件,因而对下属部门的执行工作缺乏有效的指导,也导致下级执行机关的盲目和随意执行。

(7)规避式政策执行,即在执行政策的过程中分工不合理、权责不明确,该完成的工作不能保质保量完成,该承担的责任则相互推诿。这种政策执行方式同样严重地损害了政府形象,降低了政策执行的效率。

(二)公共政策执行偏差的成因

公共政策执行偏差的表现形式多样,每种表现形式都有其产生的原因。综合各种执行偏差产生的原因,可以分为主观和客观两大方面。

1. 主观原因

政策执行者的自身利益和需求影响着政策的有效执行。政府内部的官僚集团也会有自己的利益,也会追求自身利益的最大化,甚至会导致公共权力的异化。

政策执行者的素质缺陷是造成公共政策执行偏差的重要原因。这种缺陷表现为:有限的专业知识水平、有限的执行能力,以及缺乏战略主见和迎接挑战的心理素质。

公共政策执行机构的管理缺陷也会导致执行偏差。管理缺陷主要表现为:不合理的组织结构和人员结构;执行机构中沟通和协调困难,造成在政策执行中思想分歧、行动异步,从而产生执行偏差;组织制度缺陷,导致对政策执行者及其行为不能进行有效的规范与控制,使政策执行产生缺损和漏洞;政策执行是一项复杂的系统工程,某些政策关系处理不当同样会导致政策执行偏差。

公共政策执行的宣传缺陷容易造成公共政策执行偏差。主要表现为:宣传不足,或者政策宣传不全面,把可能导致部分群众利益受损的政策对群众秘而不宣,不能使他们正确处理局部利益与整体利益、眼前利益与长远利益的关系;执行机关通过多种媒体大张旗鼓地宣传政策,却没有拿出实际的执行行动来,使群众的政策期望经常落空;执行机关过分渲染和夸大政策执行可能带来的好处,试图在政策对象中产生轰动效应,然而当政策执行不能落到实处,或不能取得预期效果时,政策对象的热情会一落千丈,甚至对政策执行予以全盘否定或抵制。

此外,需要注意的是,在公共政策执行过程中,准备工作不够完善,如计划不周、投入不足等,也往往是造成执行偏差的重要原因。

2. 客观原因

(1)政策问题。政策问题是社会实际状态与政策期望之间的差距。由于社会实际状态的频繁变化及社会问题本身的复杂性,政策问题的界定比较困难:一方面难以通过多变的社会现象去发现和揭示问题的本质;另一方面,一种社会问题可能与其他问题有千丝万缕的联系与纠缠,可能涉及不同领域、不同层次甚至不同地方或不同国家。要使这些问题获得解决,需要许多方面和部门通力合作与统一协调,而协调各个方面或部门又需要更多的资源消耗。因此,由于政策问题本身的复杂性,政策执行难以如预想的那样及时取得成效。

政策质量低劣也常常是造成执行效果不佳的根本原因。政策质量低劣的主要表现有以下几个方面。① 政策目标错位或模糊不清。目标是政策执行的方向和指南,目标错位或目标不明,都将导致执行偏差。② 政策"打架"。如果政出多门、内容相互矛盾,就会发生政策"打架",使政策执行者难以把握正确的执行标准,从而产生执行混乱和执行偏差。③ 政策不可行。政策不接"地气",或缺乏具体的操作方案,或政策工具配置不当、供给不足,使政策的实际执行过程很困难。必须强调指出,政策是工具和目标的统一,如果缺乏实现特定目标的方法和工具,政策目标就难以达成,政策就会悬空。④ 政策缺乏稳定性和连续性。政策执行者难以树立把政策实施下去的信心和决心,从而造成执行偏差。

政策环境的变化,给政策执行增加了复杂性和困难性。如在文化环境方面,由管制型文化向服务型文化的转变,人治型文化向法治型文化的转变,官本位向民本位的转变,全能型政府向有限型政府的转变,必然要求政策执行的措施、手段、态度等发生变化。如果政策执行不能随环境的变化而变化,必然会产生执行偏差。

(2)目标人群。目标人群是政策执行的主要影响之一,是政策执行的承受者。如果没有得到目标群体的认同与支持,政策执行就会寸步难行。因目标人群的压力而导致的执行偏差,是司空见惯的。这种压力主要表现在以下两个方面:① 利益集团压力,由于利益集团有共同的利益驱使,因此要使他们改变自己的利益方向或使他们的利益受损,必然会导致其一致的反对与抗争,这种抵抗的集体合力必然会对政策执行产生巨大的压力,从而使政策执行发生偏差;② 目标人群的文化障碍,即目标人群的思想价值观念、心理和习俗等不能适应和接受新政策,从而导致执行偏差。

最后,由于监督法制不健全、监督方法不恰当、监督机构无权威、监督渠道不畅通等也会导致对政策执行行为监督的缺位与乏力,不能对政策执行者的负面行为与结果进行有效的责任追究,从而导致公共政策执行偏差的产生与扩大。

(三) 公共政策执行偏差的矫正

公共政策执行偏差的矫正是指政策执行主体采取一定的纠正措施使政策执行回到正确的方向,并消除或尽可能减少其负面效应和不良后果的过程。矫正公共政策执行偏差的对策包括以下几方面。

1. 成本-收益分析

公共政策执行本身就是以利益为中心的公共资源选择、调整和分配的过程。利益问题尤其是经济利益是公共政策执行偏差产生的主要问题。加强政策执行的成本-收益分析,有利于找出政策执行偏差的成因,加强政策变通和利益协调,消除政策执行主体和目标人群之间的利益隔阂,争取获得目标人群更多的理解和支持,通过对受损利益群体的适当利益补偿来促进政策的有效执行。

2. 政策认知力度

由于公共政策的制定主要是政府决策层的工作,而政策执行者和目标人群不可能全部参与公共政策的制定,因此,政策制定者的政策意图和目标与政策执行者和目标人群对政策的实际理解自然存在差距。尤其是信息的非对称性,会造成政策执行择优与代价的矛盾、全局与局部的矛盾、整体性与层次性的矛盾、公平与效率的矛盾。因此,加强政策的认知力度,即加强对政策的学习和宣传,有利于保证政策的正确执行。

3. 政策执行者素质

政策执行者的政治素质、道德素质、心理素质和能力素质的高低决定着政策能否得到有效执行,这就要求政策执行者:提高思想政治素质和政策水平,增强大局观念,强化行政道德意识,强化自律,规范行为;提高专业水平,提高准确理解和把握政策规定的能力,提高政策执行的实践能力。

4. 政策执行的控制与监督

加强公共政策执行控制,要求努力做到:① 科学诊断问题,即采用科学的方法对出现偏差的原因、范围等进行分析和认定,目的是更好地"对症下药";② 强化执行管理,即加强公共政策执行的指挥、沟通、协调等,以疏通阻力,加强信息沟通,协调各方面利益;③ 及时跟踪评估,即分析政策执行在政治、经济、文化等方面产生的直接、间接影响和舆论反应,以及预设目标是否合理、全面,从而有利于发现执行活动中出现的问题,采取有效的调整措施和补救方案,控制政策执行的进程和效果;④ 加强公共政策执行监督,即制定可行的监督标准,依照标准检查政策执行行为,纠正执行偏差,加强监督反馈系统功能和监督主体之间的协调配合,增加政策执行的透明度,实现对执行过程的有效监督,保证政策执行活动的顺利进行。

5. 加强制度创新

加强政策执行的制度创新,要求:① 从实际出发,全面规划,科学分析,消除不合理的旧有制度;② 营造良好的政策环境,构建与时俱进的政策文化,加强制度的修订、补充和完善,用制度来保证和激励政策执行的权威性、主动性和创造性,从而最大限度地消除和矫正公共政策执行偏差。

四、公共政策的无效执行与有效执行

公共政策执行是将政策方案应用于实践的过程。在实践过程中,由于主观和客观等众多因素的影响,任何一项公共政策都可能存在着无效执行和有效执行两种状态。通过对公共政策的无效执行和有效执行进行分析,对于构建公共政策执行机制具有重要的意义。

(一)公共政策失灵与公共政策的无效执行

公共政策失灵是我国政治生活中经常遇到的难题,也是世界各国普遍存在的问题。公共政策失灵通常又被称为政策失效和政策失败,其实质是指政策执行之后,不一定总是能带来政策主体所希望的结果。公共政策失灵不仅意味着政策不能发挥其应有的作用,造成政策投入的浪费,同时还会给社会造成破坏,危害公众利益和降低政府威信。

公共政策失灵的类型多种多样,按照不同的标准可做如下划分:以失灵的时间为标准,可划分为早期失灵、中期失灵和后期失灵;以失灵程度为标准,可划分为严重失灵、轻度失灵、完全失灵和部分失灵;以持续性为标准,可划分为突变失灵、渐变失灵和间歇失灵。

公共政策的无效执行是公共政策失灵的主要表现之一。公共政策执行相对于其他政策环节来说是一个较为漫长的过程,在这个过程中存在许多的意外和多变因素,当这些因素致使政策执行行为偏离政策目标时,就会导致公共政策无效执行。公共政策的无效执行具体表现在以下几个方面。① 政策执行机制与政策执行者素质的缺陷,这是导致公共政策失灵的重要原因。② 利益群体或压力集团的影响。当公共政策执行触动利益群体或压力集团的既得利益或是对他们不利时,他们便会想方设法地去抵制,或选择去执行一些有利于其利益实现的政策。③ 政策执行原则把握不好。政策执行必须坚持原则性、变通性和创造性相统一,如果三者关系处理不当,政策就会发生偏差,甚至导致政策失灵。④ 政策执行环境的影响。公共政策是环境的产物,当政策环境发生改变,原来的政策就会无所适从,如果不对原有的公共政策进行修改和调整,将会导致政策环境与政策目标冲突,政策执行失败。⑤ 目标群体的不配合或抵触。公共政策执行是社会公共利益的整合,是将社会利益在目标群体中进行分配和调整,目标群体对公共政策的认同和接受程度是影响公共政策执行有效性的重要指标。如果社会公众对公共政策认识不够,或者某一政策执行时政策对象认为自身利益受损而不予配合,甚至采取抵制和反抗的行为,那么政策执行就可能导致无效。

(二) 公共政策有效执行的原则

1. 忠实原则

这是公共政策有效执行的基本原则。"有利就执行,无利就变形","上有政策,下有对策"都是有悖于忠实原则的,必然导致公共政策执行偏差乃至失败。

2. 民主原则

公共政策是对社会资源的权威性分配,反映的是大多数公民的利益诉求,因此,公共政策有效执行必须坚持民主原则。这要求政策执行的各种行为必须符合人民群众的意愿,必须坚持公民参与,必须维护公民知情权,使公民能及时地、具体地了解政策执行的各种情况,加强公民对政策执行的有效监督。

3. 法治原则

这是指公共政策有效执行的权力设置、人员录用、机构配备、执行程序、执行责任等要实现法治化,杜绝政策执行中的有法不依、执法不严、以权压法、人治代替法治等现象,从而防止政策执行权力的异化和腐败。

4. 创新原则

创新是一个民族的灵魂,是国家兴旺发达的不竭动力,也是一个政党永葆生机的源泉。政策执行主体在遵循政策的精神实质,保证政策的统一性、严肃性和权威性的前提下,必须坚持从实际出发,采取灵活多样的方式方法,因时因地制宜,确保政策目标的实现。

(三) 公共政策有效执行的机制

为了确保公共政策执行的优质高效,防止公共政策执行偏差,就必须重视政策执行的机制构建。要实现公共政策有效执行,应重点构建和完善以下机制。

1. 公共政策的信息沟通机制

从控制论的角度来分析政策执行,政策执行的过程实质上是一个有效的信息流通过程。信息是政策执行的重要资源,信息非对称性和沟通渠道受阻都会严重影响政策执行。因此,构建信息沟通机制,保持全真的信息流通,避免或减少政策信息的非对称性,是防止公共政策执行偏差和提高执行效率的重要任务。这需要我们建立健全政策执行的信息网络和政府上网工程,优化政策信息传播和反馈渠道,加大政策信息及时披露的力度。

2. 公共政策的公民参与机制

公民参与是实现公民依法介入国家社会政治生活、享有真正管理国家和社会公共事务权利的重要渠道,是体现民意、反映民情、提高政策执行民主化水平的根本举措,是实现公民自我管理、自我教育和自我服务功能的基本途径。公民参与机制的建设与完善,一方面使政策执行体现出人民主权的根本理念,另一方面保证政策执行中公民参与的制度化、规范化和程序化。公民参与机制在政策执行中主要表现在以下几方面。

(1)公民参与执行计划。计划是公共政策执行的首要环节。通过公民参与执行计划的制订,有利于提高公民对政策执行的关切度。

(2)公民参与执行监督。目前,我国公民参与执行监督的主要保障机制是行政契约制。行政契约制是在市场经济条件下规范政策执行机构与目标群体的权利和义务,以实现政策执行主体与政策对象的权利、义务关系的公正透明的有益实践,可以改变政府既当"运动员"又当"裁判员"的双重混合角色,实现公民与政府委托-代理关系和服务与被服务关系的良性运行。

(3)公民参与执行评估。公民参与执行评估主要体现为公民参与政策执行结果的考核制和执行人员业绩评价的民主投票制,以及建立健全政策执行的社会评价机制。公民参与执行评估有利于政策评估的公开化和有效性,有利于政策执行信息反馈的公开和及时,防止政策执行评估的暗箱操作和扭曲变形。

3. 公共政策的激励、责任与监督机制

(1)激励机制。对政策执行者的利益需求的忽视或激励机制的欠缺,会在很大程度上导致公共权力异化和公职人员的寻租行为与心理倾向,因此必须尽可能在有限资源供给的范围内构建完善有效的激励机制,防止公共政策执行偏差,具体可从引入竞争机制、引用功绩制以及科学地规范晋升制入手。

(2)责任追究机制。政策执行主体依法定权力执行政策,是权、责、利的统一体,对政策执行必须承担相应的政治责任、道德责任和人格责任。为此,应当使政策执行的责任明晰,增强执行者的责任感、使命感和危机意识。构建政策执行的责任追究机制应重点建立健全以下制度。① 首长负责制。首长负责制要求经法定程序进入领导岗位的公职人员,一经确立职务关系,必须履行职务,负起主体责任;必须遵循权限,不越权;必须符合法定目标,不滥用权;必须合理使用自由裁量权,避免行政失当。② 目标责任制。目标责任制是围绕政策目标和政策方案的实现而展开的,是在政策执行过程中实行目标管理而签订责任状,使责任落实到具体部门或个人身上,有利于明确业绩、提高绩效,加强对执行行为的控制与监督。③ 岗位责任制,即根据政策执行的目标与任务设置工作职位,进而确定权责范围,做到因事设岗,因岗择人。④ 对政策执行主体的违纪犯法行为进行责任追究。

政策执行主体在政策执行过程中,若出现行为不当或行政不作为等行为,应承担相应的法律后果,以此实现政策执行的法治化进程。

(3)监督机制。在政策执行过程中,要对政策执行情况及时地进行跟踪评估和监督,构建政策执行的监督机制,建立健全多层次、多功能、内外沟通、上下结合的监督网络,形成和完善以党的监督为先导、权力监督为主体、舆论监督为动力的监督体系。

第三节　公共政策执行模型

模型是通过主观意识借助实体或者虚拟表现构成客观阐述形态结构的一种表达目的的物件。"上下来去"模型是中国特色的政策执行模型。西方公共政策执行模型主要包括过程模型、互适模型、循环模型、博弈模型、系统模型、综合模型等。

一、基于中国经验的"上下来去"政策执行模型

基于中国经验的"上下来去"政策执行模型,是在结合中国实际情况的基础上构建的政策执行研究路径。这一路径认为,在当代中国的政策实践中,成功的政策执行取决于政策执行主体在政策执行的过程中坚持实事求是、一切从实际出发的原则,坚持"从群众中来,到群众中去"的工作路线,并采用先做政策试点,即将政策进行局部试验,然后再全面推广的试验-推广型,以及"执行-总结"型政策试验方式。由于在政策执行过程中政策主体与政策客体、政策环境的关系体现为上下互动的过程,因此,我们从总体上将这一研究路径称为"上下来去"政策执行模型。

(一)从群众中来,到群众中去

政策执行是一个"从群众中来,到群众中去"的过程。"从群众中来,到群众中去"不仅要求政策主体在政策制定过程中要善于体察民情、采纳民意,更要求政策主体在政策执行过程中将收集起来的群众有关政策的意见和建议进行整理、加工、提炼,形成领导决策,然后再返回到群众中去,使群众认识到这些政策符合他们的根本利益,号召群众行动起来,真正内化为他们自觉的政策行动。这首先要求政策主体应花大力气与作为政策对象的人民群众共同解读政策文本,使政策执行过程中的各类参与者在对政策主张的认同上达成高度共识,以获

二维码 6-1
人民日报时评:
"最美县委大院"
何以走红

得广大群众的理解和支持,形成有利于政策执行的社会环境,最终使政策得以贯彻执行。其次政策主体必须注重政策执行后的情况报告和意见反馈。最后,政策主体必须以广大人民群众的根本利益作为根本的价值取向,在政策执行过程中监测执行结果,做到"一切为了群众,一切依靠群众"。

(二)"试验-推广"型

政策执行是一个"试验-推广"的过程。政策试验是"上下来去"模型的又一重要内涵。在全面推行一项新的政策特别是具有重大影响的公共政策之前,都要预先选择几个地区、

部门和单位进行试点,取得具体的工作经验,并以此为依据对政策进行调整和完善,然后再普遍实施。这样有利于降低政策执行的成本和风险,更好地达到预期的政策效果。邓小平对这一过程的表述是:"中央在原则上决定以后,还要经过试点、取得经验,集中集体智慧,成熟一个,解决一个。"

二维码 6-2
1983,家庭联产
承包责任制推向全国

(三)"执行-总结"型

政策执行是一个"执行-总结"的过程。政策执行总结是指执行机关和执行人员在政策得到具体的贯彻落实后,依照国家现行政策和行政管理规律,对政策执行过程和结果加以全面、系统的衡量、评价、反思和检讨。在政策执行中群众创造了许多成功的经验,经过系统的总结,成为执行者后续行动的借鉴。这样,"执行-总结"的过程不仅是对政策执行进行的全面检查,也是下一轮政策过程的起点,为下一轮政策的有效制定提供基础。这一过程是实现"摸着石头过河"与"顶层设计"相结合的有效途径。

二、基于西方经验的政策执行模型

随着政策执行研究的不断深入,公共政策学者从不同的角度出发,形成了多种政策执行理论:行动理论将政策执行视为对某一项公共政策所要采取的广泛的行动;组织理论强调组织在政策执行中的核心地位,认为只有了解组织是怎样工作的,才能理解所要执行的政策,以及它在执行中是如何被调整和塑造的;因果理论将政策看作一种假设,将政策执行看作引导人们到达目的地的地图,并关注政策过程中的因果关系;管理理论强调政策执行是一种科学管理过程;交易理论认为政策执行是一个政治上讨价还价的过程;系统理论将政策执行理解为政策系统与环境进行物质、能量和信息的交换过程。

学者们从各种不同的角度来研究影响公共政策执行的因素,建立起若干政策执行的理论模型,以期帮助人们更有效地了解问题、发现问题和解决问题。理论模型主要有以下六种。

(一)过程模型

美国学者史密斯在其《政策执行过程》中首次提出一个分析政策执行因素及其生态关系的理论模型,这一模型又被称为史密斯模型。该模型主要包含如下四个基本构成要素。

(1)理想化的政策,即合法、合理、可行的政策方案。具体包括政策的形式、类型、渊源、范围以及社会对政策的认知。

(2)执行机关,通常指政府中具体负责政策执行的机构。具体包括执行机关的权力结构、人事配备及其工作态度、领导模式和技巧及执行人员的情况等。

(3)目标群体,即政策对象,泛指由于特定的政策决定而必须调整其行为的群体。具体包括他们的组织或制度化程度、对领导的认知程度以及先前的政策经验。

(4)环境因素,即与政策生存空间相关联的因素,包括政治环境、经济环境、文化环境、历史环境等。它是政策执行的路径依赖和影响因素。[①]

---

① 宁骚.公共政策学[M].北京:高等教育出版社,2003:368-369.

(二) 互适模型

有些学者也称这一模型为互动理论模型。模型的构建者是美国学者麦克拉夫林,其代表作是写于 1976 年的《互相调适的政策实施》。麦克拉夫林在对美国当时的教育结构改革问题进行个案研究的基础上,通过由具体到抽象的方法,说明政策执行是执行者(组织或人员)与受影响者之间就目标或手段相互调适的一个过程,他认为这应是一个动态平衡的过程,政策执行是否有效取决于二者互适的程度。麦克拉夫林的互适模型至少包含如下四项逻辑认定。

(1)政策执行者与受影响者之间的需求和观点并不完全一致,基于双方在政策上的共同利益,彼此必须经过说明、协商、妥协后确定一个双方都可以接受的政策执行方式。

(2)相互调适的过程是处于平等地位的双方彼此进行双向沟通的过程,而不是传统的单向流程。

(3)政策执行者的目标和手段可随着环境因素、受影响者的需求和观点的改变而改变。

(4)受影响者的利益和价值取向将反馈到政策上,从而影响政策执行者的利益和价值取向。

最后得出结论:成功的政策决定有赖于有效的政策执行,而有效的政策执行则有赖于成功的互相调适过程。

(三) 循环模型

美国公共政策学者雷恩和拉宾诺维茨在 1978 年构建了一个以循环为特色的政策执行分析框架。他们认为在环境条件的影响下,政策执行过程经历了三个阶段,遵循三个原则;三个阶段是拟订纲领阶段、分配资源阶段、监督执行阶段;三个贯穿原则是合法原则、理性原则、共识原则。这是一个"上令下行"与"下传上达"的主动执行—监控的循环回路,体现了执行过程的开放性要求,强调了一定的封闭性对于一个系统成长的必要性。

(四) 博弈模型

这是博弈论运用于政策执行而形成的理论模型,即以博弈理论观察、分析执行过程中相关参与者就政策目标或手段的达成所做的说服、协商与妥协等互动情形。它以完全理性人为假设前提,认为在冲突和竞争的情况下,每一个参加者的选择都遵循最大收益-最小损失原则。

用博弈论来分析政策执行,以美国公共政策学者巴德克为主要代表。他视政策执行为一种游戏或赛局(game),其中包括如下要素规则:竞赛者,即政策执行者与受影响者;利害关系,即竞赛可能的原因;竞赛资源,包括策略与技术等软资源与财经、权威等硬资源;竞赛规则,这是取胜的标准或条件,公平竞赛是最基本的原则;竞赛者之间信息沟通的性质;所得结果的不稳定程度。

(五) 系统模型

这是美国学者霍恩和米特尔提出的一个政策执行模型。他们认为在政策决定与政策效果这一转变过程间存在许多影响二者的因素——既有系统本身,又有系统环境的因素。一个合理有效的政策执行模型必须重视如下五个要素:政策的价值诉求,即政策目标与标准;政策资源,即系统本身实现价值的条件,包括全国土地资源、财物资源、信息资源、权威资源等;执行者属性,包括执行人员的价值取向、行为能力、精神面貌、执行机关的特征及整合程度;执行方式,指的是执行者之间、执行者与目标群体之间采取的互动方式,主要包括沟通、协调与强制;系统环境,主要包括政治环境、经济环境、文化环境、社会条件等。

(六) 综合模型

这是由美国学者梅兹美尼安和萨巴蒂尔提出的,因而又被称作梅兹美尼安-萨巴蒂尔模型。政策执行是一个受多种变量影响的相当复杂、多视角的动态过程。梅兹美尼安和萨巴蒂尔在上述系统模型的基础上,将影响政策执行的因素追溯到政策问题。这一模型从多个视角考察了影响政策执行的各种主要变量,为我们分析、指导政策执行提供了一个较完备的思考与实践框架。

第四节 影响公共政策执行的主要因素

政策自身质量、政策执行主体、政策对象、政策环境、政策监督是影响公共政策执行的主要因素。

一、政策自身质量

公共政策是否能够得到有效推行,往往取决于政策自身的质量如何。而政策自身质量又在很大程度上取决于政策本身是否具有合理性、具体性和稳定性。

(一) 政策的合理性

公共政策是人们有意识地调节、组织、控制和管理社会系统的工具。要使公共政策正确地指导人类社会的运行方向,必须保证政策的合理性。所谓政策的合理性指的是:首先,公共政策必须符合客观规律,具有可执行性;其次,公共政策必须具有合法化程序,执行再决策必须限定在国家的法律法规的范围内;再次,政策要与社会文化保持一致,从而有利于取得社会公众对公共政策的认同感;最后,政策必须符合广大人民群众的根本利益。

(二) 政策的具体性

一项政策能否顺利推行取决于它是否具体明确,其中既包括了政策方案和政策目标的明确表达,又包括政策工具和行动步骤的明确规定。同时,政策的具体性还要求政策目标必须尽可能地细化为一组可检测、可衡量的指标体系,模棱两可、含糊不清的公共政策自然无法实施,也易导致政策界限不清和随意变动。

(三) 政策的稳定性

政策的稳定性与连续性是统一的。政策的稳定性是指政策一经制定出来,就不能轻易变动。如果政策变化频繁,朝令夕改,就会使人民感到无所适从,降低政策的威信,且执行起来也必然困难重重。当然,在政治变革和社会大发展时期,政策必须变化,但在这种变化中也应尽可能地保持政策的连续性。

二、政策执行主体

(一) 政策执行者的素质要求

政策执行者是执行组织的主要元素,也是影响政策执行的主要因素。执行者的利益、心理、知识和能力等因素影响着执行系统的有效运行。

1. 利益因素

政策执行者具有多重利益冲动:一方面代表国家,多从社会整体利益的角度去理解和执行政策;另一方面,本地区、本部门、本团体的利益,甚至自身利益也会影响或支配他们对政策的理解和执行。因此,政策执行过程中渗透着国家利益与地区利益、部门利益、团体利益和个人利益的冲突与整合。在改革开放和体制转轨时期,利益结构由过去高度的整体化、单一化向分散化、多元化转变,从而激发了政策执行者的利益意识。这种自利性的扩张与驱使,使部分政策执行者利用手中权力在政策执行过程中从事营利活动,造成公共权力的异化和腐败。

2. 心理因素

政策执行者的需要、价值观、情绪与情感等都对政策执行有一定的影响。政策执行是一种复杂的行政行为。从实际情况来看,常常由于政策环境的复杂多变及政策执行资源的有限性,也由于政策内容不明确、政策缺少可操作性、政策执行授权不够等,更多地需要依靠政策执行者的自身因素发挥作用。例如,当政策执行出现挫折时,如果政策执行者的意志坚强,那么他们就会发挥自身的主观能动性,积极创造条件,改进方法,排除障碍,实现既定的目标。

3. 知识因素

当今是一个知识激增、信息爆炸的知识经济时代,政策执行者如果没有广博的学识和丰富的实践经验,就不能正确理解相关政策,就不能有效地分析和解决政策问题,从而保证公共政策的贯彻执行。

4. 能力因素

合理的知识结构,只有与有效的能力结构相结合才能发挥实际作用。政策执行者的创造性思维能力、语言表达能力、人际交往能力、社会活动能力、学习能力、灵活应变能力、组织管理能力等,对于有效的政策执行都是必不可少的。就领导者而言,要有胆有识,能够及时对形势和条件做出正确估计,还要正确处理局部和全局的关系,正确决定每一阶段的工作重难点,分清轻重缓急,有计划地执行公共政策。此外,领导者还要知人善任,充分发挥下级执行人员的长处,提高他们的工作责任心和工作热情,推动他们主动、积极地去完成工作任务。

(二) 政策执行组织的合理结构

政策执行是一种组织行为,因此分析执行组织的配置情况对于执行系统分析是不可或缺的。执行组织结构的合理性、组织权责的明确性直接对政策执行的力度与效度产生重大的影响。

1. 执行组织结构的合理性

合理的执行组织结构是实现政策目标的组织保证。执行组织的合理结构要求组织的纵向结构层级化和横向结构专业化。层级化是指各级政府以及部门的上下级之间的机构、职位、人员配备和责任、权力、工作程序的有序等级划分。合理的层级划分有利于政策执行的统一领导和统一指挥,有利于政策执行的目标分解,逐层落实,有利于政策执行的上传下达和监督控制。专业化是指将执行组织按政策目标、管理对象、权力责任和业务性质划分为若干个横向的职能部门。专业化的部门划分有利于提高政策执行的专业技术水平,有利于合理利用和吸收专业人才,有利于事权一致、政令畅通。执行组织的合理结构还要求执行组织的年龄结构、知识结构、能力结构乃至性格志趣结构等方面的相互协调与功能互补。

2. 组织权责的明确性

明确组织权责即理顺中央与地方政府之间、上级与下级政府之间、各职能部门之间的权力责任关系。就中央与地方以及地方与地方的关系而言:需要进行事权划分,落实责任制,建立责任追究机制;划清中央与地方政府之间、地方政府不同层级之间的事权、财权、产权和立法权等;实现党政分开、政企分开、政事分开,简化行政审批制度;实现集权与分权相结合,在保证上级权威和不影响上级政府对辖区内的事务做综合管理和宏观调控的前提下,实现必要的分权,以调动下级政府应对地方实际情况的灵活性和执行政策的积极性与创造性。就各职能部门之间的关系而言,要明确各部门及其工作人员的权力和责任,责权利保持一致,做到统一指挥、统一行动,杜绝各种形式的相互推诿、越权、失职、渎职行为。

三、政 策 对 象

公共政策执行的目的是影响或改变政策对象即目标群体。政策对象功能的发挥不仅与执行主体的相关因素有关,也与政策对象对政策认同、接受和支持的程度有关。公共政策的目标是多种多样的,但这种目标总要表现为对一部分个人、群体或组织的利益进行分配或调整,表现为对一部分个人、群体或组织的行为的指导、制约或改变。这些个体、群体和组织就是政策对象,即政策执行过程中所产生的影响和作用的承受者。

政策对象主要具有以下几个特点。

(一) 规定性

政策执行是根据政策方案进行的,任何政策方案都包括关于政策对象的规定,都明确界定政策适用对象的范围。例如,外交政策的对象是除本国之外的其他国家。

(二)受动性

一般说来,政策对象在政策执行过程中对政策方案的接受程度,具有一定的选择性,在这个意义上,我们可以说政策对象具有一定的主动性。然而就总体而言,在政策执行过程中,政策对象是客体,是受动者。另外,公共政策带有强制性。为达到预期的政策目标,国家总会运用行政、法律等手段对拒不接受政策的政策对象给予一定的惩罚,这也是政策对象受动性的一种表现形式。

(三)主观差异性

政策对象受自身利益、文化心理因素及受教育程度的影响呈现出主观差异性。因此,即使政策主体对各个政策对象所施加的执行力度是相同的,但是由于政策对象自身主观差异性的存在,政策效果仍有不同。

就政策对象自身来说,以下具体因素会对政策执行产生重要影响。

1. 利益取向

政策执行是对社会公共利益的整合,即实现对一部分政策对象利益的分配与落实,而对另一部分政策对象的部分利益予以调整与剥夺,结果是造成一部分人受益而另一部分人受损。受益的目标人群会支持政策执行,受损的利益人群就可能反对和抵制政策执行。因此,目标人群的利益取向是影响政策执行的重要因素。具体表现为目标人群对政策执行的成本-收益分析,这种利益预期的关键是人们对政策执行获得利益情况的分析与取向,即人们对全局利益与局部利益、近期利益与长远利益、显性利益与隐性利益的选择问题。加强对公共政策目标人群的利益取向分析,有利于政策执行抓住问题的本质,也有利于有针对性地对一些目标群体加强政策宣传,提高目标人群接受政策的自觉性和主动性。

2. 文化心理因素

目标人群的文化心理因素是指目标人群基于对公共政策目标、功能、执行方式等的理解所形成的思想认识和心理认知的总和。人们已有的价值观念和传统习惯对政策执行也有着深刻的路径依赖。

3. 文化教育程度

目标人群的知识水平和教育程度也是影响政策执行的重要因素。文化教育程度不仅包括目标人群的学校教育,还包括社会再教育。如果人们接受更多的文化教育,就会提高对公共政策的理解能力,正确分析自己的利益和行为习惯,从而变得更为理性。

四、政策环境

影响政策执行的政策环境可分为自然环境和社会环境。

(一) 自然环境

政策执行系统的自然环境是指与执行系统发生密切联系并与之进行物质、能量和信息交换的外部自然条件。一定的自然环境与一定的政策执行系统发生着联系,影响着政策执行过程及其结果。例如,当今世界生态危机是人类面临的共同危机,温室效应加剧、臭氧层严重破坏、酸雨污染等已逐渐成为不仅是区域性而且是全球性的问题。因此,政策执行者应正确认识和分析当地的自然环境条件,因地制宜、趋利避害地展开政策执行活动,实现政策目标。

(二) 社会环境

任何一项政策的执行都无一例外地要与一定的社会因素发生相互作用,都要受到一定社会环境的制约和影响。适宜的社会环境无疑有助于政策的有效执行。政策执行系统的社会环境是指该系统以外由人的活动形成的、并对政策执行活动产生交互影响的各种社会因素。这些因素可细分为社会的政治环境、经济环境和文化环境等。

1. 政治环境

政策执行本来就是一种复杂的政治行为。政策执行系统的输入与输出都离不开政治环境。具体表现为:国家政治制度规定了政策执行的机构设置、执行程序与执行方式;政党制度影响着政策执行的组织机构设置、人员配备、执行沟通、执行评估与监督;政治生活的民主化程度越高,政策执行的沟通、协调程度越完善,公开化程度就越高,越能反映民意、体察民情、服务公众;政治局势的稳定影响政策执行系统的稳定与有序运转;国际政治环境也影响着政策执行的稳定和功能发挥。随着全球化时代的到来,国与国之间的相互依存越来越紧密,国际政治气候的变化必然影响到各国政府的战略决策,影响国家公共政策的制定与执行。

2. 经济环境

经济环境是政策执行的最深层的环境,是政策执行的物质基础。它主要包括生产力和科技发展状况、人口状况、国民收入水平、社会生产关系、经济体制等,即生产力发展状况和生产关系状况两大方面。

生产力发展状况对政策执行的影响,具体表现为:第一,物质生产的发展状况是政策执行的物质基础,生产力发展状况决定了政策执行的财力、物力、信息等资源的供给状况;第二,经济的发展引起一系列社会问题,使政策执行的社会管理功能更为突出和复杂;第三,随着经济的信息化和知识的全球化,公共政策的制定与执行不仅要从本国本地区的战略高度考虑,而且要从周边国家以及全世界环境的影响来统筹规划,政策执行不仅要有利于本国的可持续发展,也要有利于全世界的和平与稳定、发展与繁荣。

生产关系状况对政策执行的影响表现为:第一,经济基础决定政策执行的性质和功能发挥,经济基础中的利益结构特点影响政策执行的方向与程度,尤其是强势利益群体的压力,对政策执行影响重大;第二,经济体制影响政策执行的效率和运行模式,在计划经济体制下,目标群体对个人利益的关切度较低,因而对政策执行是被动服从态度,政策执行主体往往缺乏效率观念。在市场经济体制下,目标群体对政策执行的参与和关心程度提高,使政策执行更注意协调和平衡各方利益。

3. 文化环境

文化环境主要指政策执行系统之外人们的社会价值观念、传统习俗、社会心理和行为模式等。在效益、民主、公平等价值观念备受推崇的社会,政策执行一般能够更多地反映民意和公民参与程度,体现公平与公正并讲求效率等。在全能、管制、人治型文化占主导地位的社会里,政策执行更强调权力统治。

综上所述,无论是政治、经济环境还是文化环境,都会影响政策执行。因此,创造适宜的政策环境,也是政策得以有效执行的重要条件。

五、政策监督

公共政策是国家和社会治理的基本工具。公共政策过程在一定程度上来说也是权力运行过程。在现代社会,任何政策都是用来为人民服务的,因而,任何政策运行都必须接受社会主体的监督。

(一)政策执行的控制与监督

科学诊断问题,即采用科学的方法对所出现偏差的原因、范围等进行分析和认定,目的是及时地"对症下药",以更好地加强政策执行的指挥、沟通、协调,疏通阻力,加强信息沟通,协调各方面利益。要及时跟踪评估,即分析政策执行在政治、经济、文化等各方面产生的直接影响、间接影响和舆论反应,以及预设目标是否合理、充分、全面等,从而有利于发现执行活动中出现的问题和困难,采取有效的调整措施和补救方案,控制政策执行的进程和效果。要加强公共政策执行监督,即制定正确、可行的监督标准,依照标准检查政策执行行为,纠正执行偏差,加强监督反馈系统功能和监督主体之间的协调配合,增加政策执行的透明度,实现对执行过程的有效监督,保证政策执行活动的顺利进行。关于政策的监督与评估,在本书的相关章节会展开详细介绍。

(二)解析"上有政策,下有对策"

"上有政策,下有对策"是我国政策执行中长期存在着的一种普遍现象。近年来,随着我国改革开放的深入和地方分权的发展,"上有政策,下有对策"现象非但未能克服,反而有加剧之势,成为影响政策有效执行的一种障碍性因素。因此,有必要加以认真分析。

1. 主要表现

(1)"你有政策,我有对策"的替换性执行。当一些执行机关和部门所执行的政策对自己不利时,执行者就制订与上级政策表面上一致、实际做法却相违背的实施方案,使上级的政策难以得到贯彻落实。

(2)"曲解政策,为我所用"的选择性执行。政策执行者在执行政策中对政策的精神实质或部分内容有意曲解,导致政策无法真正得到贯彻落实,甚至出现与初衷相悖的结果。

(3)"软拖硬抗,拒不执行"的象征性执行。政策执行的最高准则在于维护政策的权威性和严肃性。对于共产党员来说,执行政策是党的纪律;对于普通公民来说,执行政策是必须履行的社会职责。但在执行过程中,有些执行机关或人员有意不执行或变相不执行,有的只是采取象征性的执行措施,甚至抗拒执行。

(4)"搞土政策"的附加性执行。附加性执行指的是在政策执行过程中,执行者常附加一些原政策目标所没有的内容,把本不可行的事情变为可行之事,从而影响了目标的实现。所谓"土政策",就是打着贯彻上级政策要结合实际的旗号,自立一套,自行其是,牟取私利。例如,我们搞社会主义市场经济,要建立统一的社会主义大市场,但有些地方往往立足本地,搞小而全的生产体系。在生产快速发展时期,为保护本地利益而封锁信息、技术和资源,禁止劳动力和人才流动,搞"土政策",到处封关设卡,导致争夺资源的"大战"此起彼伏,扰乱了市场秩序,严重危害了中央宏观政策的贯彻实施。①

2. 现象成因

"上有政策,下有对策"现象产生的主要原因无非是"利益"的驱动。有学者说过,人们为之奋斗的一切都与自己的利益有关。博弈论认为,在冲突和竞争的情况下,每一个参加者都遵循力求得到最大利益并把损失减少到最低限度的原则。作为政策执行者的中央与地方政府以及执行人员,从某种程度上说都遵循博弈论的基本原则。因此,要分析"上有政策,下有对策"现象的成因,就要分析政策执行中的中央与地方、上级与下级之间的利益关系机制。

(1)中央利益与地方利益间的矛盾。国家利益是一国之内的最高利益,所有部门、地方和个人的利益都要服从它的要求。在一定时期内,一个国家的利益总量是个常数,而中央与地方的领导所处的位置不同,考虑问题的角度与方式不同,对利益的要求也不同,他们为了在这个利益总量中争取更大的份额而产生利益矛盾。国家的制度、法律对中央与地方的利益格局界定不明确,容易使双方都认为某一利益领域属于自己,从而相互争夺,产生矛盾。如国家在某一方面对地方的权限、利益做了界定,但没有同时对与之密切相关的其他方面做配套性界定;或者是同一内容的各个方面,有的被严格界定,有的则界定模糊;或者是中央不同部门对同一规定有不同的界定。这样一方面使地方无所适从,另一方面又使地方有机会灵活变通,应对中央政策。目前,各地向中央争优惠政策、争投资、争项目等五花八门的竞争,有愈演愈烈之势,正在形成中央与地方之间就政治利益和经济利益"讨价还价"的不正常状态。

(2)政策本身的缺陷。这主要表现在以下三点。一是有些政策缺乏科学性,不完整、不配套。在政策制定过程中,新老政策之间,宏观和微观政策之间,政治、经济和社会等各个领域和各部门的政策之间,以及一个大政策和它的具体实施细则之间,往往没有很好地衔接和配套,没有形成科学合理的政策体系。这一方面给政策执行带来困难,另一方面也给执行者寻找对策、钻空子造成可乘之机。二是政策多变。今天制定一个政策,时过不久,情况发生了变化,又匆忙出台一个新政策,"头痛医头,脚痛医脚"。还有的是因领导换届,政策也跟着发生大的变化,人存政举,人走政息。政策多变,朝令夕改,法无常规,缺乏稳定性和连续性,就无法建立起政策的权威性和可信度,也就很难使人遵从它们,出现"上有政策、下有对策"现象也就在所难免。三是政出多门,莫衷一是。现在,我国机构繁多,部门林立,职责不明,多头决策,缺乏有效的沟通协调,常常是政出多门,甚至相互矛盾。

---

① 陈振明.政策科学[M].北京:中国人民大学出版社,1998:298-308.

(3)政策执行主体的本位主义和地方利益的驱使。一是干部阶层利益诱发。干部身兼政策执行者和政策制定者双重身份,他们是政策能否有效执行的决定性因素。如果他们背离了为人民服务的宗旨,仅顾及本阶层的利益,必然驱使他们在执行政策时搞与上级政策精神不一致的所谓"对策"。二是地方部门利益驱使。一些干部从地方利益出发,对政策产生对抗性反应,上面有漏洞,下面不补,上面有错误,下面加以扩大,上面政策正确,下面顶着不办。三是干部中存在的错误思想观念的导向。党的各级干部只有树立马克思主义的世界观、人生观,具有健康的道德风尚,才能实事求是地执行政策。但在一些干部中存在着严重脱离实际、弄虚作假等假风气,以及个人至上、金钱至上、人情关系至上等错误观念,以致出现了诸如偏重于短期行为,人情、金钱大于政策,个人关系高于组织原则等不正常现象,无视中央政策的规定,滥用灵活性,随意"变通"政策。

二维码 6-3
谨防校外培训机构换"马甲"开展学科类培训

(4)政策执行的监控不力。我国虽然建立了比较健全的行政监察体系,对国家行政管理机关及其工作人员的活动进行有效的控制,但在政策执行过程中,从上到下依然缺乏强有力的监控机构专门负责检查监督各项政策的贯彻落实情况。

本章小结

公共政策执行是政策过程的中介环节,是将政策目标转化为政策现实的基本途径。政策执行的有效与否事关政策的成败。无论中国还是西方,都有符合各自发展特色的政策执行发展历程与执行模式,也各有其优劣之处。我们要在充分了解与学习的基础上加以分析认识,以期未来对我国公共政策执行提出有效的改进路径。

本章重要概念

公共政策执行(policy implementation)
执行偏差(implementation deviation)
有效执行与无效执行(effective implementation;ineffective implementation)
上有政策、下有对策(countermeasure action of the policy)

本章思考题

1. 试述公共政策执行的含义、特点和作用。
2. 简述西方公共政策的主要执行模型。
3. 简述公共政策有效执行的机制。
4. 评述影响公共政策执行的主要因素。
5. 怎样理解公共政策执行中的"上有政策,下有对策"。

本章推荐阅读书目

1. 朱光磊.当代中国政府过程[M].天津:天津人民出版社,1997.
2. 徐颂陶,徐理明.走向卓越的中国公共行政[M].北京:中国人事出版社,1996.

二维码 6-4
本章重要概念及思考题答案

第七章 公共政策评估

本章导言

评估思维是人们在生产实践活动中认识世界、改造世界、反思自身的重要思维。公共政策是公共部门对社会利益进行权威性整合与分配的重要工具。公共政策评估满足了社会公众和公共部门的多元期待,因此需要提高评估的科学化、标准化和规范化水平。厘清公共政策评估的概念、特征和构成要素,了解公共政策评估过程,掌握科学的评估方法与模式框架,对于提高评估质量和公众满意度,促进评估主体有序参与评估活动,充分发挥政策评估的价值,推动政策科学的发展,具有十分重要的意义。本章从公共政策评估的概念、特征及其构成要素入手,介绍了公共政策评估的基本过程,重点对公共政策评估的方法和模式进行分析。

第一节 公共政策评估的概念、特征与构成要素

公共政策评估随着政策科学的产生而出现,作为一项兼具理论积淀与实操方法的政策过程,经过近百年的发展,不同国家的学者对公共政策评估的解读不尽相同,即便同一国家的学者对其的认识也不一样。因而,我们先从厘清基本概念与构成要素出发,开启学习公共政策评估的大门。

一、公共政策评估的概念与特征

概念界定和特征分析是社会科学研究的起点,只有明确界定概念,才能进一步明确研究对象和研究问题。自从出现公共政策,就产生了公共政策评估,公共政策评估像公共政策一样历史悠久。本小节就从概念和特征出发对公共政策评估进行阐释。

(一)公共政策评估的概念

评估一词对应英文的"evaluation",英文释义为对某件事务的优劣、有用性、成功性的整体评价,中文也可被翻译为评价。因而,公共政策评估(public policy evaluation)也被称为公共政策评价,关于何为公共政策评估,学界主要形成了以下几种观点。

一是"事实陈述说"。政策科学的先驱哈罗德·拉斯韦尔认为,公共政策评估是对公

共政策因果关系所做出的事实陈述。这一陈述不仅涉及公共政策的全过程,包括政策发生背景、政策执行过程、政策产生结果,也涉及政策全过程之间的内在关联。事实陈述说的特点是对公共政策的现状、属性和规律的客观陈述。

二是"价值评判说"。格朗兰德、琼斯、奎得等人认为公共政策评估表面上是对政策本身的评判,实质上是以政策为载体的价值评判,即通过对政策执行情况的事实量度分析,反映政策本身制定的必要性、适当性,以此判断政策制定与执行应然状态与实然状态的差距,是一种反思政府计划背后的价值逻辑的过程。价值评判说是对事实陈述说的深化,指出公共政策评估的价值不是在于对客观事实和结果的陈述,而是对政府行政过程和政策的改进。

三是"政策过程说"。斯图亚特·内格尔、托马斯·戴伊、安德森等人认为公共政策评估是公共政策的必要过程或阶段。作为一项政策过程,评估可以出现在政策方案制定阶段,可以出现在政策执行过程阶段,也可以出现在政策产生结果阶段,还可以是对政策全过程的评估。

四是"政治行为说"。陈振明等人认为公共政策评估是根据一定标准和程序,对政策产出效益、影响效果、价值进行监测和评价的政治行为,目的是取得相关信息作为事实依据,判断政策与人的需要和预期愿望的匹配度,以此作为政策改进的依据。

综上所述,本教材较为赞同"政治行为说"。该定义将事实陈述说、价值评判说、政策过程说三者相结合,概括出较为完整的公共政策评估的内涵,即公共政策评估是指在政策制定、执行过程中,评估主体根据一定的标准和程序,通过掌握政策应然需求,比对政策实然状态,进而对政策本身及其背后的政府施政价值逻辑进行判断与评价的政治行为互动过程。

(二)公共政策评估的特征

公共政策评估贯穿于政策过程的始终,从概念出发,公共政策评估的特征主要包括如下几个方面。

一是诊断性。诊断性是公共政策评估的基本要求和基本价值所在,这主要是从公共政策评估的客体"诊断什么"和政策过程"在哪里诊断"的角度来说的。一方面,公共政策评估的客体涉及公共政策从制定到执行的核心内容,包括在政策制定和实施过程中政策问题的诊断,政策目标的不断修订、校正和明确,政策方案的补充和完善,政策效果与预期目标和价值的匹配度等方面。另一方面,公共政策评估贯穿整个政策过程,通过对政策方案和政策运行过程的分析评估,发现政策问题,诊断政策的针对性、政策的价值导向、政策执行与政策目标之间的偏差,从而根据政策环境的变化及时调整完善政策,实现公共政策的科学性。

二是纠偏性。公共政策在制定和实施过程中,必然会出现偏差,这是由主客观因素导致的。就主观因素来说,任何一项政策都是政策主体认知的产物,由于人类的意识在不断演进和深化,人类对政策问题的界定、政策目标的厘定、政策方案的制定可能存在偏差,需要及时调整,使之能够真正解决公共问题。就客观因素来说,政治、经济、文化、社会主要矛盾等方面的大环境的变化会导致原有政策环境甚至政策问题本身的变化,随着政策大环境的变化,政策问题或不再是一个"问题",或已经被解决,或需要被重新界定,依据新的政策环境和已经发生改变的政策问题,及时矫正和调整原有公共政策。出于主客观因素导致的政策偏差,公共政策评估具有发现误差、矫正误差、纠正偏差的特点。

三是预测性。预测一词的含义,是指在掌握现有信息的基础上,依照一定的方法论对未来的事情进行推测和判断。公共政策评估符合预测的基本条件:一方面,评估的过程是对政策本身和政策运行进行事实描述的过程,为预测公共政策的走向提供基本信息;另一方面,评估的结果有利于建立政策本身和政策影响的因应关系,从而做出政策及政策可能带来的关联事件的价值评判,为预测国家社会经济环境提供依据。

二、公共政策评估的主体

主体是哲学概念,就认识论而言,主体是指具有主观能动性的个人或由个人集合而成的组织。简言之,主体回答了"谁来做"的问题。当代主体与客体的概念范畴已被运用到社会科学的诸多领域,就公共政策评估而言,评估的主体也就是评估活动者。出于公共政策的"公共性",政策评估的主体是多元化的,凡是直接或间接与公共政策发生联系的组织和个人都应被纳入评估的主体范围,包括评估发起者、具体评估者、评估决策者、评估关注者或研究者等。就此而言,公共政策评估的主体包括政策制定者与执行者、第三方专业评估机构、政策的目标群体、社会舆论媒介等。

(一)政策制定者与执行者

公共政策是国家、执政党、政府对社会价值和社会利益进行的权威性分配。政策制定者与执行者在政策过程中担当双重角色,既是政策主体,又是政策评估主体。复合角色让此类主体在政策评估中具有独特优势,由于本身置身于政策活动,所以能够掌握关于政策方案、政策执行过程与结果的全面信息,为政策评估提供更为客观完整的材料。此外,由于组织或参与了整个政策过程,他们熟悉政策过程中的细枝末节,能够对政策方案和政策执行过程做出整体、有效的评价。然而,由于受部门利益、绩效考核、传统思维等方面的影响,此类主体的评估难以做到客观、公正。

(二)第三方专业评估机构

第三方专业评估机构具备政策评估的专业理论基础与知识技能,也被称为智囊团。从狭义上说,第三方专业评估机构是指独立于政府系统外的政策咨询与研究组织,受政府委托对制定政策进行评估。它们专门从事政策研究的相关工作,具备专业的理论背景、大量的实操经验和专职的评估人员,如美国的兰德公司、瑞典的国际和平研究所、中国的从事政策研究的软科学研究机构等。从广义上说,第三方专业评估机构还包括政府系统内部从事政策研究的部门,如政策发展研究中心、政策研究室、政策委员会等。国际上,越来越多的国家采用委托第三方专业评估机构的形式进行政策评估。

(三)政策的目标群体

政策的目标群体是公共政策需要规范、制约或调节的公众群体,是政策评估的重要主体。一方面,目标群体是政策执行的直接受体,公共政策通过规范和协调目标群体间的不同利益,可能使部分目标群体受益,也可能使其利益受损。因而,目标群体对政策的感知更为真实和具体,也具有对参与政策评估的现实需求。另一方面,目标群体对政策的接受程度和履约程度关涉政策运行的效率、效果和效益。然而,由于目标群体缺乏政策实施的全面信息和政策评估的专业理论知识,需要施政主体在一项新政策实施时向目标群体做充分解读,同时还要为目标群体畅通评估渠道,以实现目标群体利益诉求与政策目标的良性对接。

(四)社会舆论媒介

社会舆论媒介指电视、广播、报纸等传统媒介和以互联网技术为载体的微博、视频号、公众号等新兴媒介,是公共政策评估的重要介质。从传递信息的角度说,社会舆论媒介利用独特的信息网获取政策运行的相关信息,诸如政策解读信息、政策执行情况等,传递给大众;同时,将公众对政策的反响传递至政府,间接反馈政策目标群体的政策评估结果。从影响公众态度方面说,社会舆论媒介对政策的评价影响公众对政策的感知和态度,在数字时代,舆情研究已成为我国政策评估的重要组成部分。

三、公共政策评估的类型

依据不同标准,公共政策评估的类型有不同的划分。本书根据公共政策评估的客体,即公共政策评估的对象,将公共政策评估类型划分为需求评估、方案评估、过程评估、效果评估,以及对政策评估的再评估。

(一)公共政策需求评估

公共政策需求评估是界定公共政策问题、开启公共政策议程的前提和基础。任何一项公共政策的制定都是为了解决具体的公共问题。而公共问题对应目标群体的利益需求,通过调研分析等方式,全面、真实、客观地把握公众需求就显得极为重要。同时,并非所有的公众需求都能够上升至公共政策议程,公共政策需求评估需要回答以下问题:一是需求是否具有客观性和普遍性,需求是否为多数社会成员的需要,如发展教育和医疗的政策;二是需求是否形成了明显的政策需要,需求是否符合公共价值,对社会运行的影响程度和影响范围如何,如打击黄赌毒的政策;三是需求的投入产出配比如何,需求的满足需要投入政府财力、人力、物力、信息等资源,政策产出是否与资源投入形成良性循环,这关系到一项政策的可持续性。

(二)公共政策方案评估

公共政策方案评估是在政策正式出台前,对政策方案本身做出的可行性、科学性、有效性等一系列综合评估,重点考察评估政策方案本身和与现有环境之间的契合性及其应对措施。关于政策方案本身,评估内容包括政策方案的必要性和价值导向论证、政策目标是否清晰明确、政策能否够被公众接受、政策效果的前瞻性预测分析、政策风险的强度和配套防范措施、政策成本的承受度和可持续性等。关于政策与现有环境之间的契合性,评估内容包括政策方案与现有政策之间是否存在抵触、是否有应对预案,政策方案在现有政治、经济、文化、行政等环境下运行的可行性等。

(三)公共政策过程评估

公共政策过程评估是指政策议程开始后对政策各环节的评估,以期考察政策运行状况,发现政策运行问题,提升政策运行的有效性,包括对政策制定过程、政策执行过程、政策调整过程等环节的评估。就政策制定过程而言,评估主要涉及政策制定过程是否科学规范,是否充分听取社会公众、目标群体、舆论媒介、专家学者等多元主体的意见。就政策执行过程而言,评估主要涉及施政对象是否为政策目标群体、施政措施是否依照政策方案进行、施政部门和人员是否付出足够的努力与精力等。就政策调整过程而言,评估主要涉及政策调整是否必要、是否遵循严格的程序等。

(四)公共政策效果评估

公共政策效果评估是指对公共政策产生的结果的评估,不仅包括政策实施后取得的实际结果,也包括实施后带来的影响。就实际结果而言,评估主要包括政策目标的实现程度,离预期目标越接近,效果越好,反之亦然。然而,政策目标的实现程度仅能反映该政策实施的内部有效性,不能从整体上把握该政策在政策目标之外对其他领域、其他人群的外部影响,因而还需要对政策的影响进行评估。例如,出于环保目的,政府出台刺激企业发展新技术的政策,但却间接导致传统手工业从业者失业率的增加,该政策对环境带来正面影响的同时,可能对低收入群体的生存带来负面影响,这是超出政策本身需要考虑的问题。

(五)公共政策评估的再评估

公共政策评估的再评估是对评估技术和方法的分析与反思,有助于推进公共政策评估的科学化、实用化和系统化,形成公共政策"制定—执行—评估—完善"的良性循环。实践方面,追踪评估结果的运用,是否及时反馈至政策制定和执行部门及其工作人员,是否及时调整和纠正政策偏差,通过分析评估结果的接受程度和应用程度反思评估方法,及时总结经验以便指导新的政策制定和实施评估。理论方面,积极探索适合我国国情的评估理论,将国外评估理论与国内评估理论相结合、专家评估方法和民间评估方法相结合、定性评估技术与定量评估技术相结合,形成具有中国特色的公共政策评估理论体系。①

四、公共政策评估的标准

公共政策评估的标准是公共政策评估的参考依据和评判标的,即便同一政策方案和政策执行过程,运用不同的标准也会产生不同的结果,因而,评估标准对评估结果具有决定性的影响。评估标准的选定,一方面与评估客体的类型有关:政治类政策评估应关注评估过程,标准选择应以价值标准为重点;经济类政策评估标准应多采用聚焦政策结果的事实标准。另一方面需考虑政策所在环境,是否符合社会的文化、行政、技术等方面的条件。

---

① 李志军.加快构建中国特色公共政策评估体系[J].管理世界,2022,38(12):84-92.

(一) 公共政策评估的事实标准

事实标准是运用数理知识、运筹学、统计学等实际测量的技术方法，确立政策结果的数字比例量化关系，旨在对政策效果进行量化测量的评判标的。实际上，事实标准是最早出现的公共政策评估标准，基本原则是坚持价值中立，强调计算目标实现的有效性，尽量回避对主观性价值的探讨。

一是政策效率。效率是单位时间内完成的工作量（效率＝工作量/时间）。政策效率描述了政策时限内政策目标的达成度，包括时间维度和工作量维度的测量。在时间维度方面，该标准包括是否在政策时限内制定政策方案、完成政策计划。在工作量维度方面，该标准包括政策方案的完善度、政策方案的宣传度、政策落实的程度和强度等。该标准以政策方案为蓝本，关注"政策是否解决了政策问题"，以及政策实际效果与理想目标之间的相符程度。

二是政策效益。效益是效果和收益的综合体，政策效益描述了政策投入和政策产出之间的比例关系。相较于政策效率聚焦政策本身和具体领域，政策效益标准则将视野延展至政策对周边领域的影响、政策对同一领域的短期和长远影响等。如经济政策不应局限于对经济领域影响的分析，还应当分析它对社会领域、生态领域等方面的影响。同时，政策效益标准从收支平衡的角度回顾政策运行，关注以最小的投入换得最大的产出。

三是政策回应度。任何一项政策的制定和执行都应当满足社会发展的客观要求和公众的现实需求。政策回应度是描述政策对特定群体需求的满足程度，它关注"政策是否解决了目标群体的问题"。一项政策的回应度不高，即便该政策有较高的效率和效益，也很难被认定为是一项可持续的政策，因为它脱离了政策产生的原始需求和政策持续的民主空间。

(二) 公共政策评估的价值标准

价值标准是与伦理、道德、社会文化、政治文化和政治价值观相契合的政策参量体系，旨在确定一项公共政策在价值层面的影响。20世纪70年代以来，以罗尔斯的《正义论》的问世为标志，政治哲学和后行为主义逐渐复苏，政策评估学者开始引入价值标准。由于政策行为不可能割裂于社会环境和社会价值之外，因而即便事实标准下的政策再完美、使用的量化评估方法再科学，也有可能是"伪评估"。公共政策评估的价值标准主要包括两个方面。

一是公平正义。公平正义是公共管理的价值归依，是公共政策评估的价值导向。公平正义是协调公共利益与个人利益、个人利益与个人利益之间的价值标杆，赋予公共政策有效发挥调控功能、导向功能、分配功能。坚守公平正义的公共政策具有较高的公信力和公众的道德预期，能够获得社会公众的认同和支持。作为一项价值标准，政策评估中的公平正义包括评估政策承认正义、政策分配正义、政策程序正义三重维度。其中，政策承认正义是前提，政策分配正义是核心，政策程序正义是保障。政策承认正义尊重和承认不同主体的权益，在政策制定和执行过程中不仅充分考虑政策目标群体的权益，还顾及政策对间接群体的影响。政策分配正义主张政策收益与政策成本在不同利益群体之间分配的相对平衡和对等。政策程序正义是在政策制定、政策执行、政策评估、政策调整等方面均严格按照法定程序和标准进行,使公众在政策过程中能够看得见、感受得到政策过程的公平性与合理性。

二是可持续发展。任何一项政策都应当以推动国家健康、稳定、可持续运转为标准。具体而言,可持续发展标准包括经济可持续发展、生态可持续发展、社会可持续发展等内容。其中,经济可持续发展是物质保障,只有经济可持续增长才能确保人民生活水平的不断提升,才能增加国家财富,充实国家实力,增强国际话语权。生态可持续发展是生存保障,自然生态为人类的可持续发展提供最基本的生存资料;同时,通过自动调节功能,恢复、维持生态系统的平衡,为经济可持续发展、社会可持续发展提供可持续的空间环境。社会可持续发展是合法性保障,在韦伯看来,合法性是政府及法律文件被社会公众认可的程度。不同于以物为中心的经济可持续发展,社会可持续发展以"人"为中心,公共政策应当协调好经济、资源、环境、文化的关系,统筹好经济政策与社会政策的关系,通过满足公众生存、发展、享受的美好生活需求,获得社会的广泛认可。

(三) 公共政策评估的可行性标准

可行性标准是政策在执行过程中是否可行的评判标准,主要由美国学者卡尔·帕顿和大卫·沙维奇提出。他们在巴尔达奇用类型学方法划分的制约政策目标设计因素的基础上得出四种可行性标准,即技术可行性、政治可行性、经济和财政可行性、行政可操作性。其中,技术可行性指在政策目标达成过程中赖以运用的技术、设备、工具、方法的可能性和适用性,如软硬件技术条件是否具备、是否具有专业人员进行长期维护和监控、社会文化环境是否支持技术运行等。政治可行性指政策目标与当前政治环境的融合度、政策的可被接受性、政策是否遵循公平正义价值等。经济和财政可行性指政策结果的具体经济指标的适当性,如成本收益率、利润率、政府财政供给度等经济指标。行政可操作性指为达成该项政策目标,政府是否具备相应的能力和资源,包括配套政策、相应组织部门和人员供给等。可行性标准被认为是大部分评估标准都可被归入的类型,且评估人员可以在每一种类型中为每一个政策问题确定相应标准。①

第二节 公共政策评估的过程

公共政策评估是一项有步骤、有计划的系统过程,科学严谨的政策评估一般需要经过规划设计、规划实施、项目总结三个阶段。

一、公共政策评估规划设计

评估规划设计是评估的准备阶段,主要包括明确评估目标、分析评估对象和准备相关数据、设计评估方案、建立评估组织与制度。

二维码 7-1
政府管理方式的创新:
国务院督查引入第三方评估

---

① 卡尔·帕顿,大卫·沙维奇.公共政策分析和规划的初步方法[M].2版.孙兰芝,胡启生,等译.北京:华夏出版社,2002:160-161.

(一)明确评估目标

评估目标回答了"为什么评估"的问题,是政策评估的出发点,指引着政策评估的整个过程。清晰的评估目标是政策评估的基本要求,划定了政策评估的基本方向。一般来说,政策评估的目标可以分为三类。

第一类是检验政策实施的效果。这是政策评估最常见的目标,政府和社会公众都需要通过政策评估获得政策实施的效果、效率、效能的相关数据。但对不同主体来说,这一目标的动机又不尽相同。政策制定者和执行者的动机在于,向社会公众展示其执政意愿与执政能力,并以此作为获得公民支持的依据。社会公众的动机在于,借助政策评估检验某项政策的合理性、价值分配的公平性,并以此作为判断政府服务意愿和执政能力高低的依据。

第二类是判断公共政策的走向。政策制定者、执行者、社会公众等利益相关者需要通过政策评估获得政策过程的客观信息,进而为政策的延续、调整和终止提供依据。由于人类的有限理性和社会环境的复杂性,人类对政策环境、政策问题、政策目标的认识处在不断变化之中,公共政策不可能是完美的,因而需要政策评估判断政策的走向。

第三类是提高公共部门的工作质量。政策评估能够激发公共部门及其工作人员的竞争意识,增强其服务意识和工作效率。一方面,公共政策是公共部门分配和调整公共利益的工具,公共部门依照公共政策履行职能,二者具有统一性。从某种程度说,公共部门的绩效考核就是对其政策制定和执行情况的评估,评估过程可为绩效考核提供基本信息,评估结果是绩效考核的重要参考。另一方面,政策评估能够找到政策谬误,进而及时调整和纠偏,提高政策制定的科学性和公共资源配置的效率。

(二)分析评估对象和准备相关数据

评估对象回答了"评估什么"的问题。政策评估的对象是政策,但并非所有的政策都适合评估,需要根据政策的领域和性质来判断。例如当年的教育投入政策、扶贫投入政策,就不适宜在当年评估其实施效果,因为这类政策往往涉及人的思想变化,不可能取得立竿见影的效果,急于检验政策效果反而会得到不准确的评估结果,影响政策的后续走向。一般来说,适宜评估的政策有三类:一是引起社会强烈反响,遭到公众质疑的政策;二是政策环境发生明显变化的政策;三是具有推广价值的政策。①

明确了评估的政策,接下来需要进一步分析该政策的子模块,以便为政策评估方案的设计提供基本数据,具体包括政策问题产生的背景、利益相关者对政策的态度、与该政策关联的政策、政策制定和执行的主体、政策的监督和保障等。

首先,需要厘清政策问题产生的政治、经济、文化、社会等政策背景,为政策问题是否依然存在提供依据。全球化和信息技术的发展让政策环境发生日新月异的变化,原有政策环境下的政策问题可能在新环境下已不再是一个政策问题,或原有政策问题已经被解决。

其次,需要厘清利益相关者,绘制政策相关的利益相关者网络图谱。利益相关者包括

---

① 陈振明,等.政策科学原理[M].厦门:厦门大学出版社,1993:253.

政策制定者和执行者、政策的目标群体、政策评估的发起者，与政策评估无直接利益关系但对政策给予关注的学者、媒体、公众等。利益相关者网络图谱的绘制需要：一是分析政策的制定者、执行者、监督者各是什么；二是初步搜集利益相关者对政策的态度，可以借助多种渠道，如委托单位的反馈、第三方咨询公司相关数据、网络的民意调查等。

最后，需要厘清政策目标及其配套政策，勾勒政策目标实现地图。原则上每一项政策都有政策目标，但在实践中，常常存在政策目标不清晰、目标矛盾的问题。因而，厘清政策目标并非仅从政策中提取明确的话语，而需要通过相关政策和配套政策来实现，如同级别的中央层面、省级层面、市级层面、县域层面关联政策的目标，向上级承接的政策目标，向下级对应的政策目标。

（三）设计评估方案

评估方案回答了"如何评估"的问题，是指导政策评估的文本，它的科学性与合理性决定了评估活动质量的高低。与其他项目评估方案类似，政策评估方案需要包括"5W1H"。就"5W"而言，需要明确评估的是哪项政策、阐明评估此政策希望达到何种目标、评估活动的参与者是谁、评估活动的时间期限以及时间计划是怎样的。就"1H"而言，需要列明评估活动开展的过程与实施保障情况，这是评估活动开展的关键。设计评估方案需要做到：一是明确评估的标准，需要根据政策和搜集的资料设计一整套详细的指标体系；二是明确评估的程序和步骤，明确相关责任人在相关时间点的工作事项；三是明确评估保障，包括评估场所、评估费用预算、评估支撑制度、评估遇到突发情况的预案等。

（四）建立评估组织与制度

评估组织与制度回答了"如何保障评估"的问题，主要是人力、财力、物力等资源的落实。在组织保障方面，政策评估是专业性较强的工作，需要挑选和培训相关人员。此外，政策评估需要获取大量政策及其运行的资料，涉及较多公共部门，应确定一个组织机构统筹协调多方利益，为评估提供客观全面的信息，确保评估工作的正常开展。在制度保障方面，需要建立相关制度保障政策评估工作的合法性，并为评估工作的资源准备提供激励方案。

二、公共政策评估规划实施

评估规划实施是评估主体依照评估方案实施评估工作的过程，大体分为三个阶段，收集信息、分析信息与形成结论。

（一）收集公共政策评估信息

全面的政策信息是政策评估的基础和灵魂，没有足够的信息，政策评估将无从分析，更无法得到客观科学的评估结果。在大数据时代，政策信息的收集方法变得多样化，除了传统的文献阅读法、社会调查法、观察法、实验法等，还可以利用网络信息平台快速收集政策信息。文献阅读法是通过从文字内容析出观点的方法，常见于从政策文本、新闻报刊、广播电视稿件等渠道获取信息。社会调查法是带着特定目的，从调查群体中获取政策相关信息的方法，其中包含问卷法、结构访谈法等。观察法是深入政策发生的现场，不透露个人身份，以第三方视角如实观察记录事件的方法。实验法是自然科学领域常用的获取信息的方法，通过现场实验、实验室实验、计算机模拟场景实验等获取相关信息，近年被政策领域采用，如数字政策实验室、电子决策剧场等，能够模拟政策场景，提供政策数据。网络信息平台法是借助网络渠道收集公众对于政策的言论，如微博热搜、抖音本地热门话题、地区搜索热度等。收集政策信息可以综合多种方法，确保信息的全面性、客观性。

(二) 分析公共政策评估信息

经过政策信息收集阶段所获取的信息为原始数据，还需要对其进行转码、加工和分类，以便成为可编辑、可计算的数据。一方面是由于评估分析模型、指标体系无法输入文字，需要转化为统一度量单位的数字；另一方面是为了匹配大数据计算和人工智能分析的编程逻辑，需要将二进制数据转化为十进制数据。

(三) 形成公共政策评估结论

公共政策评估结论在分析政策评估信息的基础上得出，是评估工作最关键的阶段。因而，形成评估结论需遵循以下规则：一是要与评估目标相结合，针对不同的评估目标会得出不同倾向的结论；二是评估者需要依据评估信息、评估模型，客观、公正地得出评估结论，不受个人利益和小团体利益的影响；三是评估结论需要被检验效度和信度，以确保结论的稳定性、准确性、可重复性，结论形成须经过充分探讨。

三、公共政策评估项目总结

评估项目总结是政策评估的最后一个阶段，完整的项目总结包含三方面的工作：撰写评估报告、运用评估结果、总结评估工作。

(一) 撰写公共政策评估报告

政策评估的过程和结果应以书面形式反馈给评估委托方，使其对政策评估结论有全面的了解，为其做出政策持续、政策调整、政策终结提供客观依据。评估报告的内容除对评估结论做定量与定性的客观陈述外，还应指出政策评估发现的问题，并分析其原因。更重要的是，评估报告要提出政策改进建议，这是体现政策评估工作价值和评估人员专业性的重要表现。

(二) 运用公共政策评估结果

获得政策评估结论的目的是发现政策目标与政策结果的偏离度，以纠正政策偏差，进而确保政策制定与执行的科学化。就政策实施效果而言，政策目标与政策结果的偏离度越高，说明政策效率越低，此时需要进一步分析偏差原因，是执行不力因素导致，还是政策环境发生变化导致，抑或是政策本身需要调整。但并非偏离度低就代表此项政策应延续，还需要综合政策的宏观背景、公众期待、政策问题的变动性等因素加以判断。

(三) 总结公共政策评估工作

总结评估工作不仅是单个评估项目的收尾和经验提取，还有利于串联单个项目经验，形成一套具有领域特色或部门特色的评估体系,进而提高未来评估工作的质量和可持续性。

第三节 公共政策评估的方法

公共政策评估方法是针对政策过程某个环节或某方面进行评估的手段和方式[①],随着大数据时代的到来和政策科学的迅猛发展,各种公共政策评估方法不断涌现,呈现出多样化的态势。

一、公共政策评估的微观计量方法

微观计量方法是将政策运行的过程和结果转化为数字,运用运筹学、统计学、经济学等学科的理论和方法建立数字模型,将数据导入数字模型,从而得出评估结果的方法。本小节主要介绍政策评估领域常用的几种微观计量方法。

(一) 成本收益分析法

成本收益分析法(Cost-Benefit Analysis)是运用经济学的"成本"思维,将政策制定和运行的过程转化为投入成本和产出收益,并运用投入-产出模型比较政策方案和评判政策结果的方法。此方法的底层逻辑是,公共政策是一种资源配置方式,应以货币作为衡量社会收益的基准,只有收益大于 0 时(基本公式见式(7-1)),该项政策才是适当的。其中,B 指政策收益的货币数值,C 指政策成本的货币数值。

$$\sum B - \sum C > 0 \qquad (7\text{-}1)$$

该公式看似简单,但在实际成本与收益的估算上并不轻松,首先要考虑所有的成本收益项,其次要估算项目的货币数值。仅投入成本计算一项,就包含多重内容,既需要考虑政策的直接投入成本,也需要考虑间接投入成本。直接成本包括政策制定的价值投入(从政策问题确认到政策发布投入)、政策发布的价值投入(政策解释传达投入)、政策执行的价值投入(匹配政策所需的组织、人员的工资奖金等投入)等。间接成本包括政策转换的价值投入(新旧政策的衔接成本)、政策摩擦损失(政策不相容、居民不配合造成的损失)等。

(二) 时间序列分析法

时间序列是将同一统计指标的数值根据时间顺序排列的一组数字序列,也被称为动态数列。时间序列分析法是统计学的常用方法,能够根据观测对象过去的数量关系预测其未来的变化趋势和规律。在政策分析领域,这一方法常被用来评估一项政策产生的影响及未来方向,如计划生育政策对出生率和自然增长率控制的影响、利率政策对房地产价格的影响和趋势预测等。此方法的基本原理在于,任何现象随着时间推移都会呈现出时间发展和运动的过程,通过揭示数量变化和时间的关系,可以探究客观事物随时间演变的

---

① 高兴武.公共政策评估:体系与过程[J].中国行政管理,2008(2):58-62.

趋势和规律,进而能够预测其未来的数量和规模。时间序列包含两大基本要素:一是客观事物的所属时间,可以是年份、季度、月份或其他任何时间,统计方式可以是时期,也可以是时点;二是客观事物在不同时间的观察数值,可以是绝对值、相对值和平均值等,数值形式根据所要评估政策的需要选取。

常用的时间序列分析法有两种,一种是指标分析法,另一种是构成因素分析法,鉴于时间序列分析法体系庞大,以下选取两个案例对这两种分析法做简要介绍。

指标分析法是通过一系列指标揭示现象的发展状况与变化程度,常见的分析维度是发展水平、发展速度、增减量等。我们以政策评估常用的发展水平为例,发展水平可以是诸如 GDP、财政总收入、财政总支出等绝对指标,也可以是诸如社会劳动生产率、人均工资等相对指标。计算发展水平的均值可反映客观现象在时间序列的整体趋势,并可作为未来发展的参照值。假设 a_1、a_2、a_3……a_n 为一组时间序列,$\bar{a}$ 为平均发展水平,其基本公式为式(7-2)。

$$\bar{a} = \frac{\sum a}{n} \tag{7-2}$$

构成因素分析法是将时间数列看成由长期趋势、季节变动、循环变动和不规律变动几种因素构成的,通过对这些因素的分解分析,揭示现象随时间变化而演变的规律,并在揭示这些规律的基础上,假定事物今后的发展趋势,遵循这些规律,从而对事物的未来发展做出预测。[①] 长期趋势是客观现象发展变化最基本的因素,一般有线性或非线性的内在规律和基本特征。季节变动是由四季变动带来社会现象的变动规律,如生产消费淡旺季的波动等。循环变动是事物的周期性变化。不规则变动是受突发偶然因素引起的现象特征,如自然灾害、战争等。

需要说明的是,我们在实际分析中往往存在数据不全的情况,即数据在时间上存在断点(非连续),此时可采用间隔加权的方式计算序时平均数。假设 a_1、a_2、a_3……a_n 为间隔不等的连续时点序列,f 为间隔长度,$\bar{a}$ 为序时平均数,其基本公式为式(7-3)。

$$\bar{a} = \frac{\sum af}{\sum f} \tag{7-3}$$

例如,某地 3 月发布了就业政策,需要评估政策对实际就业的影响,我们可通过政策实施后的一段时间内该地区企业就业人数来测量。某工业园区 2022 年 3 月 1 日到 3 月 10 日的人数为 1245 人,3 月 11 日离职 42 人,3 月 20 日入职 56 人,则 3 月该工业园区的平均职工人数的计算公式为式(7-4),进一步将时间线拉长,就可测量政策对就业的实际效果。

$$\bar{a} = \frac{\sum af}{\sum f} = \frac{1245 \times 10 + 1203 \times 9 + 1259 \times 12}{10 + 9 + 12} = 1238 \tag{7-4}$$

■(三) 回归分析法

回归分析法是推导出自变量(用来预测或解释的变量)和因变量(被预测或被解释的

---

① 王振成.统计学[M].重庆:重庆大学出版社,2019:95.

变量)数量关系的统计方法。实施步骤为:第一,根据对测量对象的分析判断,选取自变量与因变量;第二,结合样本数据设定回归模型;第三,对回归方程式进行统计检验,找出显著和不显著因素。目前,随着软件技术的成熟和该方法在诸多社会经济领域的运用,回归模型的计算完全可以通过 STATA、Excel 等软件进行,极大地提高了便捷性和评估的效率。

回归分析根据变量的多少,可以分为一元线性回归和多元线性回归两种。我们以一元线性回归为例进行介绍。假设在一元线性回归模型中,x 为自变量,y 为因变量,β_0、β_1 为回归系数,μ 为随机误差,R_2 为相关系数,得到回归模型(见式(7-5))。其中,相关系数越接近 1,自变量与因变量的线性关系越明显。

$$y = \beta_0 x + \beta_1 + \mu \quad (0 < R_2 < 1) \tag{7-5}$$

二、公共政策评估的定性评估方法

定性评估方法是评估者运用归纳或演绎的逻辑思维,对评估对象进行分析和评价的方法。这一方法很大程度上依靠评估者的主观经验和认识,适用于诸如政治、文化、伦理等领域中难以进行量化的评估对象。

(一) 调研与访谈法

调研与访谈法是对收集的资料进行统计分析,进而认识社会现象及其规律的研究方法。就政策评估领域而言,该方法的操作步骤如下。第一,根据政策评估类型和目标设计调研和访谈方案,明确调研对象,并用适宜的抽样方法框定调研对象范围。第二,设计调研问卷和访谈提纲。问卷的质量事关问卷回收率与调查资料质量,问卷作为评估者与资料供给者开展对话的中介,其设计需要考虑多重原则,如要考虑被调查者心理接受度、问卷是否涉及隐私敏感问题、问卷问题设计的多寡、问卷形式的直观或呆板及被调查者的理解能力等。第三,资料收集实施。收集方式有两种,自填式问卷法和结构访谈法,分别适用于不同的场景。自填式问卷适用于调研对象规模庞大且具有一定阅读水平的情形,通过电子邮件、微信小程序发送的形式就能获得数据。结构访谈法适用于需要重点了解被调查者观点的情形,是根据问卷或访谈提纲对被调查者逐一提问收集资料的方式,以该种方式收集的资料往往质量较高。第四,资料处理和统计分析,得到评估结果。其实,调研与访谈法常常与定量分析方法相结合,是社会科学领域应用最广泛的研究方法之一。

(二) 德尔菲法

德尔菲法又叫专家调查法,是 20 世纪 40 年代美国兰德公司开创和使用的评估方法,实际上是一种反馈函询专家意见的方法。该方法的特点如下。第一,函询对象是专家,被邀请的专家应当是深耕于相关问题领域的学者,也可以是在相关问题上具有实际处理经验的人。专家的差异越大,评估结果的可信性越高。第二,单独函询和匿名。为避免专家受到干扰,充分发表意见,至少在第一轮函询时匿名。第三,需要评估机构的有力组织与控制反馈。德尔菲法的突出特点是函询,收集到专家的意见后,组织人员应当及时整理函询结果,并将结果与最初的假设、数据、矛盾问题一同反馈给咨询专家,供其接下来的思考。第四,统计专家意见的倾向性。此方法的主要目的是,通过反复的函询、预测、反馈、再预测的方式获得专家较为一致的预测和评估结论,类似统计学定量领域的集中趋势,因而在缺少直接数据资料的情况下,用这种定性评估方法尽可能保证了评估和预测的科学性。

三、公共政策评估的大数据评估方法

人工智能(artificial intelligence)、区块链(blockchain)、云计算(cloud computing)、大数据(big data)是数字数代的前沿技术,对应于平台搭建与机器调度、数据挖掘与数据分析、数据防篡改、人机交互式挖掘数据的底层逻辑。"ABCD"技术突破了传统政策评估的方法和数据局限,延展了政策评估的科学性和适用性。本小节重点介绍几类前沿的评估方法。

(一)全方位时空模拟仿真预测法

传统的政策评估因技术方法、数据获取等方面的局限,更侧重于事后评估,而大数据的挖掘技术和深度分析技术则提高了事前政策评估能力,让评估重心前置,在政策颁布前就对政策方案进行全景式预测,进而减少政策失误。全方位时空模拟仿真预测法是运用数字孪生技术,通过三维建模和图像渲染汇聚区域时空数据,实现政策实施地域范围的全方位仿真。在政策方案实施前,可运用相关平台和方法导入方案,在显示屏中获得实施后的影响和图景效果,以此判断应当选取哪种方案。同时,也可利用仿真预测方法预知政策实施过程中可能遇到的问题,进而在方案实施前就达到完善方案的目的,减少执行成本,提高社会资源配置效率。当然,仿真预测法并非专门应用于政策评估,运用数字孪生技术和模拟仿真方法搭建的"城市大脑"亦适用于政府决策、政府评估、数据监测、动态调控等多维领域。

(二)NLP舆情分析法

"ABCD"技术为政策制定者和执行者提供了理解公众行为与偏好的工具,NLP(自然语言处理)技术让计算机理解人类语言,以用于舆情分析等政务文本密集的政务领域。NLP舆情分析法的应用场景主要包括以下几种。一是在政策制定和执行前洞悉民意。NLP技术可以汇集、挖掘与剖析大量网民对政策问题的关注度和态度倾向性,进而为政策问题的确定和政策方案的评估提供民意基础。二是监督政策执行。政策效果的取得离不开适当的政策执行过程,NLP技术从制定者再决策、目标群体动态监控、信息沟通渠道畅通等途径了解政策执行过程中的民意,进而实现政策执行的有效监督和及时反馈。就及时反馈而言,政务传感器可将民意数据及时传送至政策制定者和执行者,通过在数据库中比对现有数据与目标数据,及时做出调整,在过程中纠正政策偏差。

(三)ASKE传感网络法

ASKE(application specific knowledge engine)是未来互联网领域技术运用与政府治理相融合的机制和方法。基于"ABCD"技术拓宽了政策评估的数据获取方式与分析方式,因而有必要构建虚实结合的数据生态系统,协调技术系统与管理系统的要素配置。ASKE传感网络法面向社会不同领域的开源数据获取和处理需求,构建不同的传感网络,用"四熵"分析法(量熵、强熵、情熵、联熵)作为监测政策和决策支持的指标体系,科研人员可以进行科研创新影响力计算实验,并对其效果进行评判和预估。①

四、公共政策评估的其他评估方法

公共政策评估的核心在于获取数据,并用数据衡量政策目标和结果的偏离度,进而预测政策影响,为政策调整提供依据。除运用定量、定性、大数据方法获取与政策直接相关的数据来进行专门的分析预测外,还可以借用专业机构发布的指数作为参考,侧面进行政策评估。

(一)社会统计指数评估法

统计指数是表明复杂的社会经济现象总体数量综合变动的相对数,社会经济现象复杂多变,常常存在不同量纲的不能加减和对比的数据,社会统计指数能够将社会经济现象中性质不同、不能直接运算的事物变成能够加减的综合值,进而描述和解释社会经济发展的整体变化的动态。我们在生活中常听到的居民消费价格指数(CPI)、工业生产者出厂价格指数(PPI)、空气质量指数、证券交易所上市交易指数等就是典型的统计指数。在政策评估领域,社会统计指数的功能主要体现在以下几个方面:一是运用社会统计指数的综合功能,即想要衡量某项政策对宏观社会经济的影响,可通过考察相应的社会统计指数的变动程度;二是运用社会统计指数的分析功能,即社会统计指数的变动是多因素共同变动的结果,若发现与评估政策相关的社会统计指数发生明显变动,可进一步分解指数的构成因素及其对指数变动的影响,进而评估该项政策对指数构成因素的影响。

(二)绩效评估法

绩效评估是指一个组织机构根据组织战略目标设定绩效考核指标,对部门或个人的工作履职情况,比对考核指标进行定期评估的活动。绩效评估对象可以是组织,也可以是个人。绩效评估活动就是为了协调集体行动与个人期望之间的矛盾,用绩效指标引导个人的行为,实现个人目标与组织目标的统一。某种程度上说,公共部门的绩效评估与政策评估具有相通性,绩效评估结果可以作为公共政策评估的重要参考。一方面,公共部门作为实施公共管理活动的主体,政策是提供公共服务、分配社会价值的工具,对政策制定和执行的评估是公共部门绩效评估的重要内容。另一方面,公共部门绩效评估的内容与政策评估的内容和标准具有相通性,都包括效果导向的工作质量、工作数量、工作时效、工作成本等内容,与过程导向的服务意识、沟通协调等内容。

第四节 公共政策评估模式

不同的评估实践应当采取不同的评估方法,公共政策评估模式是将评估实践、评估理论、评估方法组合形成的评估思维框架和分析模型。国内外学者关于公共政策评估模式

---

① 魏航,王建冬,童楠楠.基于大数据的公共政策评估研究:回顾与建议[J].电子政务,2016(1):11-17.

的研究成果颇丰,较为典型的有邓恩模式、费希尔模式、豪斯模式、韦唐模式等。其中,邓恩根据评估标准假设的不同,将政策评估模式划分为三种类型,即伪评估、正式评估和决策理论评估。费希尔基于政策评估中经验咨询和规范调查的关系,提出了将二者结合的后实证主义的评估模式:项目验证、情景确认、社会论证和社会选择。在前两个环节中,政策评估侧重于对政策制定的背景、政策结果产生的原因进行分析,在后两个环节中,评估侧重于政策目标对宏观社会层面的影响。① 豪斯根据评估对象、评估方法、评估期望产出,将评估模式划分为八种类型:系统分析模式、行为目标模式、决策制定模式、无目标模式、技术评论模式、专业总结模式、准法律模式和案例研究模式。② 韦唐根据政策评估标准的不同,总结了十种评估模式。基于韦唐评估模式的重要性与代表性,下面我们重点介绍政策评估类型和标准框架下的韦唐模式。

一、公共政策评估的目标取向模式

(一) 目标达成模式

目标达成模式是评估政策预期目标和政策实际结果之间一致性程度的模式,主要应用于已被实施的政策评估。运用此种模式需要考虑两个问题:一是政策是否达到预期目标,要借助实际结果判断与预期目标的差距;二是实际结果是否为该项政策执行的产物。该模式是一种简单、直观的评估模式,在政策评估领域具有独特的优势:一方面是政策评估结果更为准确客观,由于该种方式以政策目标的达成为判断标准,而政策目标文本具有客观性,因而能够排除评估主体主观态度对评估结果的干扰;另一方面是政策评估过程更为简单,由于它以政策本身为载体,评估对象仅涉及政策目标和实际结果两个变量,即便以价值标准为标准对政策开展评估,也只需要直接从政策文本中提取政策目标加以分析考量。

目标达成模式衍生出三种分析思路:前-后对比分析模式、投射-实施分析模式、有无对比分析模式。

"前-后对比分析模式"是指将政策实施前和实施后的数值进行对比分析,判断目标达成程度的模式。假设 A_0 为观测对象政策执行前的数值,A_1 为政策执行后的数值,Y 为政策效果值,得到"前-后对比分析"公式(见式(7-6))。此种模式的基本逻辑是,观测值不会随时间变化而自动发生变化,但在现实生活中,这种观测对象是非常理想化的,故运用此种模式得到的评估结果混合了政策实施的外部因素,单从某一对象的数值变化来评估政策并不准确。例如,人类身体素质会随年龄增长发生变化,无法仅凭人们看病就医的频率和消耗费用评估一项医疗保障政策的有效性。

$$Y = A_1 - A_0 \tag{7-6}$$

"投射-实施分析模式"基于即便没有政策,观测对象数值自身也会发生变化的逻辑,将政策实施前的观测对象投射到政策实施后的某个时点,通过比对政策实施后的实际数

---

① 弗兰克·费希尔.公共政策评估[M].吴爱明,李平,等译.北京:中国人民大学出版社,2003:248-251.
② 卡尔·帕顿,大卫·沙维奇.公共政策分析和规划的初步方法[M].2版.孙兰芝,胡启生,等译.北京:华夏出版社,2002:252.

值与投射数值的关系来评估政策效果。假设 A 为观测对象,A_0 为观测对象政策执行前的数值,A_1 为政策执行后的实际数值,A_2 为观测对象投射到政策执行后某一时点的数值,Y 为政策效果值,得到"投射-实施分析"公式(见式(7-7))。

$$Y = A_1 - A_2 \tag{7-7}$$

如图 7-1 所示,"投射-实施分析模式"较"前-后对比分析模式"更为准确,但难点在于如何计算观测对象在未实施政策的未来某一时点的数值。

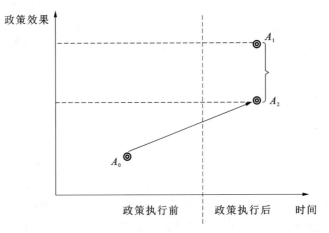

图 7-1　投射-实施分析模式图

"有无对比分析模式"是基于观测对象随时间变化会发生自然变化的逻辑,考察有政策和无政策两种情境下观测对象数值变化的模式。简言之,该种模式分析了两大因素(自然变化、政策变化)组合的四种情境,所得评估结果更具科学性、准确性。假设 X 为观测对象,A 代表有政策的情况,$(A_1 - A_0)$ 为观测对象在有政策实施情况下的前后变化数值;B 代表无政策的情况,$(B_1 - B_0)$ 为观测对象在无政策实施情况下的前后变化数值,Y 为政策效果值,得到"有无对比分析"公式(见式(7-8))。

$$Y = (A_1 - A_0) - (B_1 - B_0) \tag{7-8}$$

如图 7-2 所示,该模式能够排除非政策因素对观测对象的干扰,得到的评估结果更加精准,但难点同样在于如何估算未实施政策的观测对象的数值问题。

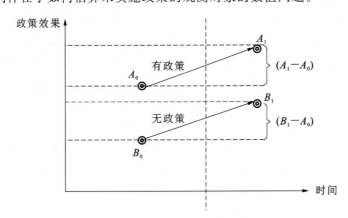

图 7-2　有无对比分析模式图

(二) 附带效果模式

附带效果模式与目标达成模式都是以目标为基准的评估方式,不同的是,目标达成模式紧密围绕现实结果,并不考虑政策对社会其他领域造成的外部效应。事实上,任何事情的发生不可能完全沿着已经安排好的既定轨道出现,在公共管理领域,公共政策作为一种公共产品,极易产生外部效应。其中,政策带来好的或积极的影响被称为政策正外部效应,带来坏的或消极的影响被称为政策负外部效应。由于外部效应往往不能通过市场机制解决,政府就需通过多种手段尽量刺激正外部效应的出现,减少负外部效应的出现。因而,政策评估也需要考虑政策的侧面影响,但是由于侧面影响范围庞大不可控,无法事先确定评估标准,就此,韦唐的建议是,评估者只需将不能评价的侧面影响列举出来,供政策制定者参考即可。

二、公共政策评估的过程取向模式

(一) 系统单元综合评估模式

系统单元综合评估模式将一项政策看成是"投入—转化—产出"的过程,因而,政策评估应当贯穿政策的整个过程,通过对每一个阶段的目标、结果进行描述,并与该阶段的标准进行比对做出判断。其中,政策投入阶段是政策方案确定阶段,该阶段需要对政策目标与目标实现的相关现实条件进行描述,并以此阶段标准进行评估,以确认目标的可行性、适当性。政策转化阶段是政策实施阶段,该阶段需要将政策内容与政策的实际落实情况进行描述,并以此阶段标准进行评估,以监控政策执行过程的标准性、程序性。政策产出阶段是政策实施一段时间后可收集到执行结果数据的阶段,该阶段需要将政策计划的预期效果与政策执行的实际结果进行描述,并以此阶段标准进行评估,以便评估政策的最终产出。整体而言,系统单元综合评估模式将政策还原为具有生命周期的系统过程,对每一阶段进行监控评估的做法使评估结果更加准确、全面,也有利于及时发现问题和进行调整,但同时也存在诸如评估成本过高、评估过程难以操作等不足。

(二) 无目标约束模式

无目标约束模式是评估者不受政策预期目标的约束,仅关注政策实施结果的模式。该模式的特点在于:第一,评估者全面关注政策实施结果这一单变量,不用考虑政策预期目标,因而能够以更广阔的视角分析政策结果;第二,评估方式为非介入评估,即评估者通过观察的方式评估政策实施结果,在评估过程中,不加入个人的价值观、感情、态度,以便保持对政策实施结果描述的客观性;第三,评估者和决策者职能各异,评估者负责描述政策实施结果,决策者负责对结果进行价值分析,此方式适宜诸如民意调查等调查对象样本庞大的情形。

三、公共政策评估的利益相关者取向模式

目标取向和过程取向均是以政策为蓝本的评估模式,利益相关者取向模式则侧重于政策受体,着眼于利益相关群体的目标、需求和关注点,其主要包括以下两种模式。

(一)顾客导向模式

顾客导向的理念本属于企业管理领域的核心理念之一,即企业需要根据顾客的需求组织生产、提供服务、调整管理方式,以保留和吸引更多的顾客。20世纪后期,该理念在西方国家"重塑政府运动"中被引入政府管理领域,成为公共管理的基本价值观念。顾客导向模式的特点在于"高回应性",政府需要对顾客(公众)的差异化诉求予以回应,否则顾客就会以"用脚投票"的方式迫使当政者做出变革。① 因而,顾客导向模式让公众获得了前所未有的政策影响力,政策评估的环节和渠道又强化了公众的监督行为。该模式在西方国家得到广泛应用,尤其是向公众提供服务的环保、交通运输、公共安全等领域,但也由于在评估过程中需要考虑不同"顾客"的不同需求而增加了评估成本和难度,因此受到诸多学者的质疑。在政策评估过程中,应确定一个合理的界限,即明确谁是"顾客"、需要满足"顾客"哪些需求,防止评估缺乏聚焦以致难以推进。

(二)相关利益人模式

相关利益人模式是在顾客导向模式的基础上发展起来的,但实际操作难度更大。一是相关利益人的范围相当广泛,政策制定—政策执行—政策评估的每一个阶段都有各异的相关利益人。在政策制定和执行阶段,相关利益人涉及公众、政府系统、社会舆论诸多层面。单从政府系统来说,一项政策的相关利益人就包括决定政策是否制定、执行、调整的部门和人员,与决策者不同意见的人,负责政策落实的各层级官员,以及与政策执行部门有资源竞争的竞争对象等。在政策评估阶段,相关利益人则会涉及评估发起人、具体评估人,以及对评估质量和结论进行研究的人员等。二是相关利益人的需求众多,各方都会不可避免地强调自身的利益,从而出现难以调和的矛盾。三是评估过程极其复杂,评估计划需要根据相关利益人的需求和关注点不断调整,从而使评估报告能够切合相关利益人的真实想法;否则,评估报告将会被束之高阁,失去政策评估的意义。然而,此种模式也给评估者提出了更高的要求,评估结果需要综合考察政策过程中的各种因素,从而提升了评估结果的客观性和全面性。

本章小结

公共政策评估是对公共政策方案、公共政策制定、公共政策执行过程、公共政策结果进行价值与结果判断的政治行为。公共政策评估具有诊断性、纠偏性、预测性的特征,是一项兼具理论积淀与实操方法的系统工具。公共政策评估系统由主体、客体、标准、过程、

---

① 张乾友."顾客导向"的生成与政府行为转向[J].探索,2021(2):50-60.

方法、模式多种要素构成,分别回答了"谁来评估""评估什么""依据什么评估""评估如何操作""采用什么方法评估""评估有什么思维框架和分析模式"的问题。

其中,关于"谁来评估",公共政策评估的主体包括政策制定者与执行者、第三方专业评估机构、政策的目标群体、社会舆论媒介等。简言之,凡是直接或间接与公共政策发生联系的组织和个人都应被纳入评估主体。关于"评估什么",公共政策评估的客体是公共政策的评估对象,就此形成了政策评估的多种类型,划分为需求评估、方案评估、过程评估、效果评估,以及对政策评估的再评估。关于"依据什么评估",需要根据公共政策评估的对象和评估所处的客观环境条件综合选择,主要包括事实标准、价值标准和可行性标准。关于"评估如何操作",公共政策评估是一项有步骤、有计划的系统过程,科学严谨的政策评估一般需要经过规划设计、规划实施、项目总结三个阶段,每个阶段都有具体的工作内容和注意事项。关于"采用什么方法评估",随着大数据时代的到来和政策科学的迅猛发展,公共政策评估方法不断涌现,呈现多样化的态势,大致分为微观定量评估方法、传统定性评估方法、新型大数据评估方法和其他便捷性的评估方法。关于"评估有什么思维框架和分析模式",在评估实践中,本章以韦唐模式为基础,重点介绍了聚焦于目标是否达成的目标达成模式和附带效果模式,聚焦政策过程的系统单元综合评估模式和无目标约束模式,聚焦利益相关者的顾客导向模式和相关利益人模式。与评估方法类似,评估模式的选择要基于政策属性、政策目标及社会的客观条件,因地制宜地选取合适的模式,方能达到评估的初衷,提高评估的质量。

本章重要概念

公共政策评估(public policy evaluation)
公共政策评估标准(the criteria of public policy evaluation)
事实标准和价值标准(standard of fact and standard of value)
时间序列分析法(time series analysis)
公共政策评估模式(models of public policy evaluation)

本章思考题

1. 简述公共政策评估的特征。
2. 简述公共政策评估的构成要素。
3. 简述公共政策评估的过程和注意事项。
4. 简述时间序列分析法的具体运用。
5. 简要介绍几种前沿的大数据评估方法。
6. 简述公共政策评估模式,并举例说明其中一种模式的运用。

本章推荐阅读书目

1. 埃贡·G.古贝,伊冯娜·S.林肯.第四代评估[M].秦霖,蒋燕玲,等译.北京:中国人民大学出版社,2008.
2. 卡尔·帕顿,大卫·沙维奇.政策分析和规划的初步方法[M].2版.孙兰芝,胡启生,等译.北京:华夏出版社,2002.
3. 弗兰克·费希尔.公共政策评估[M].吴爱明,李平,等译.北京:中国人民大学出版社,2003.
4. 威廉·N.邓恩.公共政策分析导论[M].谢明,杜子芳,伏燕,等译.北京:中国人民大学出版社,2002.
5. 托马斯·R.戴伊.理解公共政策[M].10版.彭勃,等译.北京:华夏出版社,2004.
6. 张国庆.公共政策分析[M].上海:复旦大学出版社,2007.
7. 风笑天.现代社会调查方法[M].6版.武汉:华中科技大学出版社,2020.
8. 卢淑华.社会统计学[M].3版.北京:北京大学出版社,2005.

二维码 7-2
本章重要概念及思考题答案

第八章
公共政策周期

——本章导言——

本章主要介绍公共政策周期的概念、类型、价值和动力。公共政策终结的概念、价值、类型、形式等也是本章学习的重点知识。此外,本章还梳理并探究了政策循环中涉及的相关理论。

第一节 公共政策周期的内涵

政策周期也称为政策运行周期,它作为公共政策过程中不可或缺的重要环节,它的存在有益于防范政策僵化现象,提高政府政策的绩效,在循环往复中伴随着旧政策的终结和新政策的催生。本节主要对政策周期的概念、类型以及研究价值等进行简要介绍。

一、政策周期的概念

(一) 政策周期的定义

周期是一组事件或现象按同样的顺序重复出现,完成这一组事件或现象的时间或空间间隔。政策周期同样以运行周期抑或过程周期为时间标尺纳入研究范畴,意味着从政策出台到政策终结的时间范畴。但值得注意的是,政策出台并不完全等同于政策生效,公共政策颁布后需要历经宣传、吸收和消化等一系列阶段。同时政策终结也不是绝对意义上的完全终结,政策周期是对原有政策的修订和调整以适应新情况而产生的理论基础。传统意义上,政策周期作为一个完整的政策过程,是公共政策经过"制定—执行—评估—监控—调整—终结"等阶段组成的周期性环节,这也说明政策周期的概念界定是在新旧政策的循环交替、周而复始中实现的。美国政策学家琼斯依赖系统分析视角将政策周期概括为五个被理论界和政策界广泛认可的重要环节:① 问题认定,即从问题上升到政府阶段;② 政策发展,包括方案规划及合法化等功能活动,即政府为解决公共问题而采取的行动阶段;③ 政策执行,即政府解决问题阶段;④ 政策评估,即政府回到政府阶段;⑤ 政策终结,即问题解决或变更阶段。美国政策学家詹姆斯·安德森在《公共决策》一书中按照问题形成、政策通过、政策实施及政策评估四个阶段对政策周期的衍生机制进行了阐发。国内对政策周期概念的研究相对较晚,有关学者将政策周期分为制定、执行、评估、监控和终结五个阶段。也有学者依从政策问题产生、政策规划、政策实施与政策评估(包含政策终结)的逻辑顺序圈定政策周期的概念范畴。可见政策周期理论不仅把复杂的政策过程简单化、有序化,还以动态发展的视角将过程中的每个环节紧密结合,以便加深对公共政策全过程的了解程度。一言以蔽之,我们认为政策周期是指政策主体和客体以及它们之间嵌入制定、执行、评估、监控、调整及终结等阶段所形成的一个政策过程循环,其中政策过程的完成以政策终结为标志,且往往融入环环相扣、接续不断的循环过程。

二维码 8-1
公共政策的
两个周期

(二) 政策周期的内容界定

从"生命过程"来看,一个完整的政策周期大致涉及制定、执行、评估、监控、调整、终结这几个阶段。政策制定阶段的研究是政策分析的核心主题,其价值取向在于促进政策制定的科学化和民主化。政策执行是政策周期打造流程中最活跃的组成要素,也是最关键的环节,其研究对象涵盖政策执行的原则、主要因素以及执行系统中的改进内容等。政策评估的内容涉及政策周期的始终,不囿于评估的标准、方法、模型建构等,有助于对政策运行的情况进行有效研判。政策监督是政策运行中不可或缺的部分,往往会成为政策影响和决策中心沟通的良好进路,及时反馈政策发生效果的信息。政策终结一般象征着旧的政策周期结束,又意味着新的政策周期的开始。可见政策周期的研究也是一种有始有终的生命过程。

从进化发展过程来看,就政策周期理论而言,新旧政策之间的循环也是研究的着力点。每一项政策过程的终止,也是更高政策过程的开始。因新旧政策之间的不断更替、螺旋式发展,助益政策效率稳步提升,使得新政策在汲取旧政策经验教训的基础上渐次完善升级,促进政策的实施在相对较短的时间内实现政策目标,为经济社会的发展设置良好的运行机制。

从政策系统环境来看,高质量的内部决策行为路线有助于帮助决策者洞悉信息收集、分析和处理的各个节点,提高政策周期运转的透明度和清晰度,降低因价值迥异、信息不对称等不良现象引发的经济损失,还有政治因素、经济因素、文化因素等方面的驱动,为新一轮政策周期的开始奠定了基础。总之,只有在政策系统内外交流信息、互换能量的基础上,政策周期才焕发出生命力和活力。

二、政策周期的类型

公共政策本身既是一个运动过程,又是公共政策问题产生的重要根源。旧时的公共政策是之后公共政策孵化的基础,公共政策终结又是公共政策发展的重要依托,从而形成新旧政策循环往复的周期现象。公共政策的周期一般可分为政策的生命周期和政策的变动周期两种类型。

(一) 政策的生命周期

政策的生命周期一般是以原始政策问题为研究起点,经过政策当局的计划、决策、实施、评估等诸多环节,最后归于终结所经历的一个完整的时间跨度。政策从诞生到死亡并不是真正意义上的烟消云散或者视而不见,而是经过调整和变动之后赓续发展,进而开始新一轮政策周期的循环过程。政策制定者关于既往政策方案的规划和评价,其重点往往倾向于政策整体的科学性、合理性,以及执行产生的预期收益等,却忽略了对"政策的生命周期"这一议题的有效思考。此外,政策研究者们将一个完备的政策议题视为一个独立的个体而存在,但在实际操作情景下,政策的各个阶段则是接踵而至、前后衔接的循环体。基于以上情况,政策生命周期的内涵主要囊括以下几点:① 研究的对象和主体是政策的生命周期,即该政策会在多少时间内维持有用的运行状态;② 探究的动机在于利用约束期限来调节政策的绩效现状,即在执行、评估、终结阶段的履行程度;③ 将最终结果放入政策计划中,作为衡量当前政策是否有效运转和新型政策是否新鲜出炉的约束标准。

(二) 政策的变动周期

政策的变动周期是指公共政策在一定的时间限制内,以同样抑或相近的政策现象有规律地重复频现。影响公共政策变动周期的因素有以下几类。

一是政策主体的周期性迭代。"一朝天子一朝臣",正如亚瑟·施莱辛格在他的周期型政策变动模型中所道出的那样,政府的政策会随着政党的更迭而呈现出明显的周期性行为。

二是客体的周期性变更。这指的是公共政策所指向的问题具有周期性,比如某些自然灾害的出现就具有周期性。

三是经济等外部环境的周期性波动。经研究和实践证明,经济的发展会在经济的繁荣和衰退之间产生周期性交替,其结果是导致经济方面的公共政策发生相应的变化。

四是政策的周期性变动还与人们的认识规律不可分割。一方面,人们对客观世界的认识不是一蹴而就的,而是一个复杂曲折的认知过程,需要在"实践—认识—再实践—再认识"的循环反复中才能完成。因此,一项政策从不合理到合理的螺旋式上升流程是不可避免的。另一方面,受自身利益和认知领域的驱动,人们对政策的需求偏好会左右不定,进而使政策周期的更替问题增加。

(三) 政策周期长短的决定因素

通常而言,政策周期践行的时间长短与政策目标的高低、政策资源的多寡、政策环境的繁复性以及政策实施的难易程度密切相关。一般来讲,政策目标愈宏远,以资利用的政策资源就宜偏向稀缺化,政策环境情况变化越冗杂,操作难度就越大,政策的循环周期也会越长久;相反,政策周期就会缩短。另外,一项错误的政策,多数人希望它尽快结束;而一项有效的政策,人们则希望将其实施时间延长并加大推广力度。

三、研究政策周期的价值

研究政策周期的价值富有理论和实践的双轮驱动,具体来说,主要包括以下三个维度。

(一) 助力政策制定的科学化

大量事实证明,通过政策周期阶段化的有效部署和精准滴灌,不仅可以强化政策决策的科学化,纠正和追踪政策制定流程中的种种偏差,而且有助于全面协调和权衡可能涉及制约政策运行的各种阻滞因素,降低政策制定的失误率。分析以往政策周期的优势和缺陷,以"取其精华、去其糟粕"的思维确定政策制定的科学性和有序性,促进中国特色政策体系构建的连续性和稳定性。

(二) 丰富政策科学理论体系

伴随政策科学研究的逐步深化与拓展,政策科学作为西方政治学界领域中新兴的政策研究范式,在焕发自身强大的科学研究活力、理论指导能力的基础上,亦逐步成为公共管理学领域中被广泛运用的强效性、指导性理论实践。究其原因,社会科学领域中许多学科的价值呈现很大程度上取决于政策化的实现程度,政策实施效果也为这些学科的研究成果提供实践依据。国内对政策的研究起步较晚,但政策科学领域相关专著、译著甚至学术论文已取得可喜成就。然而我国对政策周期的探究却往往模糊不清或者语焉不详,政策周期理论的研究价值对于弥补政策科学学科体系的空缺具有重要考量价值,不仅有助于夯实公共政策的分析框架,而且提高了政策科学制定的合理性,以前瞻性和整体性思维贯穿于政策过程的各个环节,从而使得政策科学的理论积累更加丰富。

(三) 助推国家治理体系和治理能力现代化

我国正处于推进国家治理体系和治理能力现代化战略,实现伟大复兴中国梦的关键性、决定性时期。治理体系、治理能力的现代化是我国综合考量当前基本国情所做出的重大创新性决策,其战略的开展不仅促使我国在政治、经济、文化、社会、生态等领域开启了多维度、全方位的战略性变革,而且有效满足了人民对美好生活的高品质需求,提升了人民的幸福感、安全感、满足感。随着社会主义现代化的全面深入,什么样的政策需要淘汰,什么样的政策需要调整,什么样的政策需要完善,这些都与政策周期不无关系。如果理论研究与时代发展的步伐不协调,不能及时有效地回答政策范畴中发现的新现象、提出的新问题,那么"经济—政治—社会"到全面覆盖"五位一体"的渐进深化过程就不能顺利展开。无论是政策决策者还是政策研究者,对这一层面如果持消极应对态度,不能很好地从各种体制之间、政策之间,以及每个政策过程的各个层面的协作关系和组织逻辑进行有效把握,可能会导致孤军奋战、单向度推进,以及系统结构不完善、政策体系不配套等现象滋生。所以,加强政策周期的深究,可以更好地处理这些矛盾关系,促进关联政策的协调稳步开展。

第二节 公共政策周期的动力

从均衡论向度出发,政策周期的运行也意味着政策均衡格局被打破,即当推力大于阻力时,旧政策的终结和新政策的产生就会继续维持下去,反之就会碰撞出相反的结果。由于助长或遏制旧政策终结和新政策产生的条件和因素不在少数,本节主要从以下五大因素进行展开。

一、政治动力：政治领导者的执行力

政治领导者的执行力是集知识、智慧、意志、谋略等内在素养为一体的外在显现，集前瞻力、感召力、影响力、决断力、控制力为合力的综合能力，对政策周期运行具有重要的驱动力。

（一）政治领导者的前瞻力

政治领导者的前瞻力实质上是着眼于未来、预判未来及把控未来的一种战略制定能力。政治领导者作为国家政治、社会变革的积极倡导者和促进者，他们对当前政策态势的预断能力越强，就越能激增对目前政策发展轨迹和整体环境的分析能力。为此，他们从所处行业的发展规律、宏观环境的发展趋势等角度进行全方位考虑，也更能激发对过时老旧政策的替换和终结。

（二）政治领导者的感召力

20世纪70年代以来，西方各国为迎接国际化、信息化及市场化等带来的种种挑战，纷纷开展大规模的"政府再造运动"。"新公共管理运动"正是在各国政府首脑的掌舵中进行的。20世纪80年代末90年代初，英国政府催生了浩浩荡荡的"公民宪章运动"和"竞争求质量运动"，力图依靠服务承诺形式和市场竞争机制提升公共部门的服务水准。纵观世界范围内国家和社会变革中一两项政策的兴起和终结，无一不是由政治领导者发起和促成的，其中与政治领导者具有家国情怀、丰富阅历以及对事业充满激情的感召力不无关联。

（三）政治领导者的影响力

政治领导者虽然只是少数群体，但他们产生的巨大能量和影响力对本国乃至世界格局都会产生不可估量的价值。在公共政策层面也不例外，政治领导者可直接裁定公共政策的制定、执行、评估、监控、调整及终结的全周期流程。往往政治领导者的影响力越大，对政策形势的影响程度也就愈明显。

（四）政治领导者的决断力

政治领导者的决断力是对政策战略实施过程中出现的各种问题和突发事件进行有效决策的反应能力。虽然公共政策可以聚焦全社会和整个国家所关注的共同话题，也旨在解决某个社会问题或者引领某项事业向前发展，但英明的政治领导者会认真倾听专家学者、普通民众等利益相关者的政策诉求，敏锐地洞察和衡量无效政策可能造成的损失和存在的弊端，更有效地规划政策方案的制定、执行、评估、监控、调整及终结各个环节，从而确保社会秩序的正常运行。

（五）政治领导者的控制力

控制力一般指政治领导者对政策执行的发展趋势、战略规划及实施效果等操作的掌控能力。在政策周期循环期限内，政治领导者不能局限于指明方向就万事大吉，因为在政策执行期间也可能出现意想不到的漏洞和危机。这就需要政治领导者具有完备的控制力,在重大决策事件面前能够及时掌握局面、力挽狂澜,迫使政策制定者不得不评估那些真正有问题的政策,也将那些过时失效的政策予以撤销。

二、经济动力:利益要素的分化与整合

利益要素的分化和整合是引致政策周期变更的又一重要诱因,既可扮演"阻滞"角色妨碍政策的产生和终结,又可充当"动力"角色加快政策的产生和终结。

(一) 利益要素的分化

利益要素的分化表明一种特定的利益生态平衡被打破,也代表一种新的利益网络的织就。由于社会处于常态化运转情境中,既定的政策已经对周遭社会环境及各个领域产生了一定的影响,相应的利益分配格局早已有所安排,体制和对照的规则都为维护这种锚定的利益结构而不间断地被复制开来。一旦过了这个时期,原有的政策体制就会因利益分化而发生动摇。多数个体为了获取更多的预期利益而进行深度谋划和盘算,将自身的利益预期转换成利益表达,加之多方利益倾向的存在,使得各主体在政策变革问题上难以取得一致性态度,从而对政策生成和政策终结产生阻碍作用。

(二) 利益要素的整合

利益要素整合的价值议题与利益要素分化的方向和目标正好相反,其中也透露出各利益团体之间的相互作用、相互支持。一旦个体通过突破旧的行为规制并获得比原先更多的实际利益时,具有相近行为或者相同价值取向的个体就会联合起来,努力实现旧的政策能够不再继续推行,以及新的政策能够推广的目标,逐渐向新政策产生的利益价值靠拢。当某种利益整合达到一定程度时,较为稳定的利益集团格局也会形成,它们往往倾向于向政策制定者施行压力,剔除或者更替那些不利于自身利益谋取的旧政策,助力终结某领域的旧政策,助益一些新政策的生根发芽。

三、偶发动力:政策终结的导火线

大多数触发事件对政策周期的影响会发生在政策制定阶段和政策终结阶段,各种社会冲突和社会矛盾长期充斥着社会空间,又会以一个个事件呈现出来,而当某个事件触动公众的关注意识和变革要求时,距离扣动旧政策终结和新政策产生的扳机时间便会近在咫尺。

(一) 政策制定阶段的触发机制

国家发展水平的高低在很大程度上取决于公共政策的质量标准,而触发机制则是诱发政策创新、政策设计的导火线。依照格斯顿的解释,触发机制的矛头可指向一个重大事项,该事项可把常规的日程问题置换成一种普遍存在的、消极的公众反应。公众对事件的反应往往成为政策问题研究的基础,政策问题也随之引发触发事件。格斯顿在此阐述的触发机制往往发生于公共政策的制定层面,除了一些经济衰退、生态变迁及技术突破等内部触发机制外,军事战争、经济对抗等外部触发机制都有可能存在于政策制定阶段,其影

响的强度和范围可激起社会公众和社会团体的普遍关注甚至强烈反对,不利于政府合法性地位的稳固。为了平复国民情绪、避免群体性事件的发生,政府部门会考虑修改部分政策内容或策划一个新的政策来完全取代旧的政策。

(二)政策终结阶段的触发机制

政策终结阶段也同样折射出政策终结的触发机制。例如2003年国内轰动一时的"孙志刚事件",引发了废除收容遣送制度的浪潮。政策周期的动力之一就在于出现如上述事件时,政策决策者能敏锐察觉其严重性并紧紧抓住这一机会,将引起公愤的、过时的政策进行破除,用于保护公民的合法权利。反之,当相关事件已经触动公民底线并引起众怒,政策制定者若选择无视态度,旧政策的执行必然会将政府的合法性置于危险的边缘地带。

四、舆论动力:公共舆论的推力

托马斯·戴伊在其著作《自上而下的政策制定》一书中谈道:"当华盛顿的政治家们必须回答记者的疑问,必须对新闻报道做出反应,必须对编辑意见做出回应时,媒体就在直接施加影响于政府的决策。"①可见公共舆论产生的效用与公共政策制定过程密不可分,它在一定条件下既会成为政策产生和终结的枷锁,也会成为政策出台和废止的动力。公共媒体持赞同态度会促使政策朝着积极的方向发展,相反,也会导致政策向着消极的态势运转。因此公共舆论的推力是政策周期运行的主要因素之一,在政策周期执行流程中扮演催化剂角色,作用不容小觑。

(一)媒体的积极响应

詹姆斯·安德森曾说过:"公共舆论确定了公共政策的基本范围和方位。"国内外的许多实践研究也都一致肯定,当公共舆论对新旧政策交替持积极态度时,新旧政策交替的形成也会变得容易些。媒体作为公共舆论的发端,呼唤民众关注各式各样的社会"问题"和"矛盾",所以媒体也被赋予了重要的地位。如果媒体对政府新制定的政策以及重新修订的政策条例所反映的社会问题向着"大事化了、小事化无"的趋势发展,那么就使得旧政策的终结和新政策的产生看起来好像发生得理所当然。

(二)媒体的消极响应

公共舆论因民众对媒体"制造"的问题而广受关注和传播,从而敦促政府官员产生解决问题的巨大压力。若媒体发动的舆论导向基本集中于政策转变的弊病和危害,且更加重视政策的政治倾向和道德是非,那么就会在公众之间形成强烈的舆论效应,迫使政策制定者无法制定科学的政策用以取代过时无效的政策,使得当前新旧政策的交替无法完成。

五、政策动力:政策评估的结果

政策评估应借助多元评估主体对政府政策进行综合评价,涉及政府自身评估、社会组

---

① 刘圣中.公共政策学[M].武汉:武汉大学出版社,2008:312.

织评估以及第三方评估,从而得出比较公平、客观的结论,并以此来决定是否终止之前的政策、计划和方案,以及了解新政策适时出台的程度。

(一)政府自身评估

政府对政策的评估,主要由行政机关内部部门所完成。鉴于政策评估既可针对政策预期效果进行测评,又可对政策执行之后的实际效果进行评价。譬如:政策问题的产出和确定一般经由决策部门裁量;政策内容的解读及践行结果分别由政策咨询部门和政策执行部门决定;政策监督部门主要负责政策系统的事前、事中及事后等环节的监管职能,发现问题及时反馈和解决;绩效评估部门对政策从产出到执行阶段所衍生的业绩、成就和实际作为等进行观察、提取和规整,并尽可能做出确切评价。通俗来讲,一项公共政策并不是依凭单方面力量运行的,如果一项政策的一个阶段与其他阶段缺乏协调,矛盾、冲突就会接踵而来。在这种情形下,政府各组织部门只有形成合力,致力于完善政策评估的各个环节,从而在政策周期良性互动层面贡献力量。

(二)社会组织评估

随着政府对社会服务购买力度的明显加强,社会组织渐渐成为公共服务的直接供给者。社会组织是各组织团体为实现某种目标而自发联合起来的公益性、非营利性组织,如具有宗教、文化、艺术等属性的社会团体、非企业民办单位及慈善基金会等都属于社会组织行列。由于政府对政策环境的影响只是诸多主体要素其中之一,事务流程越繁复,所体现的政府功能的局限性就越凸显,以至于不能仅依从政府单独决策来寻找消解问题的方法。所以适用于社会组织评估的公共政策,可由社会组织承担,使得公共健康卫生、安全治理、残障人保障服务等政策在旧政策终结和新政策产生中不断为其提供运作空间,免于政策运转的竞争环境向不良方向转移。

(三)第三方评估

开展第三方评估是政府治理创新现代化的重要措施,也是保证政策评估客观公正的有效手段之一。第三方机构与人民代表大会、人民政协以及社会舆论共同成为政策执行、制定、评价的监督力量,以其突出的遴选标准和程序助推政府政务工作中新思路的产生,拓宽了政府在政策周期循环中的履职能力。此外,第三方评估机制利用专家评审制度提高了政策评估的可靠性,既可形塑政府公信力,又可以更高的说服力测度相关政策周期的寿命,加快政策终结的进程,进而为新政策的产生增加外界支持的可能性。

第三节　公共政策终结

政策终结既标志着一个政策周期的终端,又可作为新政策周期到来的里程碑。当一项政策的推出已使当前问题得到解决,那么它也就失去了存在的价值,必然走向终结。作为政策议程中的最后一环,及时终止多余的或者已完成任务的政策,有益于优化政策资源分配,提升政策运行效率。但在现实生活中,由于公共政策受许多因素的影响而难以实现政策终结的效果,所以如何破解政策终结的障碍,强调政策终结的可行性已然成为摆在众多管理者面前比较重要的问题。本节首先从政策终结的概念内涵出发,分析了政策终结的价值、类型与形式,考察了政策终结不能正常进行的阻力因素,最后引出相关策略。

一、公共政策终结的概念与价值

(一)公共政策终结的概念

终结既是自然发展的普遍规律,又是社会发展的常态。换言之,终结也有终止、收场之意,正如世间万事万物经历发生、发展、衰败直至消亡一样,政策同样也遵循相同的发展规律。政策终结作为政策过程的最终环节,从字面意思来看,是指政策的结束或者完结。关于政策终结的概念,不同的学者给予了不同的定义。布鲁尔认为,政策终结可看作政策、计划的调试过程,凡政策或计划无法发生功能或以丧失价值、过时的状态存在时,就可认定为政策终结的开始。德利翁从颇为广义的视角出发,着重强调政策终结是政府当局对某一特殊政策或组织经深度评估并加以终止的过程。丹尼尔斯认为,政策终结位于政策过程的末尾,终止一项政策则揭开了另一项新政策的序幕,所以政策终结是一个运动变化的理念。[1] 政策终结作为公共政策领域的专业术语,国内对政策终结的研究稍晚,林水波等提到政策终结不仅暗藏了一套活动、规则、惯例的停止,同时也是新期望、新惯例以及新活动的建立和展开。[2] 陈振明将政策终结定义为决策者对政策经过慎重评估后,采取一系列终止多余的、不必要的以及无用的政策或项目的政治行为。[3] 总之,国内外学者对政策终结的定义进行了全方位的研究,本节结合上述学者的观点,将政策终结的含义界定为:政策终结是指政府组织对已经实现政策目标预期或是对未达到政策目标预期的政策等进行调试和终结的政策行为。从概念演进的逻辑出发,政策终结意味着一项政策不再需要实施执行,即预示着新一轮政策的开启,那么其内嵌的特征属性也应考虑在内。

二维码 8-2
公共政策终结

1. 强制性

由于一项政策的终结不可能从全局角度兼顾各方利益,极有可能损害一些人、团体或者机构的利益而导致其强烈抗争,他们就会组成强大的利益组织以保护自身可以从中获益的项目,要打破这一惯例,就使得政府机关的强制执行力成为政策终结必需的后盾保障。

2. 灵活性

由于导致政策终结的原因不在少数,这就要求决策者必须采取谨慎的态度灵活处理好人力、物力、财力等各方面复杂的管理活动,学会运用多种方式以构建灵活的评估系统,才能对不断变化的内外部情境提出相应的应对策略。

---

[1] Mark R. Daninels. Terminating Public Programs:An American Political Paradox[M]. New York:harp ,Inc. 1997.
[2] 林水波,张世贤.公共政策[M]. 台北:台湾五南图书出版公司,1982.
[3] 陈振明.公共政策学——政策分析的理论、方法和技术[M].北京:中国人民大学出版社,2004 .

3. 更替性

政策终结意味着那些不发挥作用的旧政策将被有效用的新政策所取代，在新旧政策的连续交替中进一步提升政策制定的质量。

政策周期之所以在公共管理中占有一席之地，政策终结发挥了不可替代的作用。从政策终结的特征可以看出：首先政策终结的主体主要指向政府组织中的政策制定者，其他组织或个人无权行使终结公共政策的权利；其次设计目标不明确、过时无效的政策、计划、组织等都可归入政策终结的研究对象；最后从某种意义上来看，决策者若没有长期累积的专业素养，没有科学合理的政策评估技术和方法，所获取的信息就很难判定政策终结是否符合当前政治社会环境的走势，正当有效的政策终结也就无从谈起。

（二）公共政策终结的价值

政策终结的根本目标在于维系公共利益稳固的同时，也积极应对社会发展的步伐，从而便利大众生活。但从实际效果来看，政策终结的基本价值主要突出表现在如下几个层面。

1. 有利于节约政策资源

一般而言，政策运行势必会耗损一定的政策资源成本，对国家的任何政府组织而言，可承担的资金投入和可支配的社会资源在数量上都是有限的，若改革者一味地照搬那些背离国家发展初衷、无益处的政策，执意让它继续贯彻实施时，那么非但不能取得应得的成果，反而会造成社会资源的极度匮乏，不断加重社会人力、财力、物力等资源的负担。相反，及时有效的政策终结不仅可使政策资源成本的损耗降到最低，而且可以把有限的政策资源分配到有需要的领域，进一步发挥政策终结的最大功用，在更大限度上节省政策资源。

2. 有利于提高政策绩效

从整个政策执行的大环境来看，政策冲突现象比较常见，有好处的事情各方都想伸手去管，和利益不沾边的事情则很少有人触碰，这就直接或间接导致政策执行效率低下。面对瞬息万变的信息社会，政府的政策动机必须迎合时代变革的需求，自身的政策行为须与变化了的政策问题和政策环境保持一致，充分运用可用的资源取得最大的政策绩效。政策终结标志着旧政策过程的灭亡，预示着新的政策过程的启动。在新旧政策更替过程中，及时调整或终止那些遭到失败、被淘汰的政策，可催生相关机构及政策规则的诞生和更新，促进政策的新陈代谢，从而大幅提升政策运行绩效。

3. 有利于优化政策过程

政策制定是面向未来的活动，既可促进社会繁荣发展，又能使社会处于瓦解边缘。因此，一个国家或者民族的长远发展很大程度上取决于公共政策的质量水平。政策终结有助于优化政策过程主要体现在两个层面：一是政策终结伴随着对先前的政策执行者、政策参与者的裁减和更换，因此结束旧政策有利于优化政策人员，并倒逼政策向更深层次进发；二是政策终结的触角会延伸到组织机构的撤销、更新和发展层面，使得不同领域的优秀人才能够在优化的组织机构中制定和执行高标准的政策，这样有助于发现问题、规避错误，从而形成最佳的政策生态圈。

二、公共政策终结的类型与形式

(一) 公共政策终结的类型

由于公共政策不能脱胎于社会利益分配而凭空产生,公共政策的终结定然会动摇和触及与政策有关联的受益者、制定者及负责人的利益。如果不采取科学有效的方式进行处理,就会阻碍政策的终结。因此,为了使政策终结流程更加畅通,了解政策终结的类型也是十分必要的。一般说来,政策终结的类型主要有以下四种。

1. 功能终结

功能是政府为了满足公众需求而建立健全一定效能的服务体系,也代表着政府活动的大体趋势,而政策呈现的功能主要通过具体的公共服务和公共产品来体现。在政策终结的所有类型中,功能终结实现的难度最大,若予以废除某种或者某些服务,势必引发抵触反应。政策的某项功能是由多个政策以及不同的机构共同承担,要践行政策终结就需要开展大量的组织协调工作。

2. 组织终结

任何一项政策的策划都是通过组织来推动的,因此政策终结常伴有组织的裁汰,这就是组织终结的特有表现。为制定和实践某一政策而设定的专门组织机构,必然随着政策目标的达成而宣告结束。但是有时部分政策的终结不足以致使组织的废除,往往以缩小运行规模、减少经费支出的方法来对组织进行压缩。

3. 政策终结

政策终结,顾名思义,也称为政策本身的终结。与前面终结的类型相比,政策终结的实施难度相对较弱,原因在于政策更改的代价、组织调整的幅度比起功能调整、组织变更要容易得多。再者,政策的终结可以说是政府手段的终结,加之政府对政策的选择范畴较广,政策本身的结束在操作上不太容易受多方面因素的牵制和制约。

4. 项目终结

项目终结,即执行政策的手段和措施的终结,也称为计划终结。在所有终结类型中,计划终结实现的难度最低。一方面,执行政策的手段和措施与现实情境最为接近,在不同利益集团之间的意见较易趋于一致;另一方面,一些项目比较具体,相关措施和手段的影响力比较有限,因此政治资源也较少,项目的终结不会掀起太大的波浪。

(二) 公共政策终结的形式

按照政策终结内容的差异,政策终结主要分为以下几种形式。

1. 政策废止

政策废止是政策终结最直截了当的方式。政策废止一般适用于那些已经完成使命或者完全失去效力的政策,防止那些对政策终结持反对态度的组织和人员继续推行已失去利用价值的政策,避免危害国家和社会利益的事件发生。

2. 政策替代

政策替代是以推陈出新的方式实现新旧政策的交替，目的是查漏补缺旧政策未能解决的问题，实现原定的政策计划。

3. 政策分解

政策分解是将旧政策按照一定的原则分解成若干部分，每个部分可按类自成一项新政策。导致政策分解的原因主要是原先的政策内容过于复杂，运用政策分解的方法可产生事半功倍的效果。如国家社会保障内容可按照小类划分为医疗救助保险、失业保险、生育保险等，从而较好地为人民生活提供更多的福利保障。

4. 政策合并

虽然有些政策已被废止，但是他们所承载的功能还继续存在，因而可通过政策合并的形式将可行的部分政策重新组合到其他政策中去。

5. 政策缩减

政策缩减的过程不是一步到位的，这一形式主要是为了缓解由于政策终结所带来的巨大冲击，处理好各层级的利益关系，采用循序渐进的方式慢慢缩减对政策的资源投入和应用范围，最终实现终止政策的目标。如国内的物价革新政策，就是借助"积水成河"的方式渐渐缩小国家物价范畴，以实现多数商品与市场供求相匹配的价格定位。

三、公共政策终结的阻力与策略

(一) 公共政策终结的阻力

政策终结不属于自然现象的范畴，是人们在整个政策流程中为了政策服务提质增效而主导的一种优化行为。由于公共政策的运行须历经机构、人员、利益、制度等一连串复杂因素的考究，所以政策终结涉及的障碍和挫折也是在所难免的。

1. 心理层面的抗拒力

正如美国学者琼斯所言："那些与政策有关系的人员都希望看到政策向好的方向发展，很少有人愿意看到政策终结，这种心理反应常常成为政策终结进程中难以冲破的壁垒。"还有一些学者的观点认为，人们不肯面对政策终结和不肯面对死亡的心理感受基本一致。由于终结原有政策意味着一切都将付诸东流，所以使得政策制定者、政策执行者以及政策受益者在心理上都会产生一定的抗拒力。对政策制定者来说，他们耗费了很多时间和精力去说服多方并论证政策的有效性，若执行政策终结就相当于否定了自身所做的所有努力，从心理层面上对于任何一个政策制定者来说都是难以接受的。对政策执行者来说，在政策执行的整个层面须投入大量的心血落地细致入微的计划方案，况且政策的存续与否又事关自身工作前途，这会使得政策执行者们产生本能的抵触心理。对政策受益者来说，他们已从原来政策中享受一定的利益分红，一旦执行政策终结程序相当于断开了他们的利益来源，自然会因为自身既得的利益受损而产生抵触心理。

2. 现存组织的保守性

政策组织机构根深蒂固的守旧情结也是政策终结的又一障碍。政策执行机构早已习惯和熟悉了常规化的办事程序和工作流程,政策的变更和革新使得他们在短时间内难以适应,这也使得政策执行机构从心理上对政策终结持保守态度。美国学者安德森在他的著作《公共决策》一书中有过翔实的论述:"若某一机构存在的时间越长久,那么它被终止运转的可能性就越不大,一段时间过后,会形成对它有利的条件和支持。"[①]可见这种惯性行为会对政策终结产生较大阻力,即便公众强烈要求政策终结,也会遭受组织机构的百般阻挠,它们会尽可能依靠所掌握的一切资源、想尽一切方法,捍卫与自身利益、名誉息息相关的政策体系。

3. 反对势力的联合

由于任何一项公共政策均涉猎利益和价值的分配,所以许多行政机关、利益集团会结成联盟千方百计地反对政策终结。获得相关利益的行政机关在政策终结时会结成联盟,加上行政机关进行政治活动比其他组织更具有得天独厚的优势,它们会选择一致对外反对政策终结。政策终结会对各个利益集团的利益产生较大影响,通过向公共机构施压、在政府官员中游说以及借助公共舆论等方式,延缓政策终结甚至起到阻碍政策终结的效果。

4. 程序上的繁杂性

此层面上的阻力主要指法律程序的复杂性。任何政策和组织的终结必须经由法律许可才能正常进行,特别是触及法律层面的政策,往往因法律程序的复杂冗长而拖延政策终结的时间或错过政策终结的最佳时机。立法机关面对一系列复杂的法律程序时也会摇摆不定、顾虑重重,这一点也充分体现了法律的滞后性,进而增加了政策终结的难度。

5. 经济成本的压力

早期政策沉没成本的日渐累积与末期政策本身自发性终结所导致的综合性损失是公共政策予以终结的直接性成本构成。直接性成本的高低是影响政策制定者是否进行政策终结的驱动根源。就沉没成本而言,在政策决策、政策制定、政策执行乃至政策评估的整个过程中,均在不同程度地进行成本投入与累加。面临政策终结时,政策制定者必然陷入成本决策的阻碍性、进退性困境。政策终结意味着前期累积成本的消弭,政策的继续执行则意味着潜在代价的持续性增大。就政策终结潜在代价而言,政策终结并非简单性的直接结束,该过程的发生必然造成一定群体或对象的直接或间接性利益损失,故而在政策终结时,政策制定者还需制定详细的安抚与补偿计划,避免利益争端、社会矛盾的发生。沉没成本与潜在代价的存在成为制约政策终结发生的根本性难题。

(二)公共政策终结的策略

作为一项重要的决策行为,政策终结要求政策制定者运用高超的决策智慧和艺术、采取灵活的方略加以妥善处理机构、人员、利益及制度等复杂因素,可见政策终结不是一件简单的事宜。也有学者曾感叹道:"政策终结在很大程度上可看作和理解为事关政治诉求

---

① 詹姆斯·E.安德森.公共决策[M].唐亮,译.北京:华夏出版社,1990.

和决策技巧的一场斗争。"①所以,为合理有效配置政府资源,应制定相关举措加大政策终结的纾困力度。

1. 加大说服教育力度

为保障政策终结工作的顺利迈进,首要任务就是要进行说服教育,消解人们对政策终结的反感情绪。抓住合适的时机让人们充分知悉政策终结给自身生活和社会发展带来的正面影响,这也是利国利民的良政善治。但不能过分夸大宣传,免得曲解政策终结的真正价值和目的,容易加重人们的抵触心理。

2. 新旧政策同时出台

从公众的心理场景出发,人们通常很少有人反对一项新政策的出台,同时对政策终结的意愿也不大。为了减轻政策终结的压力,采用旧政策终止与新政策出台并举的战略可平缓政策终结的争议,使人们在对旧政策丧失希望的同时又能得到一个新的政策曙光,从而削弱反对者对政策终结不满的症结。

3. 进行知己知彼策略或闪电策略

知己知彼策略也是"力场分析"策略,即在政策终结前夕,尝试了解各团体反对或者同意政策终结的大体情况。政府组织可在非正式场合散播一些政策终结的信息,试探性测试公共舆论对政策终结的整体反响,从而认清政策是否可以终结的必要性。但释放政策终结的相关信息也有可能会引发巨大阻力,所以政府也可以选择事先进行保密处理,突然宣布某项政策终结并予以强制施行,这是闪电策略的显著做法。

4. 公开政策评估结果

政策终结成败的关键也取决于支持者人数的多寡,政策终结的发起者应争取政府内外部的理解和支持,为政策终结带来长足发展。那么如何才能最大范围内获得各种力量的支持呢?最好的方法就是适时公开政策评估结果,披露某一政策项目中的无效环节,进而让人们意识到继续执行此政策所造成的危害影响。再者,政策终止者还可以借助政策评估结果,指出周遭环境需求已经与旧政策的实施严重脱轨,以争取更多政策支持者向新政策倾斜,从而对社会经济效益发展产生更大的作用。

本章小结

任何公共政策都有从开始到结束的周期,所以政策周期是公共政策学科研究的重要话题。确切地说,公共政策周期一般经过"制定—执行—评估—监控—调整—终结"的周期性循环。同时研究公共政策周期也具有重要意义,对于助力政策制定的科学化、丰富政策科学理论体系,以及助推国家治理体系和治理能力现代化都具有重要价值。

公共政策周期也具有重要的内生机制,如:政治动力,即政治领导者的执行力;经济动力,即利益要素的分化与整合等;偶发动力,即政策终结的导火线;舆论动力,即公共舆论的推力;政策动力,即政策评估的结果等。政策终结作为政策周期的最后一个环节,主要

---

① Janet E. Frantz. Political Resources for Policy Terminators[J]. Policy Studies Journal,2002,30(1).

原因是任何政策都有属于自己的生命周期,都必然在特定的条件下进行新旧政策的交替和循环。为了提升政策终结的效果,可将策略制定集中于加大说服教育力度、新旧政策同时出台、进行知己知彼策略和闪电策略以及公开政策评估结果等。

◆ 本章重要概念

政策周期(policy cycle)
政策周期的动力(dynamics of the policy cycle)
政策终结(end of policy)

本章思考题

1. 解释政策周期的和政策终结的含义。
2. 简述研究政策周期的意义和动力机制。
3. 列举政策终结的类型、形式和阻滞因素。

📖 本章推荐阅读书目

1. 桑玉成,刘百鸣. 公共政策学导论[M]. 上海:复旦大学出版社,1991.
2. 史蒂文·凯尔曼. 制定公共政策[M]. 商正,译. 北京:商务印书馆,1990.
3. 迈克尔·豪利特,M. 拉米什. 公共政策研究:政策循环与政策子系统[M]. 庞诗,等译. 北京:生活. 读书. 新知三联书店,2006.
4. 托马斯·库恩. 科学革命的结构[M]. 4版. 金吾伦,胡新和,译. 北京:北京大学出版社,2012.

二维码 8-3
本章重要概念及思考题答案

第九章
绿色政策：公共政策的新发展

——本章导言——

绿色理念生发于人类认识自然、改造自然的具体实践，来源于人类对美好生活的追求。绿色政策作为绿色理念与公共政策的复合体，借助公共政策的特性和渠道在绿色理念传递与落实过程中发挥着不可替代的作用。本章以绿色政策为核心，在辨析绿色发展、绿色治理、美好生活三者概念内涵的基础上，阐述了绿色政策推动人民实现美好生活的政策路径。

第一节 绿色政策的概念、内涵与主要特征

公共政策作为利益和价值的权威性分配手段，是国家治理的重要工具。随着时代变迁和社会发展，公共政策也在与时俱进。在全球生态危机、倡导可持续发展、生态文明建设的今天，绿色政策应运而生。绿色政策是公共政策绿色化的产物，是公共政策的新发展形态。作为一个相对较新的概念，明确绿色政策的概念与内涵、主要特征与价值是学习绿色政策的前提和基础。

一、绿色政策的概念与内涵

目前学术界在绿色政策方面的研究成果很少，主要是从绿色发展宏观视角进行解读，缺乏对作为治理工具的绿色政策深入研究。作为一个全新的研究领域，本小节有必要阐释清楚绿色政策的概念内涵，进而为后续的绿色政策学习提供概念支撑。本小节主要从绿色、公共政策、绿色政策的概念进行阐释。

（一）绿色

绿色是大自然的颜色，是人类在认识自然、融入自然和改造自然的过程中产生的一种基本的视觉印象，也是衡量自然生态系统运转良好的颜色。近年来，在面临臭氧层破坏、气温异常、海平面上升的全球生态危机下，"绿色"成为一个使用频率很高的词语，越来越受到经济、政治、文学等领域的专家学者的青睐，绿色经济、绿色发展、绿色治理、绿色生活、绿色建筑、绿色营销等，不一而足。绿色一开始指的是自然界的底色，后来，人类在社会交往和社会约定中为绿色赋予了政治和社会层面的隐喻性意涵。一方面，自然界的物

体通过光的反射、吸收和传播作用向人类传递视觉印象,使绿色呈现出植物、自然界、环保、生态、无污染的符号表征。另一方面,人类对绿色产生了固定的心理联想,将自然界传递出的视觉印象,派生为美好、畅通、热爱生命、尊重自然等象征意义①,并与他人产生共鸣。

实际上,"绿色"并非近些年新出现的色彩符号,人们早就对绿色深有研究。在我国,从古至今就对绿色热爱有加,白居易的"日出江花红胜火,春来江水绿如蓝",贺知章的"碧玉妆成一树高,万条垂下绿丝绦",王维的"雨中草色绿堪染,水上桃花红欲燃",等等,向我们展现出了人与自然天人合一的美好图景。在国外,梭罗的《瓦尔登湖》被誉为"绿色圣经",向我们描绘了人类与大自然水乳交融,在田园中感知生命、重塑自我的图景,绿色和平组织将徽标底色设置为绿色。色彩符号是社会发展的活动镜子,绿色在人与自然的互动交流中逐渐超脱了自然本身的"青山绿水"内涵,而是与人们社会交往活动结合,派生出包容、健康、可持续、发展等衍生意义,并预示着蓬勃的生机、旺盛的活力、绵延的生命等象征社会更加美好的发展趋势。

(二) 公共政策

《现代汉语词典》将"政策"界定为"国家或政党为实现一定历史时期的路线而制定的行动准则"②。国外学者托马斯·戴伊也认为"凡是政府决定做的或不做的事情就是公共政策"。在前文我们就提出,公共政策是政策主体运用公共权力对社会利益和价值进行权威性分配的手段和工具。在所有制定公共政策的主体中,最基本、最核心的是党和政府③,即执政党和政府是公共政策最重要的主体,制定公共政策的目标是为了解决社会公共问题,功能是价值引导、利益分配、利益整合。

(三) 绿色政策

党的十九大报告提出"加快建立绿色生产和消费的法律制度和政策导向",明确要求将"绿色"和"政策"相结合。绿色政策不仅是"绿色的"政策,更是政策的"绿色化"。"绿色的"政策是绿色本意和派生意义下的政策,代表党和政府制定的以绿色价值为引领,整合社会利益,向着健康、包容、尊重、可持续方向发展的谋略或行动准则。政策的"绿色化"是以广义的绿色内涵和价值理念来指导公共政策,是推动公共政策从"非绿色"或者"不够绿色"到"绿色"的发展过程。

我们着重对政策的"绿色化"进行深入阐释。在政策文本中,"绿色化"首次出现在 2015 年 3 月 24 日的中央政治局会议上,并将其定性为发展战略。"绿色化"的出现有着深刻的历史背景。一方面,人类社会在过去的几百年里一直采用传统的发展战略,即以国家经济增长为发展核心,认为只要国民生产总值和国民收入增加了,政治、文化、社会、生态等方面都会取得发展。但这种以追求财富为主的实践虽然在短期内取得了经济上的巨大成就,但是并没有带来预期的社会繁荣,反而引发了社会动荡、能源危机、生态危机、贫

---

① 史云贵,刘晓燕.绿色治理:概念内涵、研究现状与未来展望[J].兰州大学学报(社会科学版),2019,47(3):1-11.
② 中国社会科学院语言研究所词典编辑室.现代汉语词典[M].7版.北京:商务印书馆,2016:1674.
③ 陈庆云.公共政策十大理论问题再思考[J].中国行政管理,1999(12):34-36.

富悬殊等影响人类社会可持续发展的严重问题,转变经济发展方式、保护生态环境已刻不容缓。另一方面,可持续发展理念在全球范围内达成共识和具体实践迫使每一个国家去反思自己的发展战略,这一理念强调要从过去人与自然的对立关系形态向人与自然、人与人和谐相处的关系形态转变,即发展要改变过去生态环境保护与经济发展的零和博弈,实现生态环境保护与经济发展的有机融合。

政策的"绿色化"有如下特征:一是价值导向性,政策的"绿色化"是一种价值取向,是通过政策这一介质将尊重自然、热爱生命的价值观融入中国特色现代化建设的方方面面,使之既成为一种绿色生产方式,又成为一种绿色生活方式和绿色思考方式;二是全局性,公共政策的"绿色化"意味着多元力量应协调配合、齐心协力、共同参与,需要在党的统一领导下,以政府为基础,市场和社会都参与政策过程,共同实现政策的绿色化;三是战略性,政策的"绿色化"意味着在自上而下的顶层设计中以绿色作为底色,进行高瞻远瞩的规划,就政治、经济、文化、社会和生态制定全方位、全过程、长期性的指导方案,将高层战略、中层规划和基层实践三者连贯起来,形成一条流畅的绿色化链条;四是全球性,政策的"绿色化"意味着各国要密切合作,努力构建人类命运共同体。生态问题不仅关涉一个国家,而且无法仅凭一国之力就能解决。

绿色政策是通过"绿色化"的政策价值,再以政策的"绿色化"实现绿色政策的过程。其中,"绿色化"政策价值是开端,即用绿色的内涵来指导政策价值,政策的"绿色化"是过程,绿色政策是结果,共同指向通过政策的权威价值分配和利益分配的中介勾勒人民美好生活的蓝图。当前学界对绿色政策尚无明确定义,已有研究主要是从生态环境保护的狭义视角提出的概念。本书结合绿色与政策的相关解读以及国家政策文件精神对绿色政策做出如下定义:绿色政策是以政府为基础的多元政策主体,为实现人民美好生活的需要,以绿色价值理念为引导,以发展绿色经济、构建绿色政治、培育绿色文化、建设绿色社会、促进绿色生态为基本内容,综合运用法律、道德、行政等手段,制定和执行一系列方针、路线、规划、条例、办法等,以实现政治、经济、文化、社会、生态等领域的健康、协调、全面、可持续发展的活动及活动过程。①

绿色政策从领域角度看,包含经济的绿色政策、政治的绿色政策、文化的绿色政策、社会的绿色政策、生态的绿色政策等全方位的绿色政策。与传统的环境保护政策不同,绿色政策需要跨领域、跨区域、跨行业。因为生态作为一个系统并不受人为确定边界的影响,所以生态保护和治理也就无所谓行业划分、地域划分、人与自然的划分,否则又会沿循过去的老路。从实践运行角度看,绿色政策需要在政策问题界定、政策制定、政策执行、政策评估、政策调整等每一个政策环节中体现出绿色价值理念。例如在政策问题的界定上,应以人与自然、人与人和谐发展为主导,而非仅关注经济利益;再如政策制定和评估环节应关注绿色多元共同体的参与等。从政策表现形式角度看,彰显绿色价值的各种政策文件都应被称作绿色政策,如行政法规、条例、规章、行政决议、决定、通知、宣言、声明等。

---

① 史云贵.县级政府绿色治理体系构建与质量测评[M].北京:中国社会科学出版社,2021:232-233.

二、绿色政策的主要特征

绿色政策首先应具备公共政策的一般性特征：一是导向性，即通过政策活动引导利益相关群体，以及政策范围内的其他群体朝着政策期望的方向发展；二是规范性，即为实现政策活动的目标对政策范围内的社会主体的行为进行一定程度的规导；三是协调性，即以社会公共利益的实现为目标的公共政策，必然承担着群体利益与个体利益之间、个体利益与个体利益之间的调和角色。同时，在人与自然和谐共生的、共建人民美好生活的进程中，绿色政策自身还具有全球性与地域性、现代性与历史性、绿色化与图景性相结合的特征。

一是全球性与地域性相结合。全球性是指全球范围内政策问题界定和政策目标确定上相互交叉的现象。当前生态破坏和环境污染的跨国界性以及经济社会活动的全球化决定了绿色政策具有全球性。绿色政策既是区域内人们改变生存环境现状的要求，也是全球人类追求美好生活的心声。因此，绿色政策不能仅局限于一国之疆域，须在全球范围内推广。同时，绿色政策还具有地域性的特征。全球被人类分成200多个主权国家，每个主权国家的国体政体不尽相同，自然特征各具差异，有的国家靠海而生，有的国家深处内陆腹地，有的国家物产丰富、经济发达，有的国家物资匮乏、经济落后。各个国家、各个地区绿色政策的制定都要联系当地实际，因地制宜地实施绿色政策。

二是现代性与历史性相结合。党的十八大以来，绿色发展成为国家发展战略，在政治、经济、文化、生态、社会等各领域都得到了广泛贯彻。绿色政策就是以绿色发展为驱动力，以满足人民美好生活需要为目标的公共政策表达，具有鲜明的时代性特点。另外，绿色政策以公共政策为载体和依托，具有历史性的特点，并非一成不变的，而是处在不断的发展变化之中，政策理念和政策举措体现着当前政治文化的烙印。如为完成碳达峰目标时期，绿色政策除聚焦于调整产业结构进行技术改良的同时，还要通过绿色政策改变人们的思维习惯和生活方式，实现绿色政策的内化；到完成碳中和目标时期，就应调整或巩固碳达峰时期的绿色政策，在重构产业链方面加强国际合作，形成全球层面的绿色链条等。绿色政策不仅要满足不同时期人类美好生活的需要，而且要考虑每一时期绿色政策的衔接，因为绿色政策本就是一个完整的政策生态系统，最终指向人与自然的和谐共生、共荣目标。

三是绿色化与图景性相结合。绿色化是一个动词，政策的绿色化代表政策从"非绿色"或"不够绿色"到"绿色"的过程。绿色政策的绿色化主要体现在通过绿色化实现政策领域的共联。在人类生存发展的政治、经济、文化、生态、社会"五个变量中，经济变量是物质基础，政治、文化、生态、社会变量是发展保障。因而，绿色政策不仅是在生态环境建设领域的绿色化，更是在政治、经济、文化、社会等各个领域的绿色化。各种绿色政策之间并非各自独立、互不相关，而是相互依存、相互影响，共同构成绿色价值理念引导下的绿色政策体系。同时，绿色政策又具有图景性的特征。绿色政策以代表健康、积极向上、可持续发展状态的大自然中的绿色为基本色调，勾勒出一幅人与自然和谐共生的美好图景，这一画面般的景象使得人类更容易理解绿色政策的目标和理念，更能够拉近政府和公众之间的距离，也更容易获得公众对绿色政策的认可和接受。

三、绿色政策的价值

价值是哲学和经济学的术语,指的是客体对于主体表现出来的积极意义和有用性。绿色政策的价值就是绿色政策作为国家治理的重要手段和工具,纵向上对于全球、主权国家、公民在价值分配和利益分配上所表现出来的积极意义,横向上对于各主权国家在空间的传递和扩散上所表现出的有用性。整体而言,绿色政策的价值体现在导向价值、凝聚价值和规范价值三个方面。

一是导向价值。绿色政策借助政策这一载体传递绿色价值,通过持续不断地向公众提供激励,引导公众践行绿色行为,实现政治动员和社会动员,推动绿色政策走向一种健康环保、可持续发展的状态。绿色政策主要通过以下几方面发挥导向价值。首先,引导国家绿色目标与公民绿色目标的统一。组织目标与个体目标往往不一致,按照奥尔森《集体行动的逻辑》指出,集体规模越大,越难以形成凝聚力。此时,需要发挥绿色政策的导向作用,将政府治理的绿色目标传递给公众,同时将政策要求的绿色生活方式和生产方式与公众美好生活需要的个体目标相结合,形成国家与公民绿色目标的统一。其次,引导绿色政策与绿色行为的统一。公共政策是社会公共权威在特定情境中,为达到一定目标而制定的行动规划与行动准则,政策的最终归宿是政策目标对象行为的履行。绿色政策通过正负向多种激励的方式、自愿或强制等复合型政策工具、绿色评估等政策过程,引导公众践行绿色政策要求的行为,实现政策目标和政策行为的统一。最后,引导绿色行为的扩散。政策会在空间内发生转移,从而被其他主体采纳和效仿,因全球应对生态危机具有现实紧迫性,所以绿色政策具有政策扩散的外在动力;同时绿色政策对人类美好生活蓝图的勾勒具有全民需求性,其他政策主体效仿不仅是基于自身利益理性学习的结果,也是由于绿色政策的适当性,若采纳则能够增强合法性考量的结果。

二是凝聚价值。绿色政策能够强化国家认同建构,凝聚治理合力。公民的国家认同不是与生俱来的,而是基于对国家的认知以及国家能满足其基本需要的基础上后天逐渐形成的。绿色政策与国家认同建构的基本逻辑在于,绿色政策以满足人民群众对美好生活的需要为根本目标,关乎公民的切身利益,促进公民对国家认知的形成。同时,在整个绿色政策实践提供绿色公共产品和公共服务的过程中,公民基本的生存需要得到满足,进而生成对国家的归属感与自豪感。此外,绿色政策在具体推进过程中满足了公民的发展需要,从问题建构、政策制定、政策执行、政策评估到政策调整的过程中,无不展现着公民对公平、正义等价值回应的需要满足,从而滋生内心愉悦的情感体验,使公民愈发产生对国家的情感认同。

三是规范价值。绿色是政策的底色,绿色政策意味着以绿色"渡"政策,通过政策的绿色化制定的绿色的政策规范政策主体行为。对于党和政府这一核心制定者来说,绿色政策的规范价值意味着国家治理风气应是积极向上、清正廉明、健康活力、可持续的,党委、政府、人大、政协都要在绿色价值理念的引导下展开工作,注重长期利益而非短期效益,以人民为中心而非以个人利益为中心。对于公民这一政策受体或政策监督者来说,绿色政策的规范价值既意味着公民应当在绿色政策规定的范围内行事,又意味着公民和社会舆论媒介应以绿色政策为准绳监督政策运行,确保绿色政策的可持续运转。

■ 第二节 绿色发展中的绿色政策

绿色发展是新时代我国处理经济发展和环境保护之间的矛盾、进行生态文明建设的核心理念。党的十八大、十八届五中全会、十九大、十九届六中全会,均对绿色发展做出了明确部署和要求。绿色发展的核心是绿色经济,是实现资源环境与人类的可持续发展。公共政策作为国家治理的重要工具,对于绿色发展战略的实现具有重大作用。绿色政策与绿色发展之间具有辩证关系:一方面,绿色发展为绿色政策的运行提供经济社会的客观基础条件;另一方面,绿色政策建构绿色发展所需的空间,更好地引领和支撑高质量发展。

二维码 9-1
绿色经济:
让绿色成为
发展的底色

■ 一、公共政策与经济社会发展的关系

■（一）经济社会绿色发展是公共政策运行的前提和基础

绿色政策的制定和执行离不开经济社会运行的现实状况,要以宏观的经济社会背景、社会现实和客观条件为基础。具体而言,绿色政策运行需要考虑经济社会发展的如下因素。一是经济社会发展的资源条件。整个政策周期不仅需要人力、物力、财力等资源的支持,还需要自然资源与环境条件的支持,绿色政策的制定和实施要符合当地自然地理状况,否则就会遭到自然生态反作用力的限制。二是经济社会发展的经济条件。绿色政策的制定和实施需要考虑当地的产业结构情况,符合第一、第二、第三产业分布的特征;要与区域结构相结合,符合开发区、生活区、工业区、高新区的特色;还要与企业结构相结合,当地有多少企业,企业类型是怎样的,企业所有制类型分布情况等,都是政策运行的基础。三是经济社会发展的技术条件。数字治理时代的来临让许多政策的制定和实施需要考虑技术条件,硬件技术是否得到长期有效的维护、软件技术是否具备、专业技术人员是否充足等,都成为绿色政策运行的前提。四是经济社会发展的前期政策实施情况。先行政策或先前政策实施结果是确定后续政策的重要参考和依据。五是经济社会发展的文化观念情况。绿色政策的制定和执行主体的价值理念、政策实施的立法体系、当地民俗文化、行政文化等对绿色政策运行有重大影响,是绿色政策运行的前提和基础。

二维码 9-2
我国加快构建
绿色现代化
产业体系

■（二）绿色政策是经济社会绿色发展的制度向导和法治保障

绿色政策是经济社会发展的观念向导和行为向导,又为绿色观念和绿色行为的合法化提供制度依据。绿色政策具有先行性,根据对经济社会发展状况的研判确定绿色政策的目标和方案,告诉人们应当做什么、不应当做什么、为什么要这样做,来引导公民的价值转变和行为转变。绿色政策还凭借价值和利益分配的权威性和强制性,为政府行使绿色职责、人们履行绿色行为提供制度保障,并对失范行为进行控制和约束。如反腐倡廉的绿

色政策,反映了党和国家营造清正廉洁风气的决心,对全社会的观念和行为都产生了巨大影响。

(三) 经济社会绿色发展状况是绿色政策空间建构的结果

公共政策反映了执政集团的利益与目标,执政集团通过公共政策实现其蓝图目标、建立相应秩序,生产出能够容纳其利益与存在的空间格局。从某种意义上说,特定时期的经济社会发展状况不仅是客观条件的名词,而且是执政集团通过公共政策建构的空间产物。列斐伏尔的空间三部曲详细描绘了这一空间生产的过程。首先,空间表象(representational of spaces)是一种想象的乌托邦空间,统治阶级需将想要获得的利益和达成的目标进行编译①,公共政策就是对利益和目标进行转码的重要工具,将空间统治者的抽象利益转化为可实施的政策。其次,表征空间(representational spaces)是容纳代码、符号、空间性话语等精神虚构物的空间,绿色政策的彰显的价值就是执政集团期望体现出的精神符号和代码。最后,空间实践(spatial practice)是被感知的空间,空间实践即生产社会的空间同时也以之为前提。换言之,经济社会绿色发展状况既是公共政策运行的前提,又是公共政策空间生产的结果,而绿色空间恰恰是人民美好生活的空间需要。

二、绿色政策是绿色发展的政策诉求

绿色发展一词在中央层面的官方文本中最早出现于党的十八大报告,是作为生态文明建设的关键路径提出的,聚焦如何在自然资源短缺、生态环境恶化的条件下实现生存发展的问题。这一理念的提出不仅是从解决我国自身发展所面临的实际问题出发的,而且受到国际发展理念和趋势的影响。2008年,联合国环境规划署在气候变化大会上提出通过"全球绿色新政"发展"绿色经济"的倡议,主张通过提升能源利用效率、发展可再生能源、鼓励绿色建筑等方式促进经济的绿色化。倡议一经提出,迅速得到西方发达国家和部分新兴发展中国家的积极响应,各国试图通过"新政"的实施促进经济转型,实现自身的可持续发展。中国作为全球第二大经济体和最大的发展中国家,更须牢牢把握转型机遇。彼时我国正在全面推进生态文明建设,绿色发展理念成为生态文明建设的必然选择。

所谓绿色发展,一开始是指经济增长要考虑资源环境承载能力,摆脱对资源使用、碳排放和环境破坏的过度依赖,通过创造新的绿色产品市场、绿色技术、绿色投资以及改变消费和环保行为来促进增长的经济发展模式。② 这一概念包含三重含义:一是认识到生态环境的作用,认为经济发展可以同生态美好和资源短缺同时并行;二是绿色发展需要处理经济、社会、政治、文化、科技等多重领域的交叉关系;三是绿色发展需要多元主体的协同参与。实际上,绿色发展理念在我国早已有之,早在1983年,我国就将环境保护作为一项基本国策,随后提出的"建设资源节约型、环境友好型社会"都是绿色发展理念的雏形,并为此制定了相应的规划和政策。然而,理念的践行依旧存在多重障碍。首先,环境保护政策的理念与实际行动存在鸿沟。在"人民日益增长的物质文化需求同落后的社会生产力之间的矛盾"为当时社会主要矛盾的背景下,环境保护这一基本国策在实际行动中往往

---

① 郑震.空间:一个社会学的概念[J].社会学研究,2010,25(5):167-191.
② 王海芹,高世楫.我国绿色发展萌芽、起步与政策演进:若干阶段性特征观察[J].改革,2016(3):6-26.

被束之高阁,让位于经济发展。其次,环境保护政策主体权责关系不清晰。环境保护需要市场、政府、社会之间的通力合作,然而传统的环境保护政策更多依靠政府行政管理手段,采用强制性的政策工具,因此影响了环境保护的执行效果。最后,环境保护政策客体单一。经济系统、社会系统、生态系统本是相互依赖的共生系统,如果环境保护对象仅仅聚焦生态系统,相关政策的制定也仅仅是"头痛医头、脚痛医脚"的思路,那么无法从根本上化解人与自然的矛盾。

绿色发展固然需要公共政策的全面支持,但更需要跳出传统公共政策的窠臼,重构政策体系。绿色政策聚焦人与自然的和谐共生,不仅是新时代公共政策的新发展,而且契合绿色发展的政策诉求。绿色政策与绿色发展的契合性表现在以下几方面。一是绿色政策主体的多元性满足绿色发展多元主体的需求。绿色发展的核心是经济,然而在传统经济发展中,依赖市场主体进行自发调节的行为导致资源短缺、环境恶化、贫富悬殊,人与自然的矛盾愈发加大;依赖政府主体进行宏观调控的行为导致市场活力的减退,因政府资源、精力的缺乏,导致环境保护多是环境污染的末端治理;社会主体的参与和监督不足,绿色发展需要全社会的共同参与和共同努力。每一个社会成员都应当在绿色政策的规导下,行使自身的权利、规范自己的行为,形成与绿色发展相适应的绿色生活方式和绿色消费方式。二是绿色政策客体的丰富性满足绿色发展多维领域的相互依赖的需求。尽管经济是绿色发展的核心,然而经济、社会、自然是一个相互依赖的有机系统,需要在发展经济的同时,处理好社会与自然的关系。绿色政策以绿色价值理念为引导,以人民美好生活需要为目标,意味着在人与自然和谐共处共生的美好蓝图下,统筹了经济、社会、自然三大系统,符合三大系统共生性、整体性和协调性的规律,也满足了绿色发展多维领域共生的需求。三是绿色政策工具的多样性满足绿色发展的可持续。环境保护的传统政策工具主要采用强制性工具,通过命令控制型手段规范目标群体的行为。绿色政策倡导强制性与自发性工具相结合,激励与惩罚手段合理搭配,如生态补偿政策、绿色财政和绿色金融政策等,即通过经济手段鼓励公民做出符合绿色发展的行为。

总之,绿色发展脱胎于传统经济发展理念,考虑到环境的承载能力,追求更高效、更清洁、更全面、更系统、更安全的经济发展,是将经济系统、社会系统、生态系统串联的共生系统。理念的超前性需要全新的公共政策体系予以保障,绿色政策主体的多元性、政策客体的丰富性、政策工具的综合性、政策价值的绿色性和可持续性均与绿色发展理念相契合,是新时代绿色发展的政策诉求。

三、绿色政策驱动绿色发展

绿色政策与绿色发展相互促进、相互影响,绿色发展呼唤绿色政策的保驾护航,绿色政策形塑绿色发展的空间,是绿色发展的直接驱动力。

(一)提供绿色发展的政策环境

政策环境是政策制定、执行、评估、调整的客观场所,既包括政策运行的物质环境,又包括文化环境、技术环境。政策环境与政策本身构成了相互关联的系统。绿色政策为绿色发展提供了政策环境,绿色发展的实现程度与政策环境密切相关。一方面,绿色政策为绿色发展营造了硬性环境,通过法律、行政、经济、技术、文化等手段的综合运用,协调党和政府与其他绿色发展主体的关系，发挥政府的规划引导、政策激励和组织协调作用，营造有利于发展绿色经济的制度环境、金融环境和产业环境，硬性环境的多维性决定了绿色发展的实现效果。另一方面，绿色政策为绿色发展营造了软性环境，如政治清正廉洁、社会和谐公正、文化包容并蓄、生态健康美好，良好的软性环境为绿色发展的可持续运行提供了良好的内部生态。

(二) 提供绿色发展的价值引导

绿色发展作为一项长期战略，需要绿色政策协调政策主体的多元价值、分配主体之间的多元利益，不断巩固和维持绿色发展的成果。绿色政策对绿色发展的价值引导主要表现在以下几方面。一是在绿色政策中贯穿绿色理念，规范主体行为。从政策形式上说，绿色政策将绿色发展的价值理念体现在国民经济和社会发展的长期规划、中期规划、短期规划中，规范引导公民的绿色行为。从政策领域上说，绿色政策将绿色发展价值理念覆盖至多维政策领域，不仅包括经济领域、产业领域，还包括金融领域、财政领域、消费领域等，目的是在整个社会经济系统中融入绿色发展的理念、措施与行动，真正落实绿色发展的根本要求。二是通过绿色政策强化主体行为，促进外在绿色政策价值的内化。既要通过绿色政策的惩罚或激励手段对市场主体行为形成持续规制，又要通过绿色政策的科学评估和循环机制科学地预测绿色发展的趋势，使绿色政策始终体现绿色发展的价值内涵。三是通过绿色政策网络将绿色发展理念贯穿至社会经济发展的各个部门、各个领域，带动行为主体的价值转变，实现社会经济的全面绿化。

(三) 提供绿色发展的资源配置

绿色政策是多元主体在绿色价值理念下的一系列方针、路线、规划、决议等。绿色政策给予多元主体的"参与权利"，意味着能够整合多元主体的各方资源。社会各类资源的融入反过来又刺激多元主体的积极参与，共促绿色发展目标的达成。一是绿色政策下的资源供给边界是模糊的。既可以是处于绿色政策核心地位的党和政府，也可以是来自政治体系外部的企业和各类组织，还可以是充满活力的公民社会，这种方式能够发挥各种公私伙伴合作模式的效用。二是绿色政策下的资源供给是高效的。多元主体的加入和相互牵制改变了传统的外部强推式资源供给方式，转变为根据主体需求的"定制化"供给，既避免了过去资源供给"一刀切"造成的浪费，又提高了公民对公共产品和服务的满意度。

(四) 优化绿色发展的责任格局

绿色政策形成了绿色发展各主体之间的职责体系，促进绿色发展责任格局的优化。绿色政策职责体系通过如下形式促进绿色发展责任格局的优化。一是绿色政策职责体系促使每一个绿色发展主体履行体系所规定的主要职责和次要职责。如：政府不仅需要关注政策制定，也需要关注各类主体关系的整合；企业不仅需要关注绿色生产，也需要关注提供绿色消费渠道的职责；公民不仅需要关注绿色消费，也需要关注贡献绿色智慧、实施绿色监督的职责。二是绿色分配机制化解利益分配失衡的冲突。生态环境是一种外部性较为明显的公共产品，优良的生态环境使每个人都从中受益，环境污染也需要每个人承担，但往往无人愿意承担。此时就需要绿色政策搭建的分配机制予以化解，如明确责任的主要承担者、次要承担者,将所有参与者都纳入承担体系,并通过责任评估明确收益分配。三是绿色网络技术平台提供沟通协调的渠道。绿色发展要求参与主体的多样性,但参与主体越多,意味沟通协调难度越大。政府搭建的绿色政策网络平台容纳了各参与主体的资源、能力、目标、利益需求,让政府作为掌舵者快速收集各方信息,及时予以调解,将矛盾与冲突在第一时间化解。

第三节 绿色治理中的绿色政策

绿色发展是全面推进生态文明建设的重要战略,是以经济为主线带动环境资源与人类可持续发展的理念。绿色发展提倡的经济、生态、社会的共生系统理念开启了人类认识与利用自然的新视域。在人类美好生活图景的愿望愈发强烈、生态危机下人类生存与发展的需求愈发迫切的情境下,我们需要将绿色发展理念延展至治理领域,推动政府治理迈向更高效、更有温度的绿色治理时代。

一、绿色治理的概念与内涵

绿色治理是治理时代的新话语和新趋势。在了解绿色政策与绿色治理的关系前,我们需要先厘清绿色治理的内涵,这是廓析绿色政策对绿色治理发生作用的逻辑起点。

绿色治理从涉及领域角度来看,现存有两种理解:一种是狭义的绿色治理,只涉及生态环境领域;另一种是广义的绿色治理,不仅涉及生态环境领域,还将绿色的可持续、可协调、可共生等意涵拓展外延到政治、社会等多元领域。广义的绿色治理在拓展领域上又有两种理解:一种是将生态领域理念融贯到经济领域,包括经济领域的各方面(主体、产业、空间等)和全过程(主体行为、产业链条、空间实践等),以实现经济发展方式的根本转变;另一种是以生态问题为核心,拓展到整个公共治理领域,包括生态、经济、政治、文化等多元领域。

关于广义绿色治理的解读,一是从绿色治理起源发展入手,绿色治理从绿色运动、绿色政治、绿色政府中发展而来,可解读为绿色的治理或治理的绿色化,它的内涵及实践早已超脱环境维度而扩展至全部公共治理领域,是多元治理主体基于互信互赖和资源共享等绿色价值引导,通过合作共治公共事务,以实现"经济—政治—文化—社会—生态"持续和谐发展的一系列活动或活动过程。二是从绿色治理与环境治理的区别联系入手,认为环境治理是治标不治本的局部性末端治理,而绿色治理是一种新的治理范式,以生态环境问题为中心,在具体的治理理念和方式方面异于环境治理,主体包括与环境相关的主体构成绿色复合主体,治理对象为与生态有关的经济、政治、社会问题,治理方式强调合作与协调。三是从绿色治理动力和必要性入手,认为追求最大利润是人类行为的"万有引力",它从"收益-成本"的考量出发,而"理性破坏"作为"共同财产"的有限自然资源和生态环境,故须从绿色治理的协同经济利益与生态利益、兼容局部利益与整体利益、统一当前利益与长远利益等维度探索破解之道。

实际上,绿色治理是多元治理主体以绿色价值理念为指导,以绿色正义为价值导向和评判标准,以实现人类美好生活需要为目标,以合作共治为基本路径,对一定区域的经济、政治、社会、文化、生态进行全方位"绿色化"的一系列活动或活动过程。绿色治理以绿色为底色,以人类的生存发展为根本,追求人与自然的和谐共生。就人与自然关系、人与人关系而言,绿色治理不仅包括对自然生态的尊重,承认其固有价值,还包括对人类自身的尊重,人类应当凝结成命运共同体。就理念运用范围而言,包含自然生态的绿色治理本身就应当具有整体性和系统性,因而绿色治理是全世界都应遵循的治理观。就具体运行来说,绿色治理是一个由政府绿色治理、社会绿色治理、市场绿色治理等子系统构成的协同体系,各治理主体和子系统分别发挥着不可替代的功能。就治理目标来说,满足人类生存与发展的美好生活需要是绿色治理的最终归旨,这就不仅涉及当代人的美好生活需要,而且涉及子孙后代的代际生活需要满足的问题。

二、绿色治理的基本特征

绿色治理不仅涵盖人类社会经济领域,还涉及各领域的治理主体,甚至还要处理人类与自然的关系。新时代绿色治理主要包括如下特征。

一是绿色治理的全球性。绿色治理的基础是"绿色",绿色是自然生态系统运转良好的颜色。绿色治理打破了人类人为划分的政治界限思维,具有全球性。绿色治理将治理体系看作与生命体一样,既要接受与适应环境的挑战,又要通过治理目标输出实现与环境的协同进化。具体而言,绿色治理不仅要解决好区域、国家的治理问题,更要注重生态问题的全球性,不能以局部利益取代整体利益,更不能以短期利益代替长期利益。此外,绿色治理全球性的实现依赖区域绿色治理的践行。要将治理问题的思考和解决纳入治理体系及其所处的政治环境、经济环境、社会环境、文化环境、生态环境,以及诸治理主体间的互动关系考量之中。也就是说,绿色治理,既要实现特定的经济治理目标,又要实现风清气正的绿色政治、可持续发展的绿色经济、和谐稳定的绿色社会、繁荣先进的绿色文化、山清水秀的绿色生态以及强化人类的责任意识和推动人的全面发展的目标。

二是绿色治理的共同体性。绿色治理同治理一样,都要求治理主体的多元化,以便能够汇集更全面的利益诉求,从而实现公共利益的最大化。但是,治理的多元主体一般只强调了与治理问题相关的参与者。而在绿色治理中,治理主体的范围更加广泛,不仅包括与治理问题相关的直接利益相关者与间接利益相关者,还包括与治理问题没有明确利益关系的参与者。按照人与自然和谐相处的要求,包括山水湖泽树草都应是绿色共同体不可或缺的一部分。按照我国构建"五位一体"治理格局的基本要求,这些日益具有绿色思想与绿色治理能力的多元社会主体,在绿色行动中日益走向绿色治理共同体。中国共产党作为我国改革开放和社会主义现代化事业的领导核心,不仅是绿色治理必不可少的主体,而且在绿色治理中居于领导核心地位,领导其他治理主体开展绿色治理活动。

三是绿色治理的合作性。多元主体的参与意味着多元主体根据统一的目标进行协同合作。绿色治理尊重多样性,认为现实社会是多中心、多主体、多领域、多层次、多维度、多因素、多变量的。由此,必然存在多元利益冲突,与传统治理模式不同的是,绿色治理认为化解利益冲突的方式应当是非暴力的,这种非暴力不仅是指不主张通过暴力手段掠夺自然资源,也指反对国家的结构性暴力和暴力论,抗衡着从家庭、工作场所到国家,乃至国际舞台所有社会关系中的暴力。绿色治理系统作为一个体系,依赖治理主体间信息与能量的交换,这种非暴力的互动方式主要体现为多元主体间的沟通、协商与合作。以沟通、协商与合作为治理基本内容的绿色治理需要依据一定的规则运行,而这个规则就是法律和政策。依法进行的良性互动有利于提高绿色治理过程的效率,降低促进绿色治理目标达成的交易成本。①

四是绿色治理的人民美好生活需要归旨的图景性。绿色治理以实现人民美好生活需要为治理目标,绿色治理需要处理人与自然之间的关系、人与人之间的关系,但是人们的需要是多样的,甚至是矛盾的,且自然作为绿色治理的对象又不具备表达自身需要的能力。因而,需要划定绿色治理的最终目标,以指导绿色治理的具体行为,这个最终目标就是满足人们美好生活需要。满足人们美好生活需要不仅是绿色治理的最终目标,也为治理主体参与实施绿色治理行为提供基本蓝图和实践动力。

三、绿色政策是绿色治理的基本工具

作为绿色治理的政策工具,绿色政策发挥着如下功能。

(一) 凝聚绿色治理合力

在社会利益主体渐趋多元、社会结构持续分化的背景下,仅靠政府单一治理主体难以实现对生态问题的有效治理,必须以多元主体协同共治取代以往的政府单一主体治理模式。绿色政策为绿色治理明晰了主体范围,并规定了主体的权责。一方面,绿色政策将党委、政府、市场主体、群团组织、专家学者、人民群众都纳入绿色治理的主体范畴。各级党委是治理核心,政府是基础,规划绿色治理蓝图,推动绿色治理重心向基层下移;其他主体参与绿色治理不仅是自身的权利,也是共建美好生活的义务。另一方面,各类主体在绿色政策的权限范围内各司其职、各尽所能,政府绿色行政、企业绿色生产、媒体绿色宣传、社会组织绿色参与、社会公众绿色消费、专家学者提供绿色智慧。② 需要注意的是,多元化的网络治理格局需要在绿色治理具体环节中,通过绿色政策实现各治理主体的权责对等,尤其是"人-财"权必须与其肩负的职责对等,从而形成齐心协作的治理合力。

(二) 调配绿色治理资源

随着生态危机的挑战日益严峻,社会主体的生态诉求高涨与政府主导配置生态资源要素低效之间的矛盾相应激增。绿色政策作为资源权威性配置的手段,在各类治理主体之间划定治理权限、匹配责任义务,将政府"有形的手"与市场"无形的手"有机结合,在选定绿色资源要素、优化绿色资源配置和用好绿色资源三个环节调配绿色治理资源。一是绿色治理资源的选定,必须以治理对象的生态问题为线索对症下药,以鲜明的针对性尽可能规避绿色资源供给与治理需求之间出现偏差与错位。二是绿色治理资源的配置,必须以治理对象的生态破坏程度为依据差异化地合理配置,既要尽可能地规避因配置过度而导致稀缺性绿色治理资源浪费,又要最大限度地谨防因配置不足而难以实现绿色转型与绿色治理的预设目标。三是绿色治理资源的使用,必须以治理对象的需求为依据精准供

---

① 史云贵,刘晓燕.绿色治理:概念内涵、研究现状与未来展望[J].兰州大学学报(社会科学版),2019,47(3):1-11.
② 杨立华,刘宏福.绿色治理:建设美丽中国的必由之路[J].中国行政管理,2014(11):6-12.

给,既要预防绿色治理主体伺机徇私舞弊,又要防止治理对象将绿色资源用作他途,导致绿色资源应有的生态治理与修复功能难以充分发挥。

(三) 丰富绿色治理方法

推进系统化、科学化与精细化绿色治理,需要实行科学先进、适宜协调、精准高效的治理方法和管理方式。绿色治理必须以先进的科学技术为依托,着力解决某些长期想解决而未解决的关键技术性治理难题,降低绿色转型中的治理成本,提升综合治理效益,助益绿色发展。绿色政策通过导向功能凝聚治理合力、调配功能汇聚治理资源,也意味着能够将全社会的技术思维、实践方法予以汇集。"互联网+"和人工智能(AI)等现代科学技术的变革与运用将在理念、技术、行为等方面给治理对象以全方位启迪,不仅在生产实践中有助于绿色治理对象降低交易费用,而且在认知上有助于其拓宽视野、改变思维方式和优化手段范式。借助现代科技与人工智能优势加快治理方式现代化,引入社会多元主体互动,替代传统的政府单向管治方式,推行线上线下融合,以弥补传统线下单调的局限性,通过优化手段范式增强绿色治理能力。

(四) 搭建顶层设计与分层对接的绿色治理格局

顶层设计是关于治理的方向性、全局性议题,对改革的总体目标、方向、步骤进行整体性设计和战略性安排,从而为改革发展提供系统性指导,为具体的政策制定提供根本遵循。绿色治理的迫切性、全局性及人民美好生活需要的图景性又需要将绿色治理落到实处。因而,需要通过绿色政策的制度设计处理好顶层设计和分层对接的关系,搞好上下左右、方方面面的资源配套。一方面,通过绿色政策构建党政协同、上下协同、部门协同、政企协同、官民协同新机制,明确分工与责任,调动各方面积极性,形成绿色治理的统一战线与强大合力。另一方面,通过绿色政策克服由部门分割、地方分割等部门主义、地方保护主义以及协调不力、监管缺位造成的国家生态环境政策失灵和国家绿色治理政策失灵现象。着重建立健全专业高效的执行体系,提高强化执行力和治理能力,扭住这个把顶层设计具体化为路线图、施工图的"牛身子"。

四、绿色政策是驱动绿色治理的重要动力

动力原属于物理学的学科范畴,指的是使机械工作的各种作用力。现代意义上的动力泛指对事物运动、变化和发展起推动作用的一切力量。绿色治理需要一定的驱动力才能良好运行,绿色政策作为国家治理的权威性价值与资源的分配工具,无疑对绿色治理具有驱动作用。因此,有必要对绿色政策运行的动力进行分析。

(一) 使命驱动:满足人民美好生活需要的绿色政策目标

任何一项公共政策都具有政策目标,这是制定公共政策最基本的要求。政策目标具有导向性作用,一方面能够为政策制定者和政策执行者的行为提供判断参考,另一方面能够方便公民从政策目标中解读政策意图。绿色政策以人民美好生活需要为使命目标,为绿色治理提供了使命驱动。在这一使命下,各类治理主体都会发生相应职责范围内的行为。就政府而言,这一使命驱动表现在政府政策供给上,通过供给不断满足人民需要的绿

色产品和绿色服务来提高人民群众的满意度与幸福感。就公民而言,这一使命将会唤起公民绿色理性的觉醒。全世界范围内的人们都高度关注生态环境问题,围绕各种污染事件形成的群体性抗争越来越多。从美国生物学家蕾切尔·卡森《寂静的春天》向人类讲述了滥用杀虫剂对生态带来的影响,到梭罗的小说《瓦尔登湖》激发人们对美好生活的向往,再到以"绿色"为底色的绿色政治、绿党与绿色和平组织的崛起,无一不在说明人类对美好生活的关注和向往。由我国环境保护部门公布的首份《全国生态文明意识调查研究报告》显示,我国公民对建设生态文明与"美丽中国"的战略目标高度认同,99.5%的人选择了高度关注、积极参与。① 这说明,美好生活是人们的向往和需要,更是这一使命目标唤起了人们的绿色理性,驱动着人们践行绿色行为。

■(二)评估驱动:注重治理"价值—过程—结果"的绿色政策评估

绿色政策注重政策的科学化、规范化,最大限度地缩小政策目标与政策结果之间的鸿沟,关注在政策执行过程中政策价值的坚守,强调政策成果惠及于民。因而,绿色政策的科学性和规范性要求从侧面驱动人们践行绿色治理行为,推动绿色治理成果的达成。一是评估绿色治理价值。绿色治理的价值导向和评判标准是绿色正义,进一步具象为给自然以正义和给人类以正义的人与自然和谐共生、共荣、共存的美好图景。绿色政策以文本形式体现出来,是绿色治理价值具象和固化的体现,并通过政策评估形式确保绿色治理价值的落实。二是评估绿色治理过程。绿色政策在运行过程中,要求政策执行主体将绿色治理的理念思路、要素体系、方法策略、绩效标准等全方位融入治理过程,并通过构建完整的质量测评机制,将治理对象识别、治理主体分类、治理策略实施、治理绩效考核,从理论与实践、历史与现实、横向与纵向综合贯穿于网络化的绿色治理过程之中。三是评估绿色治理结果。通过绿色政策影响模式等评估政策目标与政策结果的偏离度,进而为判断绿色政策走向、发现绿色治理行为偏差、调整具体的绿色政策规划和目标提供依据。

■(三)规范驱动:塑造风清廉洁自律的治理风气

绿色治理是以政府绿色治理为核心的治理行动和治理过程,因而政府的行政风气事关绿色治理目标的实现。绿色政策以其权威性的特征规范政府的职责范围,并对失范行为予以惩戒,有利于塑造政府廉洁自律的治理风气,进而带动社会全域的"绿化"。在具体举措方面,包括建立绿色治理任期考核制度,把绿色发展、生态文明建设列为各级政府主要负责人任期考核的主要指标,把资源消耗、环境损害指标纳入经济社会绿色发展评价体系,考核干部要把生态效益等实绩作为重要评估内容,并与职务调整升迁挂钩。同时,推进干部离任生态资产审计政策,严格执行环保责任终身追究制,目的是将任期制的短期行为的消极影响降到最低。同时,通过绿色政策赋予社会大众媒体充分的绿色治理监督权,全面推进信息公开制度,依法公开相关信息,依法推进绿色治理进程。

---

① 苑琳,崔煊岳.政府绿色治理创新:内涵、形势与战略选择[J].中国行政管理,2016(11):151-154.

第四节 绿色政策与人民美好生活

绿色治理以满足人民美好生活需要为归旨,在实践中则需要以主权国家的具体绿色治理落实为依托。在我国,人民美好生活需要的归旨就是满足人民群众的美好生活需要。党的十九大报告明确指出,新时代我国社会主要矛盾是"人民日益增长的美好生活需要和不平衡不充分的发展之间的矛盾"。为此,我们要"永远把人民对美好生活的向往作为奋斗目标"。自此,十九大报告向我们描绘了一幅新时代以人民美好生活为叙事主题的发展蓝图。绿色政策作为新时代公共政策的新发展,与回应人民美好生活诉求具有辩证关系,是党和政府实现以人民为中心、迈向美好生活的重要治理工具。

一、人民美好生活的概念与内涵

"生活"的字面解释是为了生存和发展而进行的各种活动,生活的主体是人。劳动创造了人,也创造了世界,劳动是人赖以生存与发展的决定力量。① 人类通过劳动认识与运用自然规律,并在与自然界的不断互动中反思自身行为,寻求发展内容的丰富性与发展程度的全面性。从这种层面说,生活可以看作人生存和发展的结果呈现,也可以是人寻求不断发展的思维过程。

关于美好生活,有学者从人类全面发展的三层要义解析"美好生活",即人的劳动能力的全面发展、人的社会关系的全面发展、人的个性的全面发展。② 首先,人的劳动能力的全面发展意味着,回归以劳动为根本的生活本源,保障人的劳动权利,为人提供能够全面发展和展示自我的劳动机会与劳动场所。其次,人的社会关系的全面发展意味着,个人与他人不仅仅是存在于社会群体中的一员,人们还得以在经济、政治、文化、民族、宗教等各个领域、各个层面生成各种社会联系,人的社会特性得以充分体现。最后,人的个性的全面发展意味着,社会发展尊重每一个个体的利益,只有作为每一个个体的人实现自由而全面的发展,才能推动整个人类社会的进步。个体有限的生命只有投入无限的为人类服务的伟大事业中,才能真正实现美好生活。

人民美好生活的主体预设是人民群众,是中国特色语境下绿色治理的归旨,因而,需要与我国国情相结合。首先,人民美好生活的领导力量是中国共产党。中国共产党在我国具有强大的凝聚力和号召力,是中国特色社会主义事业的坚强领导核心。因而,只有在中国共产党的带领下,人民美好生活的实现才具有应然的可能和保障。其次,人民美好生活是多维目标的集成。不仅包含生活环境的美好,如政府廉洁高效、经济绿色发展、社会公平和谐、文化先进繁荣、生态山清水秀,还包括人民绿色治理意识和绿色治理能力的提升、参与公共生活的积极性提高、跳出相对狭隘的个人幸福

二维码 9-3
新时代人民
美好生活的
三重逻辑

---

① 王鹏,彭宇.新时代美好生活观:理论之源、历史之脉与价值意蕴[J].重庆社会科学,2022(9):66-79.
② 马纯红."美好生活"的理论基础、价值意蕴及其实践向度[J].湘潭大学学报(哲学社会科学版),2019,43(6):150-153,185.

生活范畴的绿色理性思维增强。最后,人民美好生活是心理预期与客观实际的统一。美好生活承载着人民对经济、政治、社会、文化、生态等多重领域的期许,政府作为绿色治理的核心,应当不断满足人民的心理预期,给人民更多的安全感、获得感、满意感、幸福感。

二、人民美好生活的主要特征

人民美好生活是中国绿色治理的图景表达,具有人民性、生态性、伦理性、可及性等特征。

(一) 人民性

在我国,美好生活的主体预设是人民。这意味着,美好生活的实现离不开人民的奋斗,美好生活由人民来享受,生活是否美好也是由人民来做出最终评价。换言之,美好生活的建设者、享受者和评判者都是人民。"人民性"有三重意蕴:一是人民是群体的概念而非个体的概念,人民美好生活并非部分人的美好生活,而是全体人民的美好生活;二是人民美好生活是个体需要与社会需要相互融合,生成人民和社会发展的共同需要;三是人民性蕴含了动态性,人民美好生活需要的实现以不断关注人民群众需要的动态而实现,随着时代的发展和原有治理问题的解决,人民对于美好生活的需要处于不断地发展变化中,需要时刻关注人民需要的动态性;三是人民性蕴含了人民的精神需要,即在实现人民美好生活蓝图的过程中,不仅要强调人民的"共享",而且要强调人民的"共建"和"共治",这是新时代维护人民群众主体地位的内在要求。

(二) 生态性

人民美好生活是中国绿色治理的最终归旨,而绿色治理是回应人与自然和谐共处共生需求的治理路径,因而人民美好生活离不开生态性的加持。人民美好生活的生态性表现在以下几方面。一是自然生态美好是人民美好生活的一部分。美可以被理解为追求自然之美、环境之美、人与自然和谐共生的生态之美。二是自然生态美好是人民美好生活的前提。自然世界为人民提供了生存的资源和生存的环境,山清水秀的自然世界满足了人民身体和心理健康的需要。只有尊重与保护自然,人与自然才能成为休戚与共的生命共同体,因此,人与自然和谐共存是精神与物质辩证统一的本质所在。三是人民美好生活需要的满足离不开治理的生态性。作为绿色治理的归旨,人民美好生活需要的满足,需要治理的各领域和层面依照生态规律进行,遵照自然生态规律也是人类与自然界实现和谐共生的前提。

(三) 伦理性

人民美好生活需要目标的实现需要处理好两对关系,一对是人与自然之间的关系,另一对是人与人之间的关系。就人与自然的伦理性来说,基于人民美好生活的生态性,美好生活的实现离不开对大自然的尊重,应承认自然物的固有价值,遵照自然规律办事。从这个层面讲,人类将道德伦理延展至自然领域,这种延展不仅由于人类是生物群落的一个组成部分,具有维持健康的生态系统的天然道义和义务,更重要的是,人们对自然的行动会通过自然的反作用力传递回来。就人与人的伦理性来说,美好生活之"美"既是结果,又是过程,美好的结果需要美好的过程予以保障。新时代人民美好生活的实现,除了要以物质资料作为现实基础,更要实现个体的精神自由,而这种精神自由实现的核心是人格的独立、精神的丰富与摆脱物质的奴役。从这种意义上说,人民美好生活体现了人与人的伦理性。

(四) 可及性

可及性指某种事物或某种技术所能涵盖、达到的效果,或者是它的功能用途所能涉及的范围和内容。可及性的内涵中具有方便快捷、可接受、可承担的特征。人民美好生活是人与自然和谐共生的美好蓝图,这种具象的勾勒一方面能够凝聚多元治理合力,吸引多元治理主体的参与,另一方面能够让人民感知与评估绿色治理的成果,从而增强对国家和民族的认同感。换言之,人民美好生活是建构国家认同的路径表达,是通过具象化美好生活图景提高公共产品和服务的供给效率,让更多的人民享受中国绿色发展的成果。

三、绿色政策是实现人民美好生活的政策表达

绿色政策的主体预设是人民,人民美好生活需要的满足是绿色政策的基本理念。换言之,绿色政策的初衷就是要让人民日益增长的美好生活需要在绿色政策的价值引导和利益分配中不断得到满足。绿色政策和实现人民美好生活需要具有契合性,绿色政策从政策目标、政策主体、政策客体、政策资源、政策场域五个维度全方位地描述了人民美好生活的实现路径。

一是政策目标维度。绿色政策的目标就是实现人民美好生活,因而绿色政策具体的制定和实施就是为了人民美好生活的逐步实现。改革开放四十多年来的发展为我国带来了翻天覆地的变化,人民生活水平也较过去得到了极大提高。人民对美好生活的需要也由过去的单一化需要转变成了多层次、多样化的需要。新时代人民的美好生活需要已不限于满足基本的生存性需要,而是呈现为一种发展性的需要。绿色政策承载的美好生活目标将作为强大的内在推动力,在依靠人们自我调节的基础上,不断引领人民走向幸福美好的生活。

二是政策主体维度。绿色政策主体的多元性让每一个公民都能发出渴望美好生活的心声,表达美好生活的愿望。相较于过去单一的治理主体,绿色政策主体凸显了"共治"的逻辑,在政策过程中全面落实党委领导、政府负责、民主协商、公众参与、法治保障、科技支撑的原则。需要说明的是,在绿色政策的制定和执行过程中,党的领导是政治保障,实现人民的美好生活是中国共产党始终坚持的奋斗目标。在多元政策主体共同参与治理的情况下,党的领导能够规避多元主体治理的混乱,引领绿色政策主体在协调中走向美好生活的"共治"。

三是政策客体维度。绿色政策客体全面描绘了人民美好生活的具体需要。政策客体就是政策发生作用的对象,绿色政策的客体包括两个方面,一个是与人民美好生活相悖的公共问题,另一个是受绿色政策影响的人群。就与人民美好生活相悖的公共问题而言,绿色政策具有政策的一般特性,即力图解决公共问题,也具有其特殊之处,即绿色政策力图解决的政策问题是一切阻碍人民美好生活目标实现的公共问题。在这一导向下,社会中存在的各式各样的矛盾和问题就有成为绿色政策问题的可能性。就受绿色政策影响的人

群而言,在社会生活中,人与人之间在绝大多数情况下产生矛盾的原因都在于利益纠纷,绿色政策就是要为利益冲突和纠纷的化解提供和平解决的方案。只有制定了能够促进人与人之间、人与组织之间和谐稳定的绿色政策,才能实现社会的可持续发展。

四是政策资源维度。绿色政策资源是政策体系为实现人民美好生活需要的目标而应具备的现实条件,一般包括人力、财力、物力和信息资源等。从某种程度上说,绿色政策本身也是一种政策资源,借助政策的权威性调动多元政策主体、实现价值和利益的分配、引导人们履行朝向美好生活的行为。

五是政策场域维度。绿色政策场域是政策制定和执行的场所。人民美好生活既是绿色政策的目标,又是绿色政策实施的结果。换言之,绿色政策实现了人民美好生活的目标,同时人民美好生活图景的实现也塑造了绿色政策运行的空间。人民美好生活的实现意味着人民情感的满足,在人民与国家的关系中,人民对国家的情感最先取决于国家能否满足人民基本的利益需要。当人民从绿色政策所提供的公共产品和服务中获得情感满足的同时,人民也会从中体会感知到国家的重要性,产生对国家和政府的强烈认同,从而自觉拥护绿色政策的运行。

■ 四、绿色政策是不断满足人民美好生活需要的政策工具

绿色政策与人民美好生活的需要是追随与被追随的关系,是政策供给与需要满足的关系。在政策系统中,绿色政策总是追求供需平衡的状态,在需求回应、需求满足、发现新需求、实现新需求的动态过程中不断循环。这种循环性主要是由于人民美好生活的需要具有动态性。人民美好生活的需要并非永久不变的,而是处在不断地发展变化中。一方面,人民的需要本身具有动态性,正如马斯洛需求层次理论所阐述的那样,当人们处于物质条件匮乏状态时,人们对物质的需求则显得尤为重要,当人们物质需求得以满足后,则会追寻精神生活的满足。新时代我国人民美好生活是多维目标的系统集成,承载着人们对经济、政治、社会、文化、生态等多重领域的美好期许。随着社会不断发展,人民对美好生活的期许则会发生新的变化。另一方面,绿色政策解决了当前影响人民美好生活需要的公共问题,还在致力于挖掘其他需求,从这个层面说,绿色政策是不断满足人民美好生活需要的政策工具。

政策的绿色质量评估是保持绿色政策不断满足人民美好生活需要的重要路径。一方面,通过评估的方式定位绿色政策需要解决的公共问题,即阻碍人民美好生活实现的堵点,然后通过制定绿色政策、实施绿色政策予以解决。另一方面,评估绿色政策结果与目标的聚合度,如:聚合度高,意味着绿色政策有效性高,绿色政策实现了人民美好生活的需要;聚合度低,则意味着需要进一步挖掘结果与目标偏离的原因,调整绿色政策,使之不断弥合人民需要与现实之间的鸿沟,与时俱进地提升绿色政策的绿色质量。

本章小结

绿色政策是在人类生存发展面临危机、人与自然关系失衡、人类思维理念迫切需要革新的境况下,能够深入渗透人类社会的"自救"方式。绿色政策借助公共政策的权威性、强制性等特性,将绿色理念渗透至公共政策,再以政策的"绿色化"转变人类治理思维,调整

人类与自然的关系,进而实现人民对美好生活的需要的目的。绿色政策具有全球性与地域性相结合、现代性与历史性相结合、绿色化与图景性相结合的特征,在具体领域中发挥导向价值、凝聚价值与规范价值。

中国特色的绿色政策是落实绿色发展战略的具象。绿色发展充分考虑到环境的承载能力,追求更高效、更清洁、更全面、更系统的经济发展,是将经济系统、社会系统、生态系统串联的共生系统。绿色发展的理念落实与现实举措需要绿色政策予以回应和保障。绿色治理以绿色为底色,以人类的生存发展为根本,追求人类与自然的和谐共生。绿色政策是绿色治理的基本工具,也是驱动着绿色治理的重要动力。

不断满足人民美好生活需要是绿色治理在中国语境下的归旨表达。人民美好生活以人民性、生态性、伦理性、可及性为主要特征,与绿色政策之间具有内在相关性。绿色政策以人民美好生活为目标,人民美好生活图景的实现也塑造了绿色政策运行的空间。绿色政策与人民美好生活的需要是追随与被追随的关系,是政策供给与需要满足的关系,在不断追求供需平衡的过程中,绿色政策通过政策评估实现人民美好生活需要与绿色政策供给之间的动态循环。

本章重要概念

绿色政策(green public policy)

绿色发展(green development)

绿色治理(green governance)

人民美好生活(a better life for the people)

本章思考题

1. 简述绿色政策的特征和价值。
2. 简述绿色政策与绿色发展的关系。
3. 简述绿色治理的概念和特征。
4. 简述绿色政策与绿色治理的关系。
5. 简述绿色发展与绿色治理的区别和联系。
6. 简述人民美好生活的概念和特征。
7. 简述绿色政策与人民美好生活的关系。

本章推荐阅读书目

1. 丹尼尔·A.科尔曼.生态政治:建设一个绿色社会[M].梅俊杰,译.上海:上海译文出版社,2006.

2. 罗伯特·E.古丁.绿色政治论[M].朱丹琼,宋玉波,译.上海:上海人民出版社,2019.

3. 彼得·S.温茨.环境正义论[M].朱丹琼,宋玉波,译.上海:上海人民出版社,2021.

4. 史云贵.县级政府绿色治理体系构建与质量测评[M].北京:中国社会科学出版社,2021.

5. 胡鞍钢.中国:创新绿色发展[M].北京:中国人民大学出版社,2012.

6. 诸大建.走向美丽中国:生态文明与绿色发展[M].上海:上海人民出版社,2015.

二维码 9-4　本章重要概念及思考题答案

主要参考文献

Reference

[1] 陈振明.政策科学——公共政策分析导论[M].2版.北京:中国人民大学出版社,2003.

[2] 托马斯·R.戴伊.理解公共政策[M].12版.谢明,译.北京:中国人民大学出版社,2011.

[3] 威廉·N.邓恩.公共政策分析导论[M].4版.谢明,伏燕,朱雪宁,译.北京:中国人民大学出版社,2011.

[4] 杰伊·沙夫里茨,卡伦·莱恩,克里斯托弗·博里克.公共政策经典[M].彭云望,译.北京:北京大学出版社,2008.

[5] 斯图亚特·S.那格尔.政策研究百科全书[M].林明,龚裕,鲍克,等译.北京:科学技术文献出版社,1990.

[6] 保罗·A.萨巴蒂尔.政策过程理论[M].彭宗超,钟开斌,等译.北京:生活·读书·新知三联书店,2004.

[7] 约翰·W.金登.议程、备选方案与公共政策[M].2版.丁煌,方兴,译.北京:中国人民大学出版社,2017.

[8] R.A.W.罗兹.理解治理:政策网络、治理、反思与问责[M].丁煌,丁方达,译.北京:中国人民大学出版社,2020.

[9] 梅里利·S.格林德尔,约翰·W.托马斯.公共选择与政策变迁:发展中国家改革的政治经济学[M].黄新华,陈天慈,译.北京:商务印书馆,2016.

[10] 保罗·A.萨巴蒂尔,汉克·C.詹金斯·史密斯.政策变迁与学习:一种倡议联盟途径[M].邓征,译.北京:北京大学出版社,2011.

[11] 朱亚鹏.公共政策过程研究:理论与实践[M].北京:中央编译出版社,2013.

[12] 陈玲.制度、精英与共识:寻求中国政策过程的解释框架[M].北京:清华大学出版社,2011.

[13] 杨代福.政策工具选择研究:基于理性与政策网络的视角[M].北京:中国社会科学出版社,2016.

[14] 李玫.西方政策网络理论研究[M].北京:人民出版社,2013.

[15] 朱光磊.当代中国政府过程[M].天津:天津人民出版社,1997.

[16] 埃贡·G.古贝,伊冯娜·S.林肯.第四代评估[M].秦霖,蒋燕玲,等译.北京:中国人民大学出版社,2008.

[17] 弗兰克·费希尔.公共政策评估[M].吴爱明,李平,等译.北京:中国人民大学出版社,2003.

[18] 张国庆.公共政策分析[M].上海:复旦大学出版社,2007.

[19] 史蒂文·凯尔曼.制定公共政策[M].商正,译.北京:商务印书馆,1990.

[20] 迈克尔·豪利特,M.拉米什.公共政策研究:政策循环与政策子系统[M].庞诗,等译.北京:生活.读书.新知三联书店,2006.

[21] 托马斯·库恩.科学革命的结构[M].4版.金吾伦,胡新和,译.北京:北京大学出版社,2012.

[22] 丹尼尔·A.科尔曼.生态政治:建设一个绿色社会[M].梅俊杰,译.上海:上海译文出版社,2006.

[23] 罗伯特·E.古丁.绿色政治论[M].朱丹琼,宋玉波,译.上海:上海人民出版社,2019.

[24] 彼得·S.温茨.环境正义论[M].朱丹琼,宋玉波,译.上海:上海人民出版社,2021.

[25] 史云贵.县级政府绿色治理体系构建与质量测评[M].北京:中国社会科学出版社,2021.

[26] 胡鞍钢.中国:创新绿色发展[M].北京:中国人民大学出版社,2012.

[27] 诸大建.走向美丽中国:生态文明与绿色发展[M].上海:上海人民出版社,2015.

[28] 陈庆云.公共政策分析[M].2版.北京:北京大学出版社,2011.

[29] 宁骚.公共政策学[M].3版.北京:高等教育出版社,2018.

[30] 詹姆斯·麦甘恩,理查德·萨巴蒂尼.全球智库:政策网络与治理[M].韩雪,王小文,译校.上海:上海交通大学出版社,2015.

[31] 朱春奎,等.政策网络与政策工具:理论基础与中国实践[M].上海:复旦大学出版社,2011.

[32] 刘伟.政策扩散的理论、实践与发展[M].北京:科学技术文献出版社,2020.

与本书配套的二维码资源使用说明

　　本书部分课程及与纸质教材配套数字资源以二维码链接的形式呈现。利用手机微信扫码成功后提示微信登录，授权后进入注册页面，填写注册信息。按照提示输入手机号码，点击获取手机验证码，稍等片刻收到4位数的验证码短信，在提示位置输入验证码成功，再设置密码，选择相应专业，点击"立即注册"，注册成功。（若手机已经注册，则在"注册"页面底部选择"已有账号？立即注册"，进入"账号绑定"页面，直接输入手机号和密码登录。）接着提示输入学习码，需刮开教材封面防伪涂层，输入13位学习码（正版图书拥有的一次性使用学习码），输入正确后提示绑定成功，即可查看二维码数字资源。手机第一次登录查看资源成功以后，再次使用二维码资源时，只需在微信端扫码即可登录进入查看。